Inhalt

Einleitung

Der Titel dieses Buchs „Gotteslehre" ist in der Theologie und der Philosophie eingebürgert, aber für den Leser und die Leserin, die in der Wissenschaft nicht zu Hause sind, ist dieser Titel keineswegs selbstverständlich. Sie werden sich fragen: Kann man von Gott oder über Gott überhaupt etwas lehren? Die Antwort lautet: Ja und Nein.

Das Nein verweist darauf, dass die Gotteslehre keine Lehre ist wie die Biologie, die Archäologie oder eine andere empirische Wissenschaft. Die empirischen Wissenschaften gründen auf Erfahrung, die durch Instrumente und die Sinne vermittelt ist; ihre Gegenstände sind aus oder von dieser Welt. Damit die Sinneserkenntnis dieser Gegenstände zur wisssenschaftlichen Erkenntnis wird, bedarf es eines methodisch strengen Vorgehens, in dessen Mittelpunkt die Untersuchung – sozusagen die künstlich arrangierte Erfahrung – steht. Für die Gotteslehre dagegen gelten wesentlich andere Voraussetzungen. Ihr Gegenstand – Gott – ist „nicht von dieser Welt", sondern er wird gedacht als die dem ganzen Kosmos voraus- und zugrundeliegende Ursache. Wegen dieser Transzendenz* ist eine Erfahrbarkeit Gottes im empirischen Sinn ausgeschlossen. Man kann ihn nicht beobachten, weder sehen noch hören – auch nicht mit Instrumenten. Der Möglichkeit analytischen und experimentellen Forschens ist Gott deshalb entzogen.

Dennoch wäre es falsch zu sagen: „Gott" verschließt sich jeder Erfahrung. Dann müsste es tatsächlich beim Nein bleiben: ‚Nein, Gott kann nicht gelehrt werden.' Allenfalls könnte ein ganz abstraktes Ja vertreten werden: ‚Ja, Gott ist lehrbar, aber nur sofern hier reine Ideen der Vernunft entwickelt werden.' Doch was wäre da – über die Freude am Gedankenspiel hinaus – der Sinn?

Aber wie gesagt: Es wäre falsch, im prinzipiellen Sinn die Erfahrbarkeit Gottes für unmöglich zu erklären. Ein Blick auf Veröffentlichungen, die heutzutage erscheinen, legt fast das Gegenteil nahe, nämlich: Es gibt viele Möglichkeiten, Gott im Leben zu begegnen – und das heißt: ihn zu erfahren. Allerdings: Wenn man die Besonderheit betrachtet, die diese publizistisch dargebotenen Gotteserfahrungen kennzeichnet, wird man erkennen: Mit dieser Art von Erfahrung sind wir noch nicht auf dem sicheren Boden, auf dem sich eine Lehre gründen ließe.

Die Gotteserfahrungen, von denen die hier gemeinten Bücher berichten, sind erstens sehr individuell gefärbt. Das bedeutet, dass sie aufgrund ihrer persönlichen Note keine allgemeine Gültigkeit beanspruchen und damit wissenschaftlich nur schwer auszuwerten sind. Zweitens sind diese Gotteserfahrungen, wenn man sie miteinander vergleicht, oft widersprüchlich. So kann das schlimme Ereignis – z. B. der Verlust eines Kindes – bei der einen Person zur Vertiefung ihres Gottesglaubens, bei der anderen Person zur Abkehr von Gott führen.

Im Unterschied zu den individuell-persönlichen und punktuellen Gotteserfahrungen gibt es aber auch andere, die in einen wenigstens dreitausendjährigen Traditionsstrom hineingehören und die abendländische Geschichte fundamental mit geprägt haben. Es sind die biblisch bezeugten Gotteserfahrungen. Gewiss gibt es auch zwischen ihnen Spannungen und Widersprüche, dennoch bilden sie eine Einheit. Einheit heißt hier: Die biblischen Gotteserfahrungen zeugen durchweg von dem einen Gott, der sich den Menschen als der „Ich bin da“ zu erkennen gegeben hat, und bei aller Mannigfaltigkeit sind die biblischen Zeugnisse von Gott untereinander dialogfähig.

Damit bieten sie die Grundlage für eine Gotteslehre. Doch es ist klar, dass eine Gotteslehre auf dieser Grundlage nicht bei dem Punkt Null anfangen kann. Sie muss vielmehr darlegen, wie die biblischen Zeugnisse in der zweitausendjährigen Theologiegeschichte ausgelegt und systematisch entfaltet worden sind. Dabei ist notwendig auch das philosophische Gottdenken ins Spiel zu bringen, das mit dem theologischen Gottesbegriff spannungsreich, aber aufs engste verknüpft ist.

Zum Schluss der Einleitung sei an die Leserin und den Leser noch ein „technischer“ Hinweis gegeben:

Fachbegriffe und Fremdwörter, die im Text häufiger verwendet werden (und nicht als bekannt vorausgesetzt werden können), sind im Glossar (s. Anhang) erklärt. Erkennbar sind sie an dem beigefügten „Stern“ (*).

Christliche Gotteslehre in unserer Zeit

1

Die Schwierigkeiten, die einer christlichen Gotteslehre heute entstehen oder gegenüberstehen, betreffen ihre „subjektive" und ihre „objektive" Seite. *Subjektiv* ist sie rational verantwortetes und wissenschaftlich entfaltetes Denken. In dieser Hinsicht muss es sich auswirken, dass das Vertrauen in die Leistungsfähigkeit und Reichweite der Vernunft durch kritische Thesen der neueren Geistesgeschichte, aber auch durch die Erfahrung des Scheiterns naturwissenschaftlich-technischer Rationalität erschüttert ist. *Objektiv* beinhaltet die christliche Gotteslehre die von der Bibel und der Tradition bezeugten Gottesaussagen und -bilder. Hier ist es folgenreich, dass diese Gottesvorstellungen seit der Aufklärung immer mehr unter Druck geraten sind und in der Gegenwart z. B. aus der Sicht des Feminismus, des Polytheismus* und des naturwissenschaftlich-evolutionären Denkens beanstandet, eingeschränkt oder verändert werden. Die Problematik spitzt sich noch zu, wenn sich die Kritik nicht nur auf den Inhalt der christentumsgeschichtlich prägend gewordenen Gottesvorstellungen richtet, sondern die Existenz Gottes selbst bestreitet.

zur Vernunftkritik s. vor allem den Abschnitt „Das kritisch-aufgeklärte Denken", S. 15 ff.

s. S. 28 ff.

s. S. 23 ff.

1.1 Die Kritik der wissenschaftlich-technischen Vernunft und die Verdächtigung der Vernunft insgesamt

Eine Beobachtung ist aufschlussreich: Vor zwanzig, auch noch vor zehn oder fünf Jahren war – nicht allein von Jugendlichen – oft der Satz zu hören: „Ich glaube nur, was ich sehe." Heute lautet das Bekenntnis bei vielen anders: „Ich glaube, was ich glauben will." Der Wechsel der Formulierungen weist auf einen tief greifenden Wandel im Glaubensverständnis hin.

vgl. M. Bongardt, „Ich sinne nach, es forscht mein Geist" (Ps 77,7)

„Ich glaube nur, was ich sehe." – Damit drückt jemand aus, dass er auch in Glaubensdingen nur das für wahr hält, was mit den Sinnen äußerlich erfahrbar ist und *daher* nach den Kriterien der naturwissenschaftlich-technischen Vernunft untersucht werden kann. Sagt dagegen einer: „Ich glaube, was ich glauben will", so bezweifelt oder bestreitet er gerade die Fähigkeit der Vernunft, die Wahrheit von

Sinn- oder Glaubensbehauptungen festzustellen. Verschiedene Sinn- und Glaubensaussagen erscheinen ihm gleich gültig, und ob er sich für die eine oder die andere oder eine dritte Aussage entscheidet, ist Sache des Geschmacks, des Gefühls, der persönlichen Einstellung …

Das (im zweiten Zitat bekundete) gegenwärtige Bestreben, für den Glauben die Gültigkeit der wissenschaftlichen Vernunft zurückzuweisen, hat verschiedene Ursachen. Der nächste und wichtigste Grund ist zweifellos in der nachhaltigen Erfahrung der letzten Jahre zu suchen, dass die *naturwissenschaftlich-technische Vernunft* theoretisch und praktisch – im Erkennen der Wirklichkeit und bei der Anwendung ihrer Erkenntnisse auf die Wirklichkeit – *scheitert.*

Was den theoretischen Gesichtspunkt betrifft, so ist auf der einen Seite natürlich jedem durchschnittlichen Zeitgenossen bewußt, dass das Wissen der empirischen Wissenschaften in vielen Bereichen, so etwa in der Astrophysik oder in der Genetik, immer weiter voranschreitet. Aber auf der anderen Seite wird dieses Bewusstsein überlagert von einer gegenläufigen Erfahrung, die durch die Medien Tag für Tag vermittelt wird: der Erfahrung, dass die Wissenschaftler bei hoch komplexen Sachverhalten wie der globalen Klimaveränderung nicht in der Lage sind, die Kausalzusammenhänge eindeutig zu bestimmen, und darüber in Streit geraten.

Noch stärker ist das Vertrauen in die erfahrungsbezogene Vernunft von den Folgen ihres praktischen Gebrauchs erschüttert worden. Zu Beginn der Neuzeit forderte der englische Philosoph Francis Bacon dazu auf, durch die auf

Francis Bacon (1561–1626), Philosoph, Schriftsteller, Advokat und Parlamentsmitglied; unter Jakob I. steiler Aufstieg bis zum Lordkanzler; als Philosoph Begründer des (englischen) Empirismus (Hauptwerk: Novum Organon, 1620), als Schriftsteller Vertreter eines eleganten effektvoll-knappen Prosastils (Hauptwerk: Essays, 1597 u. ö.)

Wissen und Können gegründete Naturbeherrschung die Lebensbedingungen der Menschheit grundlegend zu verbessern. Nun wird niemand bestreiten, dass die „Bändigung" der Natur, die seither mittels Wissenschaft und Technik erfolgt ist, in vielem auf Bacons Ziel der Lebensverbesserung hingeführt hat. Verwiesen sei nur auf die Medizin, die ehemals tödliche Krankheiten heilen und damit das Leben beträchtlich verlängern kann. Doch wird das gewonnene Gute verdüstert durch die gewaltigen Schäden und Gefahren des wissenschaftlich-technischen Fortschritts. Die Vorwärtsdynamik, die sich am Zusammenspiel von Naturerkenntnis und ihrem instrumentellen Gebrauch entzündet und beide vorantreibt, hat Umweltzerstörungen ungekannten Ausmaßes und mit irreversiblen Wirkungen hervorgebracht; und sie lässt für die Zukunft, beispielsweise mit Blick auf die Gentechnik und die Reproduktionsmedizin, schlimme Entwicklungen hin zur Inhumanität befürchten.

Dem wissenschaftlich-technischen Vernunftkonzept, von dem Bacon vor 400 Jahren das Glück der Menschheit erhoffte, begegnen wir heute, da wir seine dunklen Seiten kennengelernt haben oder kommen sehen, mit tiefer Skepsis.

Die Kritik an der in Forschung, Erfindung und Technik entfalteten Vernunft wirkt sich, was nicht überrascht, auch so aus, dass die *Vernunft insgesamt verdächtig* wird. „Vernünftiger" Lebensplanung wird misstraut, weil sie die Vielfalt der Möglichkeiten zur Schmalspur verengt, der Literatur- und insbesondere der Bibelkritik wird entgegengehalten, dass sie die tieferen – nicht-rationalen – Bedeutungsschichten der Texte nicht erreicht, (allgemeingültige) ethische Forderungen werden zugunsten „subjektiver" oder „persönlicher" Auffassungen eingeschränkt, und im Feld der Religion wird dem Dunklen und Unbegreiflichen der Vorzug gegeben vor dem, was sich verstehen lässt. Dem nüchternen Verstand, dem argumentativen Denken und den vernünftigen Ideen treten die Intuition, die Phantasie und die unbewussten Urbilder gegenüber und fordern ihr Recht ein.

Es liegt auf der Hand, dass die Verdächtigung der Vernunft, die aus den skizzierten Zusammenhängen erwächst, zu weit getrieben werden kann. Gerade innerhalb der Religion – und hier besonders bei der Vorstellung Gottes – ist die Gefahr groß, dass klare, diskutierbare Auffassungen ersetzt werden durch verschwommene Ahnungen eines undurchschaubar Göttlichen. In diesem Fall kann dann jeder in das unbestimmte Göttliche hineinspiegeln, was seiner Bedürfnislage und den Erfordernissen unserer Zeit entspricht. Widersprüchliche Projektionen sind dabei keineswegs ausgeschlossen, weil ja von vornherein keine vernünftigen Geltungsansprüche bestehen. Trotz der unübersehbaren Gefahr religiöser „Verdunkelung“ muss man aber die Notwendigkeit betonen, die auf die Vernunft ausgerichteten Anschauungen Gottes durch Entwürfe der anderen Seelenkräfte menschlicher Existenz zu ergänzen und beide in eine fruchtbare Auseinandersetzung zu bringen. Auch die Theologie muss sich neben ihrer streng wissenschaftlichen Darstellung wieder auf die bildliche Rede von Gott besinnen.

Das ist z. B. das Anliegen der von Jürgen Werbick vorgelegten Gotteslehre „Bilder sind Wege“ (1992).

1.2 Die Schrumpfung des Gottesglaubens

Es ist kein Klischee oder Vorurteil, dass gerade in unseren Tagen der Gottesglaube rapide abnimmt. „Abnehmen“ bezeichnet hierbei zwei verschiedene Vorgänge: Das Wort kann bedeuten, dass Gott für immer mehr Menschen aufhört, überhaupt eine Wirklichkeit zu sein. Oder es bedeutet, dass innerhalb des Gottesglaubens das, was man von Gott zu glauben oder „für“ Gott zu tun bereit ist, immer weiter eingeschränkt wird. Beide Vorgänge laufen nicht nebeneinander her, sondern sind ineinander verflochten (und bedingen sich wechselseitig).
Um die Abnahme des Gottesglaubens zu belegen, lassen sich vielerlei Zeugnisse finden. Ein eindrucksvolles Ergebnis bietet die Analyse von Todesanzeigen. Da der Gottesglaube, funktional gesehen, wesentlich eine Antwort auf die Vergänglichkeit des Menschen ist, hat er im Bereich von Sterben und Tod seinen eigentümlichen Ort und tritt hier in Form von Glaubensbekenntnis und Glaubensritus besonders nachdrücklich in Erscheinung. Von Todesanzeigen sind daher deutliche Hinweise auf die Geltung und Bedeutung des Gottesglaubens zu erwarten.
Analysiert man nun die Todesanzeigen der letzten dreißig Jahre, so ist augenfällig, dass das Kreuz als Symbol christlichen Glaubens zunehmend verschwindet, und auch die Bibelzitate, aus denen die Auferstehungshoffnung spricht,

werden immer seltener. Dabei wächst die Geschwindigkeit, mit der das Kreuz und die Bibelzitate ihre Bedeutung verlieren, von Jahr zu Jahr. Gegenwärtig ist es so, dass nicht einmal mehr die Hälfte der Todesanzeigen noch Hinweise auf den christlichen Glauben enthält. Mit diesem Befund passt zusammen, dass auch die christliche Begräbnisfeier öfter durch nichtreligiöse Formen ersetzt wird. Sogar schon ins Kino wird zur Gedenkfeier eingeladen.

„Zwischen den Trauerrändern wird es immer kahler, immer sachlicher", sagt K. Schlepphorst, der Traueranzeigen bis ins Jahr 1800 zurück untersucht hat. (Südkurier Nr. 291 v. 16.12.95, S. 4)

Die Schrumpfung des Gottesglaubens, die auch in anderen Bereichen deutlich in Erscheinung tritt, ist durch einen Komplex von Ursachen bewirkt. Einige wichtige Faktoren und Zusammenhänge sollen unter dem Stichwort Säkularisierung näher betrachtet werden.

Säkularisierung

vgl. U. Ruh, Säkularisierung, S. 62 ff.

Die Schrumpfung oder Abnahme des Gottesglaubens ist nicht als eigenständige Entwicklung aufzufassen, sondern sie ist einzuordnen in den gesellschaftlichen, kulturellen und geistigen Wandlungsprozess der letzten Jahrhunderte, der üblicherweise als „Säkularisierung" bezeichnet wird. Gemeint ist damit, dass seit dem 15./16. Jahrhundert die Weltdeutung und die Weltgestaltung des Christentums (bzw. der Kirchen) in allen Lebensbereichen und -formen an Bedeutung und Kraft verlieren und durch andere Weisen des Zugangs zu und Umgangs mit der Wirklichkeit abgelöst werden. Dabei ist nicht schon von vornherein ausgemacht, ob dieser Wandlungsprozess einen radikalen Bruch mit der bis dahin von Christentum und Kirche bestimmten Gesellschaft und Kultur darstellt oder ob Elemente des Christlichen umgeformt und verändert in den neuen Verhältnissen fortbestehen.

Grundstrukturen und Grundzüge des Säkularisierungsprozesses können unter **dreifachem** Blickpunkt offengelegt werden:

Der **erste** Aspekt betrifft die Verselbstständigung großer Lebensbereiche, die sich seit der frühen Neuzeit aus den christlich-kirchlichen Bindungen und Prägungen des Mittelalters gelöst haben. Hier wäre im größeren Rahmen zuerst die Entstehung des modernen Staates zu behandeln, der sich gegenüber der Einheit von Religion und Politik zur eigenständigen Größe entwickelt hat und von den religiösen Vorgaben soweit emanzipiert ist, dass seine weltanschauliche Neutralität gerade ein entscheidendes Kennzei-

chen darstellt. Für unser Thema hat freilich die „Verweltlichung“ eines anderen Lebensbereichs weitaus gewichtigere Bedeutung. Es ist dies die neuzeitliche Ausprägung von Wissenschaft, Forschung und Technik.
Der **zweite** Aspekt bezieht sich auf die „geistige“ Säkularisierung. Am Beispiel der historischen Aufklärung soll dargelegt werden, wie das Denken die Religion **mit Vernunft** umgestaltet oder sich ganz aus dem religiösen Zusammenhang löst und in Literatur und Philosophie Selbstständigkeit beansprucht.
Der **dritte** Aspekt schließlich zeigt auf, dass sich immer weniger Menschen an der kirchlichen Praxis beteiligen und für immer mehr Menschen die Plausibilität religiöser Wahrheiten und kirchlicher Lebensnormen nachlässt.

1.2.1 Die Emanzipation der (Natur-)Wissenschaften von der Religion

Es ist umstritten, welche Rolle das Christentum bei der Entstehung der modernen wissenschaftlich-technischen Welt spielte. Man kann aber mit gutem Grund davon ausgehen, dass sowohl der Bruch mit den religiösen Vorgaben als auch die Aufnahme und Umwandlung des christlichen Denkens zu den wesentlichen Voraussetzungen für die Durchsetzung der neuzeitlichen Wissenschaft und Technik gehören.
Es war ein wichtiger Schritt für die neuzeitliche Wissenschaftsentwicklung, dass in der Epoche der Renaissance dem absolut gesetzten Gott oder der Vorherrschaft Gottes das Interesse des Menschen an sich selbst und seine Sorge um sich selbst gegenübertraten:

vgl. die berühmte „Rede über die Würde des Menschen“ (Oratio de hominis dignitate, 1486) von Pico della Mirandola (1463–1494); zu Pico s. S. 148

- Überschwänglich wurde die schöpferische Freiheit des Menschen gepriesen, die ihn zur Gottähnlichkeit befähige.
- Der forschende Geist begann, die Welt zu vermessen und in ihren Gesetzmäßigkeiten mathematisch zu erfassen, er veranlasste die Entdeckung der Neuen Welt und übte sich in zukunftsweisenden Erfindungen.

Hierbei war entscheidend, dass sich die Erkenntnis in verschiedenen Bereichen der Wissenschaft aus den Schranken der christlich-mittelalterlichen Welt- und Lebensdeutung befreite:

- Sie wurde nicht mehr von dem Interesse gelenkt, in der Natur Spuren Gottes oder Symbole der Heilsgeschichte zu finden und die Welt so zu sehen, wie es der christlichen Auffassung entsprach.
- Sondern sie zielte jetzt darauf ab, „die wahren Rätsel der Natur zu lösen, und zwar mit Überlegungen, Beobachtungen und Versuchen, die jedermann zugänglich sind“ (Galileo Galilei).

Zitat von Galileo Galilei (1564–1642), italienischer Wissenschaftler und Schriftsteller, Professor der Mathematik in Pisa und Padua; Mitbegründer der modernen Naturwissenschaft, geriet wegen seiner heliozentrischen Lehre in Konflikt mit der katholischen Kirche

Die Dynamik, mit der dann die naturwissenschaftliche Erkenntnis voranschritt, entsprang vor allem aus der methodisch genauen Arbeitsweise:
- Zunächst bestimmend war der induktive Weg, durch den aus einer Fülle von Einzelbeobachtungen allgemeingültige Aussagen oder Gesetze entwickelt wurden. So hatte Johannes Kepler die Gesetze der Planetenbewegung auf diesem Weg ermittelt. Es war ihm gelungen, aus dem gewaltigen Zahlenmaterial, das der Astronom Tycho Brahe hinterlassen hatte, die Planetenbahnen zu errechnen.
- Seit Newton bekam auch der deduktive Weg sein eigenes Gewicht. Hier werden bereits bekannte Gesetze auf noch ungeklärte Einzelfälle angewandt. Newton bestätigte Keplers induktive Ermittlung der Planetenbewegung, indem er die allgemeinen Gesetze der Mechanik auf den besonderen Fall der Planeten übertrug.

Johannes Kepler (1571–1630), Mitarbeiter Tycho Brahes, kaiserlicher Mathematiker und Hofastronom, Vertreter der heliozentrischen Theorie

Tycho Brahe (1546–1601), dänischer Astronom, dessen Beobachtungen und Messungen von den Planeten und über 700 Sternen bis zur Erfindung des Teleskops im frühen 17. Jh. alle sonst gewonnenen astronomischen Daten an Genauigkeit und Umfang übertrafen

John Newton (1642–1727), englischer Mathematiker und Physiker, Begründer der klassischen theoretischen Physik; entdeckte das Gesetz der universellen (alle Körper im Weltraum und auf der Erde bestimmenden) Schwerkraft (Gravitation)

Außer der Dynamik, die der Wissenschaft aufgrund ihres methodisch-strengen Verfahrens innewohnt, sind für den wissenschaftlich-technischen Fortschritt auch äußere Einflüsse in Betracht zu ziehen, die der Umformung christlicher Gehalte entspringen. Beispielsweise ist der säkularen Verwandlung des mönchischen Arbeitsethos eine beträchtliche Wirkkraft zuzuschreiben. Augustinus und Benedikt von Nursia hatten eine Theologie der Arbeit umrissen, wonach der ursprüngliche Sinn der Arbeit in der Fortsetzung des göttlichen Schöpfungswerks besteht. Der Mensch ist durch die Arbeit cooperator Dei, Mitwirkender Gottes bei der Entfaltung der in der geschaffenen Welt angelegten Möglichkeiten. In der Wirkungsgeschichte dieser Gedanken trieben Mönche Garten- und Ackerbau mit dem Bewusstsein, am paradiesischen Zustand anzuknüpfen und die Natur auf das von Gott gedachte Ziel hin zu entwickeln und zu vollenden. Durch die säkulare Verwandlung der Theologie der Arbeit wurden die religiösen Bezüge dann in charakteristischer Weise aufgehoben oder im Sinne menschlicher Selbstbestimmung verändert:

Aurelius Augustinus (354–430), Bischof von Hippo (Numidien), der bedeutendste Kirchenvater des lateinischen Westens; in seinem Denken stark beeinflusst von der Philosophie des Neuplatonismus (s. S. 161)

Benedikt von Nursia (ca. 480–556), Abt von Monte Cassino, Verfasser der für die abendländische Klosterkultur maßgebenden Mönchsregel

Der Geschichtsschreiber Wilhelm von Malmesbury (um 1090–1143) schrieb entsprechend über ein englisches Kloster: „Inmitten von wilden Sümpfen ... zieht ein ebener

Ort voll saftig grünen Grases den Blick des Beschauers durch seine Fruchtbarkeit auf sich ... An diesem Ort wetteifert die Kultur mit der Natur: was letztere vergessen hat, läßt erstere erstehen ... Kurz, hier ist ein Bild des Paradieses: Es gibt bereits eine Vorahnung des Himmels."

- Die Natur wurde nicht mehr als Schöpfung betrachtet, die der Weisheit und dem Willen Gottes entsprechend zu behandeln sei.
- Stattdessen wurde die Aufgabe jetzt darin gesehen, die in der Natur wirksamen Regeln und Ursachen zu erkennen, um sie so mittels Technik beherrschen zu können.

vgl. dazu F. Bacons wissenschaftlich-technisches Vernunftkonzept (s. S. 8 f.)

Paradigma (gr.) = Muster, Modell, System

Das Ziel solcher Naturbeherrschung kann noch in den Worten der Theologie der Arbeit als Paradies auf Erden bezeichnet werden, aber die Paradiesvorstellung ist befreit von den religiösen Implikationen* und meint das aus menschlicher Macht und menschlichem Können geschaffene Glück und Wohl aller Menschen.
Die moderne Wissenschaft als neues Paradigma des Umgangs mit der Wirklichkeit setzte sich endgültig durch, als im 17. Jahrhundert zusammen mit den religiösen Elementen auch andere Vorgaben normativer, politischer und sozialer Art ausdrücklich aus dem Begriff der Naturerkenntnis ausgeschieden wurden. Wertneutralität und Objektivität sind nun die Kennzeichen, durch die die Wissenschaft definiert wird. Damit ist die „Freiheit der Forschung" als Idee und Anspruch formuliert. Sie bedeutet, dass die Wissenschaft sich selbst Zweck ist, dass sie also ihre Verfahrensweisen nach den wissenschaftsinternen Normen und Idealen ausrichtet und nichts anderes will, als das Wissen zu mehren.

Das Ideal der Forschungsfreiheit hat besonders der Philosoph Hans Jonas (s. S. 159) in Frage gestellt. Er zeigt auf, dass die Freiheit der Forschung eine bedingte ist, weil ihre theoretischen Leistungen auch durch die Vorgaben der Praxis (Ökonomie, Technik) bestimmt werden und auf diese zurückwirken. Vgl. H. Jonas, Wertfreie Wissenschaft und Freiheit der Forschung (1987)

Das immer weiter ausgreifende Wissen über Mensch und Welt, das die Vorwärtsdynamik der „freien Forschung" bis heute hervorbrachte, hatte und hat für den Gottesglauben weitreichende Folgen. Auch wenn die Konflikte, die seit Galilei zwischen dem Schöpfungsglauben und den Erkenntnissen der Naturwissenschaften aufbrachen, inzwischen beigelegt sind oder jedenfalls lösbar scheinen, so ist doch offenkundig, dass die Möglichkeit, sich Gott in der Menschheits- und Weltgeschichte wirksam zu denken, zunehmend eingeschränkt worden ist. Oft bedarf es sehr schwieriger Unterscheidungen etwa zwischen einem Geschehen in Raum und Zeit und einem Geschehen außerhalb aller Naturgesetzlichkeit, um Glaubensvorstellungen wie die von der Auferstehung Jesu zu retten. Dabei ist es keineswegs sicher, ob das „normale" Bewusstsein solche Distinktionen mitzumachen bereit ist oder sich unter der Hand ganz einfach von der Glaubensvorstellung verabschiedet.

Nach der Auseinandersetzung um die heliozentrische Theorie war der zweite große Konfliktpunkt zwischen kirchlicher Theologie und Naturwissenschaft die erstmals von Ch. Darwin dargelegte Evolutionstheorie (s. dazu S. 152 ff.). Auch hier war der kirchlich-theologische Angriff wieder in der Auffassung begründet, dass die Theorie mit den biblischen Schöpfungszeugnissen unvereinbar sei.

1.2.2 Das kritisch-aufgeklärte Denken

Die Epoche der literarischen und philosophischen Aufklärung bringt in Europa einen Umbruch in der Geschichte des Denkens. Ihre geistesgeschichtlichen Wurzeln reichen freilich weit zurück bis in die Antike. Die Aufklärer fordern, dass sich die Menschen vor allem von ihrer geistigen, aber auch von sozialer und politischer Bevormundung und Abhängigkeit befreien. Begründet ist diese Forderung in der Überzeugung, dass jeder Mensch mit seiner Vernunft die Fähigkeit besitzt, das Wahre selbst zu erkennen und das Gute selbst zu bestimmen. Sapere aude – wage es, weise zu sein! Das antike Wort des Horaz gewinnt in der Aufklärung eine neue, auf das Selbstdenken des Menschen zugespitzte Bedeutung. Immanuel Kant übersetzt:
„Habe Mut, dich deines eigenen Verstandes zu bedienen."

vgl. vor allem Kants berühmten Text „Beantwortung der Frage: Was ist Aufklärung?" (1784) (zu Kant s. S. 16 ff.)

Horaz = Quintus Horatius Flaccus (65–8 v. Chr.), neben Vergil Hauptvertreter der so genannten Augusteischen Klassik

Bei G. E. Lessing (1729–1781) erscheint die Idee des „Sapere aude" z. B. in folgender Formulierung: „Nicht die Wahrheit, in deren Besitz irgendein Mensch ist oder zu sein vermeint, sondern die aufrichtige Mühe, die er angewandt hat, hinter die Wahrheit zu kommen, macht den Wert des Menschen" (Eine Duplik, 1778).

„Natur" und „Natürlichkeit" als Schlüsselbegriffe

Für das mündige Denken des Aufklärers, das kritisch in Zweifel zieht oder bestreitet, was kraft fremder Autorität oder verfestigter Traditionen gelten soll, sind „Natur" und Natürlichkeit" Schlüsselbegriffe. Auf diese Begriffe ist schon die aufklärerische Grundüberzeugung von der allgemeinen Vernunftbegabung und dem persönlichen Recht des Vernunftgebrauchs zurückzuführen. Ihre kritische Funktion entfalten sie dann in vielen Zusammenhängen:

> Den konventionellen Umgangs- und Lebensformen werden das unverfälschte Verhalten und das Exotische ferner Welten entgegengestellt, dem festgefügten Leben in der Stadt der Reiz der offenen Landschaft, der gesellschaftlichen Ungleichheit und der politisch übermächtigen Staatsgewalt die ursprüngliche Gleichheit und Freiheit des Menschengeschlechts, den metaphysischen* Wahrheiten die Naturforschung und Naturerkenntnis.

Die Idee von der ursprünglichen Gleichheit und Freiheit der Menschen wurde namentlich von dem französischen Philosophen und Schriftsteller Jean-Jacques Rousseau (1712–1778) entfaltet (vgl. den „Diskurs über die Ungleichheit", 1755). Diese Idee gehört zu den geistesgeschichtlichen Voraussetzungen der „Deklaration der Menschenrechte" im Kontext der französischen Revolution (1789).

Religionskritik

In besonderer Weise ist der aufklärerisch-kritische Impuls auf Religion und Kirche gerichtet. Die Spannweite der Kritik ist groß. Sie reicht von dem Ziel eines vernünftigen Christentums bis zur völligen Ablehnung des Christentums. Auch hier können die Begriffe „Natur" und „Natürlichkeit“ eine Leitfunktion übernehmen. Dies zeigt sich beispielsweise bei H. S. Reimarus und Th. d'Holbach.

- H. S. Reimarus bestreitet die Glaubenssätze des Christentums und setzt an ihre Stelle die „Wahrheiten der natürlichen Religion“. Das Christentum und seine Grundlage, die Bibel, widersprächen der Vernunft, dagegen beruhe die natürliche Religion auf vernünftiger Erkenntnis. Reimarus ist überzeugt, dass die Lehre Jesu *ursprünglich* eine natürliche, allein durch die Vernunft begründete Religion gewesen sei. Doch hätten sie die Apostel mit dem jüdischen Glaubenssystem vermischt und hierdurch zum unwahren Glauben verfälscht.
- Thiry d'Holbach erkennt ausschließlich die Natur als Wirklichkeit an. Er hält die Götter für „Imaginationen“, entstanden aus menschlicher Furcht. Daher steht für ihn fest: Wer glaubt, ist verblendet; er hängt sich an „Phantome“ und „Hirngespinste“. Die Vernunft ist dazu aufgerufen, die Herrschaft des religiösen Blendwerks und der Lüge zu zerstören. Um das Gute und Wahre zu erkennen, muss die Vernunft die Natur erforschen und sich an dieser ausrichten.

Hermann Samuel Reimarus (1694–1768), Professor für orientalische Sprachen am Akademischen Gymnasium in Hamburg; sein religionskritisches Werk „Apologie oder Schutzschrift für die vernünftigen Verehrer Gottes“ wurde nach seinem Tod von G. E. Lessing veröffentlicht (unter dem Titel „Fragmente eines Ungenannten“, 1774 ff.).

Paul Thiry d'Holbach (1723–1789), deutscher, seit 1749 französischer Staatsbürger, hervorragender Repräsentant der französischen Aufklärungsphilosophie und Vertreter einer materialistischen Naturauffassung

Kants Vernunftkritik

Die aufgeklärte Vernunft, die das Unwahre, Unschöne und Unmoralische kritisiert, kann sich selbst nicht von der Kritik ausnehmen. Sonst müsste sie sich den Vorwurf gefallen lassen, dass ihre Autorität, mit der sie aus Überlieferung oder Macht gültige Ansprüche und Verhältnisse als unbegründet zurückweist oder bloßstellt, nicht weniger angemaßt ist. Der Philosoph Immanuel Kant hat mit seiner Vernunftkritik den wichtigsten Beitrag für die Selbstaufklärung und Selbstbegründung der Vernunft geleistet.

Kant steht in der Wirkungsgeschichte der von Descartes erstmals in der Neuzeit entschieden vollzogenen Wendung des Denkens auf sich selbst.

Immanuel Kant (1724–1804), Philosoph, Professor für Logik und Metaphysik in Königsberg, „revolutionierte“ insbesondere durch seine Erkenntnistheorie (vgl. Kritik der reinen Vernunft, 1781) die Philosophie.

René Descartes, lat. Cartesius, 1596–1650, französischer Philosoph und Mathematiker, Wegbereiter der neuzeitlichen (Subjektivitäts-)Philosophie

Descartes hatte in seiner berühmten Zweifelsbetrachtung gezeigt, dass alle Erkenntnisse ungewiss sind bis auf eine unabweisbare Erkenntnis: Ich bin es, der die Erkenntnisse hat und der sie bezweifelt. Ich mag zweifeln, so sehr ich will; daran, dass ich etwas bin, solange ich zweifle, kann ich nicht zweifeln. Die erste absolute Gewissheit des Denkenden, eine „denkende Sache“ (res cogitans) zu sein, nimmt Descartes dann zum Ausgangspunkt seines Philosophierens.

Wie Descartes ist Kant überzeugt, dass das Denken nur dann einen festen Stand gewinnt, wenn es seine Erkenntnisfähigkeit problematisiert und kritisch betrachtet. Aber Kant geht weit über Descartes hinaus. Für ihn ist es nicht mehr damit getan, das Denken in der Selbstgewissheit des Denkenden zu begründen. Seine Frage ist vielmehr umfassend und lautet:

Wie kommt überhaupt Erkenntnis zustande, und was erkennen wir, wenn wir erkennen?

Die Antwort auf diese Frage kann nur in einer ausführlichen Untersuchung des menschlichen Erkenntnisvermögens bestehen.

Kant unterscheidet in seiner Untersuchung – er nennt sie „Kritik der reinen Vernunft" – drei Fähigkeiten der Vernunft:

a) die Rezeptivität oder das Vermögen, die Welt um uns herum mit den Sinnen aufzunehmen und gegenständlich vorzustellen;
b) der Verstand, der die aufgenommenen und vorgestellten Gegenstände in Begriffen denkt;
c) die Vernunft im eigentlichen Sinne, die Dinge jenseits der erfahrbaren Welt zu erkennen trachtet.

Descartes spricht vom „archimedischen Punkt" der Philosophie (Meditationes, II,1). Der antike Gelehrte Archimedes (um 287–212 v. Chr.), Mathematiker und Physiker, hatte Bewegungsmaschinen (auch Kriegsgeräte) entwickelt und im Zusammenhang damit den berühmten („mechanischen") Satz formuliert: „Gib mir einen Punkt [außerhalb der Erde], wo ich stehen kann, und ich werde die Erde bewegen."

Das Ergebnis, das Kant hinsichtlich der Erfahrungserkenntnis gewinnt, erscheint ihm für die Geschichte des Denkens so folgenreich, dass er es mit der „Kopernikanischen Wende" in der Astronomie vergleicht. Es lautet:

„Kopernikanische Wende" in der Astronomie bedeutet, dass der Gelehrte Nikolaus Kopernikus (1473–1543) der heliozentrischen Theorie gegenüber der zu seiner Zeit noch gültigen ptolemäischen (geozentrischen) Auffassung zum Durchbruch verholfen hat.

Bisher nahm man an, alle unsere Erkenntnisse müssten sich nach den Gegenständen richten. Aber es ist umgekehrt: Die Gegenstände müssen sich nach unserer Erkenntnis richten.

s. Kritik der reinen Vernunft B XVI

Kant erkennt, so ist das Ergebnis zu verstehen, dass die maßgeblichen Bedingungen, die unsere Vorstellung und Auffassung der Welt bestimmen, in uns selbst – in unserer Rezeptivität und unserem Verstand – liegen. Die beiden entscheidenden Einsichten, auf denen Kants Ergebnis beruht, können folgendermaßen zusammengefasst werden:

1. Wenn wir mittels der Sinne die Welt außer uns aufnehmen, erfassen wir nicht die Welt, wie sie an sich ist. Vielmehr erscheinen uns alle Dinge, die wir wahrnehmen, in den Formen von Raum und Zeit, obgleich diese beiden Formen nicht außerhalb unserer selbst in der Welt oder als Eigenschaften der Welt existieren. Raum und Zeit sind die gewissermaßen angeborenen Formen

In „Sofies Welt" (Jostein Garder, 1993, S. 384) wird diese erste Einsicht so verdeutlicht: „Du kannst das vielleicht damit vergleichen, was passiert, wenn du Wasser in einen Glaskrug gießt. Dann formt sich das Wasser entsprechend der Form der Kanne. So fügen sich auch die Sinnesein-

drücke nach unseren ‚Formen der Anschauung'."

der Anschauung des menschlichen Bewusstseins, die jeglicher Erfahrung vorausgehen. Alle Sinneseindrücke, die wir aufnehmen, werden durch sie geprägt.

2. Die mannigfaltigen Vorstellungen, die der Mensch durch sein Anschauungsvermögen von der Welt gewonnen hat, sind noch keine Erkenntnisse. Dazu werden die Vorstellungen erst, wenn sie der Verstand denkt. Der Verstand verknüpft und ordnet die Mannigfaltigkeit der vorgestellten Erscheinungen, indem er sie durch Begriffe bestimmt. Z.B. unterscheidet er zwischen dem Wesen und seinen Eigenschaften und kann so die Sinneseindrücke von Farbe, Größe, Gestalt ... einem Gegenstand (dem Baum, dem Haus ...) als Merkmale zuschreiben. Oder er kann Gegenstände (Einheiten), die dieselben Eigenschaften aufweisen, nach dem Begriff der Vielheit betrachten und zählen. Oder er kann zwei Erscheinungen durch den Begriff der Kausalität in Beziehung setzen und die eine Erscheinung als Ursache, die andere als Wirkung erkennen.

Doch auch für die Tätigkeit des Verstandes ist kennzeichnend: Seine Begriffe bilden nicht die Wirklichkeit ab, so wie sie ist, sondern sie geben der Wirklichkeit die Regeln vor, in die sie sich für das menschliche Denken fügt. Das Kausalgesetz beispielsweise gilt immer und absolut, aber nicht, weil sich die Welt außer uns nach diesem Gesetz verhält, sondern weil der Verstand selbst alles Geschehen (das ihm unser Aufnahmevermögen darbietet) als Verhältnis von Ursache und Wirkung auffasst.
Dass sich die Gegenstände in der beschriebenen Weise nach den Formen unserer Erkenntnis richten, bringt Kant in einer berühmten Formulierung auf den Punkt. Er sagt: Wir erkennen nicht die „Dinge an sich", sondern nur die „Dinge für uns" – die in den subjektiven Formen der Anschauung von Raum und Zeit aufgenommenen und in den subjektiven Formen der Verstandesbegriffe gedachten Dinge.
Es wäre verfehlt, Kants Erkenntnistheorie als „baren Subjektivismus" zu bezeichnen. Diese Kennzeichnung träfe zu, wenn Kant die vom Menschen erfahrene und gedachte Welt für eine reine „Konstruktion" des Subjekts hielte. Aber er betont ja gerade, dass die äußeren, d.h. die wirklich außerhalb des Menschen existierenden Verhältnisse das notwendige Material sind für die im Menschen existierenden Formen der Anschauung und des Verstandes. Vorstellungen von Ereignissen oder Dingen in Raum und

Zeit sind nur möglich, wenn die Sinne dem Anschauungsvermögen Eindrücke der tatsächlichen Welt bieten, und der Verstand gewinnt nur dadurch Erkenntnisse der Wirklichkeit, dass er seine Begriffe auf die Sinneserfahrungen anwendet.

Kants Auffassung der Erkenntnis steht in der Mitte zwischen dem **Empirismus** und dem **Rationalismus** (Subjektivismus). Den Empiristen stimmt er darin zu, dass das Wissen über die Welt von den Sinneserfahrungen abhängt. Zugleich gibt er aber den Rationalisten recht: Unsere Erkenntnisse der Welt sind wesentlich geprägt durch die Formen, in denen wir die Welt aufnehmen, vorstellen und denken.

Empirismus: Lehre, dass die menschliche Erkenntnis nur auf der – insbesondere durch Beobachtung und Versuche gewonnenen – Erfahrung beruht

Rationalismus: Auffassung, dass die Erkenntnis des Menschen ausschließlich (oder wesentlich) in den Begriffen und logischen Strukturen der Vernunft (des Verstandes) begründet ist

Die Verknüpfung von Erfahrung und Wissen muss sich auswirken auf die Beurteilung des spekulativen Denkens. Dieses ist nach Kant die dritte Fähigkeit der Vernunft.

Der spekulativen Vernunft ist es eigen, dass sie sich „gänzlich über Erfahrungsbelehrung" (Kritik der reinen Vernunft B XIV) erheben will; sie will Sachverhalte erkennen, die sich dem Menschen in der Welt, die ihm durch die Sinne erscheint, nicht zeigen können. Kants Kritik des spekulativen Strebens hat zwei Seiten:

– Auf der einen Seite hält Kant an seiner „transzendentalen" Einsicht fest, dass sicheres Wissen nur im Bereich der Erfahrung möglich ist. Die Begriffe des Verstandes erkennen die Wirklichkeit nur, sofern diese durch die Anschauung erscheint.
– Auf der anderen Seite stellt Kant fest, dass die Vernunft des Menschen gewissermaßen von Natur aus den Drang hat, die Frage nach der unbedingten, jenseits des Erfahrbaren und Endlichen liegenden Wirklichkeit zu stellen. Es widerstrebt der Vernunft, die mannigfaltigen Erscheinungen der erfahrbaren Welt nicht umgreifen und auf ein Prinzip zurückführen zu können. In der Sinnenwelt findet der Verstand nichts, das Bedingung für anderes wäre, ohne selbst bedingt zu sein. Jede Bedingung von etwas setzt ihrerseits eine Bedingung voraus. Statt sich nun mit dem Gedanken einer unendlichen Reihe von Bedingungen zufrieden zu geben, richtet die spekulative Vernunft das Denken auf die Idee des Unbedingten aus: Als Prinzip jeder einzelnen Erscheinung denkt sie das „Ding an sich"; als Prinzip aller äußeren – „objektiven" – Erscheinungen die Idee der Welt; als

„Transzendental" bedeutet bei Kant: die Bedingung der Möglichkeit von Erkenntnis betreffend (vgl. Kritik der reinen Vernunft B 80f.).

Prinzip aller inneren – „subjektiven" – Erscheinungen die Idee der unsterblichen Seele; als Prinzip aller äußeren *und* inneren Erscheinungen die Idee Gottes.

Dass die Ideen von Welt, Seele und Gott „ganz notwendig in der Vernunft nach deren ursprünglichen Gesetzen erzeugt" werden, enthebt diese Begriffe „absoluter Totalität" nicht ihrer Problematik (vgl. Kritik der reinen Vernunft B 396). Denn die Notwendigkeit, mit der eine über die Erfahrung hinausreichende „Sache" gedacht werden muss, sagt nichts darüber aus, ob die „Sache" auch wirklich existiert. Wie für die beiden anderen Ideen gilt auch für die Idee Gottes:

Die Vernunft ist grundsätzlich nicht in der Lage, theoretisch die Realität des gedachten Absoluten zu erweisen, weil hier die Anschauung oder Erfahrung den die Wirklichkeit erfassenden Begriffen des Verstandes nie ein „Objekt" in Raum und Zeit wird bieten können.

Der Schriftsteller Heinrich Heine (1797–1856) vergleicht Kant in diesem Punkt mit Robespierre, nur dass Kants Tat größer gewesen sei: Denn er habe den „Herrscher im Himmel samt Besatzung über die Klinge springen lassen" (Zitat nach P-H. Koesters, Deutschland deine Denker, S. 87).

Kant: „Ich musste das Wissen aufheben, um zum Glauben Platz zu bekommen" (Kritik der reinen Vernunft B XXX).

Kants Theorem von den Erfahrungsgrenzen der Vernunft erschüttert die Metaphysik* in ihren Grundfesten. Zwar hat Kant im Vorwort seiner „Kritik der reinen Vernunft" betont, dass er die Metaphysik nicht zerstören, sondern „in den sicheren Gang einer Wissenschaft" bringen wolle. Aber der Gedanke liegt nahe: Wenn der „aufgeklärten" Vernunft bewusst ist, dass sie jenseits der Erfahrung theoretisch kein sicheres (und auch kein widerspruchsfreies!) Wissen erlangen kann, dann sollte sie sich der Wahrheit zuliebe spekulativer Überlegungen enthalten. Entsprechend hat Kant das von der Vernunft in der Idee des Unbedingten angezielte, aber spekulativ nicht erfassbare Feld der „Transzendenz" dem Glauben, der Religion überantwortet. Zu beachten ist allerdings, dass Kant in seinen Untersuchungen der „praktischen Vernunft", die sich mit den Bedingungen der Möglichkeit vernunftgeleiteten, d. h. moralischen Handelns befassen, die Annahme der Existenz Gottes zu einem notwendigen Postulat der praktischen Vernunft erklärt.

Die praktische Vernunft zielt nach Kant im Letzten darauf, die Welt durchgängig nach ihren ethischen Grundsätzen zu bestimmen. Würde sie nun nicht annehmen, dass Gott als gemeinsamer „Urheber" von Mensch und Welt die Möglichkeit der Übereinkunft zwischen dem zum Guten entschiedenen Menschen und dem Verlauf der Welt geschaffen hat, so hätte sie keine Aussicht, ihr Ziel je zu erreichen, und sie sähe all ihr Mühen zum Scheitern verurteilt.

Im Bereich der Ethik wird also von Kant die Gottesidee für die Vernunft zurückgewonnen. Der theoretischen Vernunft bringt die „praktische Vergewisserung" Gottes einen Erkenntniszuwachs, aber sie ist, so sagt Kant, deshalb nicht berechtigt, auf dieser Grundlage ein theoretisches Wissen von Gott zu gewinnen.

P.-H. Koesters formuliert eingängig, aber zu salopp: „Kant lässt Gott, den er in seiner ‚Kritik der reinen Vernunft' gleichsam durch die Vordertür hinausgeworfen hat, in seiner ‚Kritik der praktischen Vernunft' durch die Hintertür wieder herein" (Deutschland deine Denker, S. 116).

1.2.3 Kirchlich normierter Glaube und kirchliche Glaubenspraxis im Abwärtstrend

Ökumenischer Gemeindetag: Alle Mitglieder der evangelischen und katholischen Pfarrgemeinde sind eingeladen. Es wird ein reichhaltiges Programm angeboten, darunter zwei Punkte speziell für Jugendliche. Doch von den Jugendlichen ist keiner gekommen – kein einziger. Was zeigt sich hier? Bei der Erklärung sind, wie immer sie im Einzelnen ausfallen mag, grundsätzlich zwei Gesichtspunkte zu unterscheiden:

1. Das geringe Interesse der Jugendlichen am Leben ihrer Pfarrgemeinde ist altersspezifisch. Zu der Ablösung von Autoritäten und zu der Selbstfindung, die diese Alterstufe kennzeichnen, gehört auch, gegenüber der Kirche auf Distanz zu gehen.
2. Im Fernbleiben der Jugendlichen bekundet sich ein geschichtlicher Prozess: der Prozess des von Generation zu Generation voranschreitenden Rückzugs oder Auszugs aus der Kirche.

Dass dieser geschichtliche Prozess in Zukunft nicht nur mit zunehmender Geschwindigkeit verlaufen, sondern sich geradezu schlagartig beschleunigen könnte, darauf weist eine Untersuchung der international tätigen Unternehmensberatung McKinsey hin. McKinsey hatte 1995 von den Mitgliedern der evangelischen Kirche in München detailliert deren „Kirchlichkeit" (Verwurzelung in der Kirche; Erwartungen an die Kirche) erhoben. Die Ergebnisse „elektrisierten" die Kirchenleitung:

Die folgenden Informationen sind aus: Südkurier, 13. Jan. 1996, S. 4

- Zwar hatte sie schon geahnt, dass nur noch 18,7 Prozent der Mitglieder „Glaubende mit fester Kirchenbindung" sind.

Die Uhr läuft

- Aber die Begründung, warum von den Distanzierten so viele in der Kirche bleiben, hatte sie nicht erwartet: Bei 81,3 Prozent „steht und fällt die Kirchenmitgliedschaft mit dem Wunsch, an Brennpunkten des Lebens (Geburt, Erwachsenwerden, Eheschließung, Tod) von der Kirche rituell begleitet zu werden".

Für die große Mehrheit der evangelischen Kirchenmitglieder in München reduziert sich das Verhältnis zur Kirche also darauf, bei Bedarf bestimmte „Serviceleistungen" abrufen zu können. Es spricht nichts dagegen, dieses Ergebnis auf die evangelische Kirche Deutschlands insgesamt zu übertragen und für die katholische Kirche eine ähnliche Situation anzunehmen. Da die Kirchenbindung auf Dienstleistungsbasis nicht über mehrere Generationen hinweg tragfähig ist, fordert McKinseys Analyse die Kirchen aufs höchste heraus; es sei denn, sie wollten sich in ihre Zukunft des „quantitativen Abstiegs" fügen.
Der skizzierte Abwärtstrend der Kirchenbindung ist nicht nur ein „innerkirchliches" Problem, sondern betrifft direkt den Gottesglauben der Menschen. Die Nichtzugehörigkeit zur Kirche, ob durch Distanznahme oder den erklärten Austritt oder durch die Konfessionslosigkeit von Geburt an, wird eher selten religiös „ausgeglichen". Es sind nicht viele, die sich einer anderen Religionsgemeinschaft anschließen oder ihre „eigene Religion" zu leben versuchen.

Für die meisten **in unserer Gesellschaft** bedeutet Nichtkirchlichkeit: Ein Leben zu führen, das existentiell **nicht** im Glauben an Gott verwurzelt ist.

1.3 Die Bestreitung Gottes

Die Bestreitung Gottes begleitet schon lange vor der Neuzeit die Religion, aber erst in der Neuzeit werden Grundgedanken des Atheismus auf durchschlagende Weise entfaltet. Der Gottesglaube sieht sich nun durch die Systematik und die Argumentation des Gott bestreitenden Denkens radikal in Frage gestellt. Und trotz der Gegnerschaft muss er anerkennen, dass der philosophisch reflektierte neuzeitliche Atheismus nicht rein negativ ist, sondern ethisch Größe zeigt und positiv auf ein höheres Menschsein abzielt. Der Mensch soll von Gott befreit werden, damit er Mensch werden kann – befähigt zum aufrechten Gang und zur wahren Erkenntnis.

Ludwig Feuerbach hat durch den Ausgangspunkt seiner Religionskritik, die beim Bewusstsein des Menschen ansetzt, dem neuzeitlichen Atheismus die Grundrichtung vorgegeben. Deshalb wird er hier stellvertretend für andere große Religionskritiker behandelt.

Für die Antike ist z. B. Euhemeros (um 300 v. Chr.) zu nennen, der die Entstehung des Götter-Glaubens als gezielte „Vergottung" menschlicher Personen zu erklären versuchte.

Vgl. z. B. Ernst Bloch, Atheismus im Christentum, S. 66: „Das also, aufrechte Haltung und Wille zum Wissen, macht den Tenor der großen Religionskritik aus; nicht Thersites [der aus Homers „Ilias" bekannte törichte Schwätzer und Intrigant] ist darin, sondern immer [der Vorkämpfer menschlicher Freiheit] Prometheus mit der Fackel."

Feuerbach und Hegel

Feuerbach hat von 1824–1826 beim großen Philosophen Georg Friedrich Wilhelm Hegel (1770–1831) in Berlin Philosophie gehört. Hierbei hat er dialektisch denken gelernt, aber inhaltlich folgt er seinem Lehrer nicht, sondern kehrt das Hegelsche Denken gerade um.

Nach Hegel ist der absolute Geist, der in der Religion Gott genannt wird, das Prinzip der Wirklichkeit und die ganze Wirklichkeit selbst; der menschliche Geist ist mit dem absoluten Geist identisch, jedoch nur in der Form, dass er die endliche Gestalt des absoluten Geistes ist – ein Moment in der Selbstentfaltung des absoluten Geistes zu sich selbst.

Dagegen stellt Feuerbach die von Hegel gelehrte Beziehung zwischen dem absoluten Geist und dem endlichen Geist des Menschen auf den Kopf: Für ihn ist der konkrete menschliche Geist die einzige geistige Wirklichkeit und der absolute Geist – Gott – nur eine Erscheinung des endlichen Bewusstseins.

Ludwig Feuerbach (1804–1872), Sohn des berühmten Juristen Anselm Feuerbach; Studium der Theologie, Philosophie, Botanik, Anatomie und Physiologie; Privatdozent für Philosophie und freier Schriftsteller; hielt 1848/49 (dt. Revolution) in Heidelberg auf Einladung einer Studentengruppe Privatvorlesungen („Über das Wesen der Religion"), an denen auch der später berühmte schweizerische Schriftsteller Gottfried Keller teilnahm.

zu Hegel s. S. 149 ff.

Der Kernpunkt der Lehre Feuerbachs

Feuerbach bringt seine Lehre in einem kurzen Satz auf den Begriff:
„Die Theologie ist Anthropologie“ (Vorlesungen über das Wesen der Religion, S. 24).
Das heißt:
- In dem Gegenstand der Religion, der griechisch „theos“ und deutsch „Gott“ genannt wird, spricht sich nichts anderes aus als das Wesen des Menschen.
- Der Mensch verhält sich in der Religion nur zu sich selbst, aber zu sich selbst als einem absolut gesetzten Wesen. Gott ist das vergöttlichte Wesen des Menschen.

Der Gläubige weiß davon freilich nichts. Er täuscht sich und glaubt, wirklich von Gott als der höchsten Macht abhängig zu sein. Wie kommt es zu diesem Irrtum?

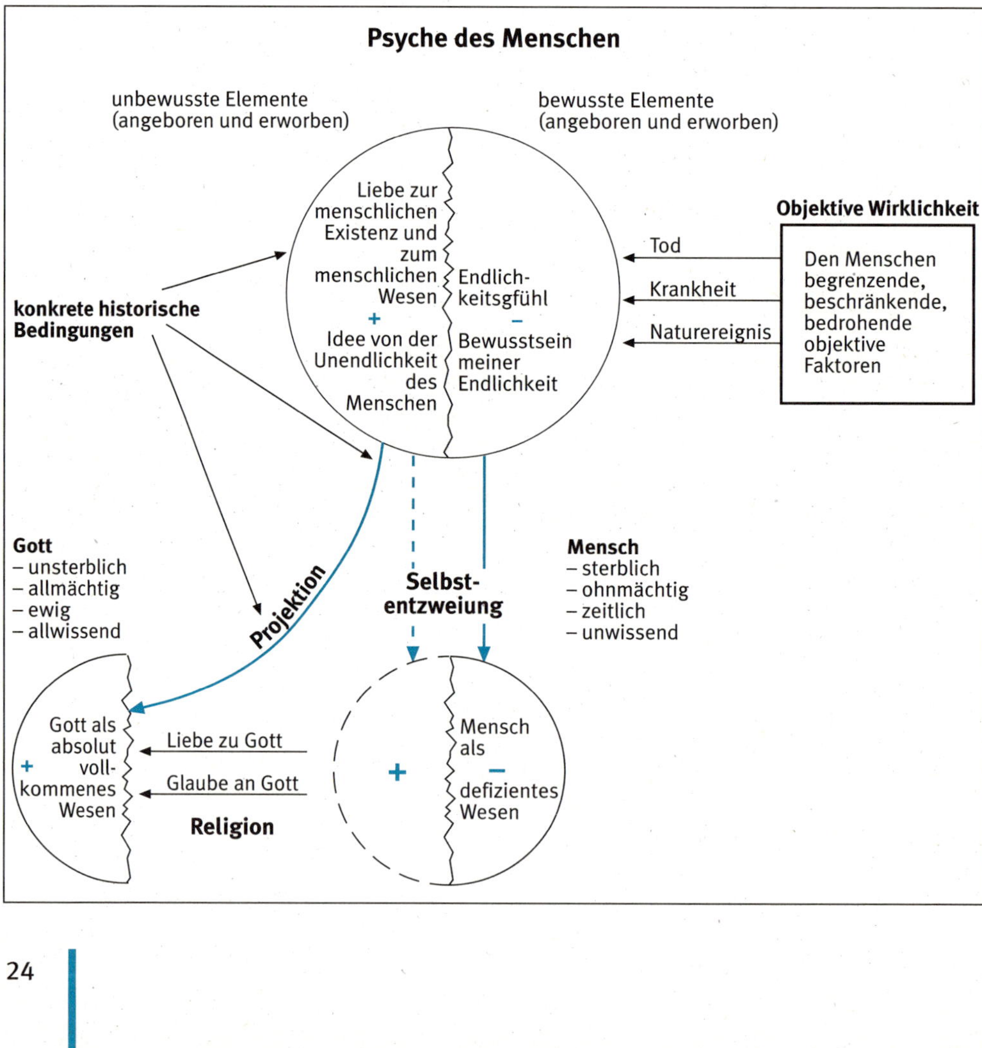

Feuerbachs psychologische Erklärung der Religion

vgl. Vorlesungen über das Wesen der Religion, S. 39–42; 59–63; 287–293; 317

Laut Feuerbach entsteht die Religion aus einem Widerstreit im Innern des Menschen:

- Einerseits ist das Bewusstsein jedes Menschen bestimmt vom „Gefühl" der Endlichkeit. Der Mensch erfährt ständig seine Begrenztheit, und die schmerzlichste Erfahrung ist die, sterben zu müssen.
- Andererseits wird das geistig-seelische Leben des Menschen geprägt von einem nicht moralischen, sondern natürlichen „Egoismus". Jeder Mensch hängt – von Natur aus und unbewusst – an seinem Leben: Er liebt es, und er möchte ein erfülltes und unbeschränktes Leben führen können.

Der dem Menschen nicht bewusste Widerstreit zwischen dem Endlichkeitsgefühl und der Liebe zu sich selbst wird gelöst durch die Produktion oder Projektion der Einbildungskraft:

Projektion (von lat. proicere = vortreten lassen, hinauswerfen): im psychologischen Sinn das Übertragen von eigenen Vorstellungen und Gefühlen auf eine andere Person

- Sie setzt die Idee vom unbeschränkten menschlichen Leben aus dem Menschen heraus und verkörpert sie in der Vorstellung eines real existierenden unendlichen Wesens, d. h. in der Vorstellung Gottes.
- Damit schafft sie ein absolutes Prinzip, das dem an seiner Endlichkeit leidenden, in seinem „Egoismus" verletzten Menschen Trost und Hoffnung gibt.

Der Zweck von Feuerbachs Lehre

Feuerbach betont, dass der Zweck seiner Religionskritik „nichts weniger als ein nur negativer, verneinender" (Vorlesungen über das Wesen der Religion, S. 31) ist. Gewiss will er die Religion zerstören, weil sie – als Glaube an ein phantastisches Scheinwesen – falsch ist; aber der eigentliche Zweck ihrer Zerstörung ist doch der, das wirkliche Wesen des Menschen zu bejahen:

Erst der von Gott befreite Mensch kann die Möglichkeiten seines Menschseins ausschöpfen. In Feuerbachs Worten: Aus „Kammerdienern der himmlischen Monarchie" sollen „freie, selbstbewusste Bürger der Erde" (ebd.) werden.

1.4 Die Kritik und Relativierung der christlichen Gottesvorstellung

Verschiedene aktuelle Einwände und Bedenken gegen Gott betreffen nicht den Gottesglauben überhaupt, sondern speziell die christliche, d.h. die in Katholizismus und Protestantismus maßgebliche Gottesvorstellung. Die Kritik kann von außen her – aus der Perspektive konfessionell nicht festgelegter theologischer Standpunkte oder philosophischer Erwägungen – auf das christliche Gottesbild gerichtet werden, aber auch von innen her – aufgrund bestimmter Ansätze christlicher Theologie.

1.4.1 Die pluralistische Religionstheologie

Ein Hauptvertreter der pluralistischen Religionstheologie ist der britische protestantische Theologe John Hick.

Die grundlegenden Thesen der pluralistischen Theologie der Religionen lauten:

- Es gibt vielfältige Offenbarungen Gottes, die gleich echt und gleich wahr sind.
- Die Vielfalt gleich gültiger göttlicher Offenbarungen ermöglicht eine Vielfalt gleich gültiger heilshafter menschlicher Antworten (= Religionen).

Gotthold Ephraim Lessing (1729–1781), dt. Schriftsteller von europäischem Format, herausragend als Literaturkritiker und –theoretiker, Dramatiker und theologisch-philosophischer Prosaist; der *Repräsentant der dt. Aufklärung*

Mit diesen Thesen stellt sich die pluralistische Theologie in eine geistesgeschichtliche Tradition, die zwar nicht von der Aufklärung ausgeht, aber dort ihren berühmtesten Ausdruck fand: G. E. Lessing dramatisierte in „Nathan der Weise", seinem letzten Bühnenstück, die Begegnung zwischen Personen des Judentums, des Christentums und des Islam, um auf der „Kanzel" des Theaters gegen die religiöse Intoleranz zu „predigen". Die Ring-Erzählung, die der Jude Nathan dem Sultan Saladin vorträgt, enthält – literarisch kunstvoll entfaltet – Lessings Bekenntnis zum Ideal der „von Vorurteilen freien Liebe" (Nathan der Weise, III, 7, v. 2042). Gefragt, welche Religion die wahre sei, das Christentum, das Judentum oder der Islam, antwortet Nathan mit der Parabel von den drei Ringen:

s. Nathan der Weise, 3. Aufzug, 7. Auftritt, V. 2042

> Ein Vater hat seinen drei Söhnen drei Ringe vererbt, die einander so sehr gleichen, dass sie nach Wert und Echtheit nicht zu unterscheiden sind. Diese Ununterscheidbarkeit hat der Vater gerade beabsichtigt, da er keinem Sohn den Vorzug vor den anderen geben wollte. Wenn überhaupt eine Entscheidung über den Wert der drei Ringe möglich sein sollte, dann nur so, dass jeder Ring-Besitzer mit den anderen darum wetteifert, die „Kraft des Steins in seinem Ringe" durch Toleranz und gute Taten mehr zur Geltung zu bringen …

Die pluralistische Theologie der Religionen ist dem aufklärerischen Denken auch darin verpflichtet, dass sie sich auf das Vernunftkriterium beruft. Die christliche Theologie wendet gegen die Grundthesen der pluralistischen Religionstheologie ein, dass nach dem klaren Zeugnis der Bibel Gott

- seinem Bundesvolk Israel eine besondere Offenbarung zuteil werden ließ

  und
- sich in Jesus Christus endgültig und unüberbietbar geoffenbart hat.

vgl. zum Folgenden Reinhold Bernhardt, Gott mehr zutrauen, in: Publik-Forum 18/1995, S. 58f.

Diesen Einwand lässt die pluralistische Religionstheologie nicht gelten, weil er eine Glaubensentscheidung – die Entscheidung für den Glauben der Bibel – voraussetze und mit Argumenten des vernünftigen Denkens nicht zu begründen sei. Im Gegenteil widerspreche die biblische Behauptung einer besonderen und endgültigen Offenbarung der Vernunft. Von ihrer Seite aus führt die pluralistische Religionstheologie vor allem drei Vernunftgründe an, um die Auffassung von der Gleichwertigkeit der (großen Welt-)Religionen zu belegen:

1. Religiöse Aussagen und Vorstellungen sind nie allein das Ergebnis göttlicher Eingebung oder Einwirkung, sondern sie sind immer auch nach den psychischen und sozial bedingten Denkmustern einer Zeit gestaltet. Diese Geschichtlichkeit und Endlichkeit jeder religiösen Erkenntnis lässt es nicht plausibel erscheinen, dass eine Religion für sich Vorrangigkeit oder gar Endgültigkeit beansprucht.
2. Gottes Heilswillen kann widerspruchsfrei nur so gedacht werden, dass er universal auf alle Menschen bezogen ist. Sonst stünde die unbedingte Menschenliebe Gottes, die zum Begriff Gottes gehört, in Frage. Damit ist aber auch ausgeschlossen, dass Gott den wahren Heilsweg auf eine Religion beschränkt hätte. „Chancenungleichheit" im Blick auf das Heil der Menschen kann Gott nicht wollen.
3. Betrachtet man, welche Gesinnung und welche Taten die verschiedenen Religionen im Leben ihrer Gläubigen bewirken, lässt sich kein eindeutiger Vorrang zugunsten des Juden- oder des Christentums (oder einer anderen Religion) ausmachen. Die Behauptung einer besonderen oder endgültigen Offenbarung kann also auch nicht empirisch untermauert werden.

Der Jongleur

Die pluralistische Auffassung von der Gleichwertigkeit der Religionen bestreitet keineswegs, dass Gott sich in der Person Jesu Christi auf einzigartige Weise manifestiert hat. Aber sie bestreitet die Einzigkeit Jesu Christi. Sie sieht in Buddha Gott ebenso einzigartig wirksam wie in Jesus Christus. Pluralistisch gedacht, sind das Christentum und der Buddhismus (oder eine andere Weltreligion) ganz wahre Offenbarungen Gottes, doch erschöpft sich Gottes Wahrheit in keiner Religion, weil jede die ganze Wahrheit nur in der Perspektive ihrer bedingten Vorstellungsmuster bietet.

Indem die pluralistische Religionstheologie die Einzigartigkeit der großen religiösen Leitfiguren der Menschheit betont, verwischt sie die grundlegenden Unterschiede zwischen den Religionen gerade nicht. Entsprechend behauptet sie auch nicht, es sei beliebig, welcher Religion man angehöre. Der Buddhist lebt ein anderes Leben als der Christ, wenn sie aus ihrem Glauben leben. Freilich: Die Kehrseite der Einzigartigkeit ist die perspektivische Beschränktheit der Religionen. Daraus ergibt sich dann noch eine andere Konsequenz als die, den Lebens- und Heilsweg in seiner Religion zu suchen. Diese andere Konsequenz ist die Forderung, den Horizont der eigenen Religion zu überschreiten und auch aus den Quellen fremder Religionen zu schöpfen, ohne aber die eigene religiöse Identität aufzugeben.

1.4.2 Die feministische Theologie

vgl. zum Folgenden Marie-Theres Wacker u. Erich Zenger (Hrsg.), Der eine Gott und die Göttin, S. 18 ff.; 170 ff.

Die feministische Theologie geht aus von der gegenwärtigen Erfahrung, dass Frauen allein aufgrund ihres Geschlechts in der (jüdischen oder christlichen) Religion sowohl bei den Glaubensvorstellungen als auch bei der institutionalisierten Praxis benachteiligt, wenn nicht diskriminiert und unterdrückt werden. Die religöse Sprache, der religiöse Ritus und die religiöse Leitung erscheinen – je nach Glaubensgemeinschaft mehr oder weniger stark – „männlich beherrscht".

Wenn die verschiedenen Formen heutiger Frauenfeindlichkeit in Religion und Kirche festgestellt sind, erwächst die Frage nach den Ursachen. Die Ursachenforschung zielt in zwei Richtungen:

– Sie untersucht die aktuell wirkenden Mechanismen der religiösen oder kirchlichen Abwertung von Frauen. Z. B. kann sie der Frage nachgehen, warum die katholische Kirche der Gegenwart daran festhält, Frauen vom Priesteramt auszuschließen.

- Sie sucht historisch nach den Gründen der gegenwärtig erfahrbaren Diskriminierung. Hierbei richtet sie ihr Augenmerk besonders auf die Vorgeschichte und Geschichte des biblisch bezeugten Gottesglaubens. Eine Hauptfrage lautet, ob die Dominanz des Männlichen im Judentum und Christentum nicht wesentlich zurückgeht auf den von der Bibel widergespiegelten Streit für den Einen Gott JHWH gegen die Macht und Existenz anderer, insbesondere weiblicher Gottheiten.

vgl. dazu S. 64 ff.

Die historische Frage nach den Entstehungsbedingungen heutiger religiös-kirchlicher Frauenfeindlichkeit ist wichtiger als die gegenwartsbezogene Frage nach den aktuellen Wirkmechanismen. Nur wenn aufgedeckt wird, welche geschichtlichen Weichenstellungen zu der männlichen „Weigerung" geführt haben, „Frauen als eigenständige, mündige Partnerinnen vor Gottes Angesicht anzuerkennen" (M.-Th. Wacker, in: Wacker / Zenger [Hrsg.], a. a. O., S. 18), kann die Dominanz des Männlichen wirklich aufgebrochen werden.

Die gewiss richtige Einsicht, dass zwischen der gesellschaftlichen Vorherrschaft der Männer und einem männlich bestimmten Menschenbild einerseits und der religiösen Vorstellung von der Männlichkeit Gottes andererseits eine Wechselwirkung besteht, hat innerhalb der feministischen Theologie manche verleitet, wenig differenziert und klischeehaft das jüdische „Patriarchat" und den „patriarchalen" Gott JHWH anzugreifen. Meist ist der Angriff eingebettet in eine Theorie von der Geschichte des Matriarchats, die zwar vorgibt, auf historischer Forschung zu beruhen, sich bei genauerer Betrachtung aber eher als „Mythos" erweist.

vgl. U. Wesel, Der Mythos vom Matriarchat, bes. Teil 1

Nach dieser „Theorie" sollen ursprünglich alle (Ackerbau-) Kulturen der Menschheit matriarchal gewesen sein. Im Matriarchat sei die große Göttin (zusammen mit Göttern und Göttinnen) verehrt worden, und es habe weder Streit noch Unterdrückung gegeben. In einer „Abfallgeschichte" habe sich aber das Patriarchat durchgesetzt, und mit ihm seien Krieg und Gewalt unter die Menschen gekommen. Um ihre „patriarchale Herrschaft zu heiligen", hätten die Männer die Göttinnen „ermordet" und an ihrer Stelle die Götter etabliert.

Belege s. E. Zenger, Am Fuß des Sinai, S. 29

Auch der alttestamentliche Monotheismus* sei, so wird dann behauptet, aus der Zerstörung des Matriarchats er-

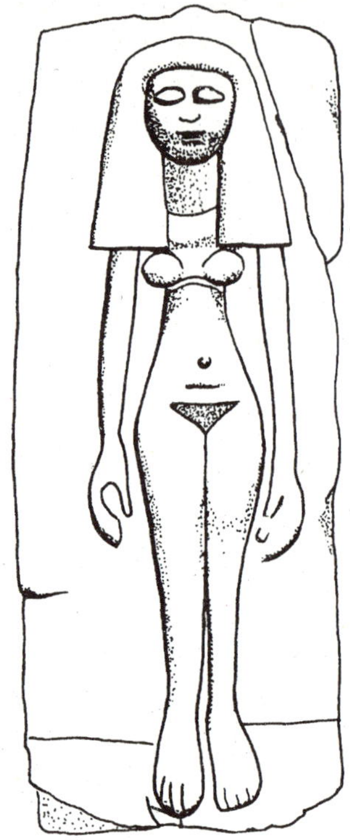

Astarte (Kalksteinplastik, 13. Jh. v. Chr.)

wachsen. Die Texte des Alten Testaments spiegelten „zwischen den Zeilen“ noch deutlich genug wider, wie im Prozess der Patriarchalisierung der Gesellschaft Israels der männliche Gott JHWH zum alleinigen Gott aufgestiegen und im Gegenzug die Göttin bekämpft und vernichtet worden sei.

Diese Richtung feministischer Theologie brandmarkt also den JHWH-Glauben als „frauenfeindlich von Anfang an“, weil sein geschichtlicher Ursprung im Legitimationsbedürfnis der anti-matriarchalen Männerherrschaft liege. Dagegen gehen die Vertreterinnen feministischer Theologie, die historisch und exegetisch echt wissenschaftlich arbeiten, von der Voraussetzung aus, dass der biblische Monotheismus zwar patriarchal ist, „aber nicht im Sinne einer Frontstellung gegen Frauen oder weibliche Gottesbilder schlechthin“ (Silvia Schroer, in: Wacker / Zenger [Hrsg.], a. a. O., S. 173). Ihre Untersuchungen interessieren sich dafür,

a) welche Bedeutung weibliche Gottesvorstellungen bei der Entstehung und in der späteren Geschichte des biblischen Gottesglaubens hatten,
b) welche genuin weiblichen Gottesbilder offen oder verdeckt in der männlich geprägten Gottesrede der Bibel enthalten sind.

Diese Erkenntnis wird bestätigt durch die Untersuchung von Bildern und Inschriften aus der Archäologie Palästinas (vgl. O. Keel / Chr. Uehlinger, Göttinnen, Götter und Gottessymbole). Einzelheiten s. Kap. 3.2.1

Die wissenschaftliche feministisch-theologische Forschung gewinnt für den **alttestamentlichen** Gottesglauben eine grundlegende Erkenntnis:
Israels Weg zum Monotheismus ist durch „eine Lebendigkeit und Offenheit der Gottesvorstellung“ gekennzeichnet, „in der gerade auch die weibliche Dimension der Gottheit eine entscheidende Rolle spielt“.
Im Einzelnen bringt die feministisch-theologische Forschung die folgenden – zum Teil schon gut begründeten – Annahmen ins Spiel:

- Die JHWH-Verehrung war lange Zeit nicht exklusiv und ging mit der Verehrung anderer Gottheiten, besonders weiblicher, einher.
- JHWH war ein weibliches Gegenüber, eine Partnerin, beigegeben, die erst im Prozess des Ringens um die Einzigkeit JHWHs verdrängt wurde.
- Bestimmte Elemente des Weiblich-Göttlichen sind nie als anstößig empfunden worden, so vor allem die JHWH-Mutter-Metaphorik.

JHWH entspricht der ursprünglichen hebräischen Schreibweise des Wortes „Jahwe“, die keine Vokalzeichen kennt.

יהוה

Hebräische Schriftzeichen j h w h (von rechts nach links) für das Wort „Jahwe“

In Gestalt der personifizierten Weisheit erscheint der Gott Israels im Bild der Frau und in der Sprache der Göttinnen. Die Vitalität und Kraft des Weiblich-Göttlichen entdecken die feministischen Bibelwissenschaftlerinnen auch im **Neuen Testament**. Insbesondere gehen sie den Spuren der „Göttin Weisheit" nach und stellen fest:
Eine feministische Aufarbeitung der neutestamentlichen Schriften von den Evangelien bis zu den Briefen kann für das frühe Christentum rekonstruieren, dass hier das weibliche Gottesbild der Weisheit wirksam und machtvoll weiterlebte und in der Entwicklung einer Weisheitschristologie das Christusbild prägte.

vgl. Silvia Schroer, Die göttliche Weisheit und der nachexilische Monotheismus, in: Wacker/Zenger (Hrsg.), S. 151–182

s. dazu S. 123; 125 f.

Mit Blick auf unsere Gegenwart sieht die wissenschaftliche feministisch-theologische Forschung in der aus der Bibel erkennbaren Weiblichkeit Gottes – vor allem in der Gestalt der göttlichen „Frau Weisheit" – das Leitbild einer feministisch-christlichen „Spiritualität" eröffnet.

1.4.3 Kritik des Monotheismus*

Die „gemäßigte" feministische Theologie kritisiert den Monotheismus des biblischen Israel, *insofern* er patriarchal ist bzw. sich patriarchal darbietet. Ihr Ziel ist es, durch eigene Forschung *im* jüdisch-christlichen Monotheismus die weibliche Dimension Gottes aufzudecken. Dagegen setzt die radikale feministische Matriarchatsforschung den Monotheismus grundsätzlich in eins mit der männlich geprägten Gottesrede und identifiziert im Unterschied dazu den Polytheismus* mit dem weiblich bestimmten Gottesglauben. Sie begründet ihre Auffassung mit der unterschiedlichen Stellung zu Gewalt und Macht, die Matriarchat und Patriarchat kennzeichneten:

- Die matriarchale Welt sei aus sich heraus frei von Unterdrückung und Gewalttätigkeit. Wie die Gesellschaft hier keine autoritären Machtstrukturen habe und die Abwertung und Ausgrenzung von Menschen nicht kenne, so sei auch das religiöse Symbolsystem offen und lasse Göttinnen und Götter ohne Konkurrenz und Kampf mit der großen Muttergöttin zusammenleben.
- Anders die Welt des Patriarchats: Hier seien die gesellschaftlichen Verhältnisse vom Kampf um die VorHERRschaft durchdrungen, und entsprechend bean-

spruche in der patriarchalen Religion ein Gott die alleinige Macht.

Die Kritik am Monotheismus, die gerade im letzten Jahrzehnt laut geworden ist, beschränkt sich freilich nicht auf die feministische Theologie. In anderer Form und mit anderer Zielsetzung wird die Diskussion um den Monotheismus auch innerhalb der systematischen Theologie geführt, und außerhalb der Theologie beteiligen sich die Philosophie, die Politik, die Naturwissenschaften und diverse Bereiche der Kulturwissenschaften. Trotz verschiedener Ansätze und Ausrichtungen stimmt die Monotheismus-Kritik in wesentlichen Motiven überein:

vgl. zum Folgenden M.-Th. Wacker, in: Wacker / Zenger (Hrsg.), a. a. O., S. 17–48

totalitär (lat.) = (diktatorisch) alles umfassend und sich unterwerfend

1. Totalitäres Einheitsdenken: Der religiöse Monotheismus und die von ihm abgeleiteten weltlichen Sinn- und Herrschaftsideologien seien extrem freiheitsgefährdend, weil sie alle Menschen unter das Machtwort des einen allmächtigen Gottes bzw. unter das Diktat der einen herrschenden Lehre zwingen wollten, statt den Individuen die Vielfalt möglicher Lebensentwürfe und Lebensgeschichten offen zu halten.

Dualismus (lat.) = Lehre, nach der die Wirklichkeit aus zwei (absolut) entgegengesetzten Prinzipien oder Seinsbereichen besteht

2. Dualistischer Weltbegriff: Der (jüdisch-christliche) Monotheismus zerreisse die Einheit zwischen Gott und Welt, weil er Gott als allmächtigen Schöpfer begreife und die Welt zur endlichen Schöpfung degradiere. Die Abwertung der Welt in diesem Gegensatz sei wirkungsgeschichtlich ein Hauptgrund für die weltweite ökologische Krise der Moderne.

Diese Kritik führen mit aller Schärfe z. B. Karlheinz Deschner (Kriminalgeschichte des Christentums, Bd. I, S. 71–116) und Franz Buggle (Denn sie wissen nicht, was sie glauben, S. 36–130 u. ö.)

3. Inhumane Gewalt: Der eine Gott der Bibel verlange die unbedingte Anerkennung seiner Herrschaft, und daher zeige er Züge der Intoleranz und Aggression gegen Fremde, Andersgläubige und „Abweichler" in den eigenen Reihen. Die Gewaltgeschichte des Christentums (gegen „Heiden", „Ketzer", Frauen) habe in diesem Aspekt des monotheistischen Gottesbilds ihre Wurzeln.

Die Monotheismus-Kritik ist ernst zu nehmen, da sie den Blick auf echte Probleme lenkt. Mit bloßer Ablehnung ist es daher nicht getan, sondern die Verteidigung des Monotheismus muss sich in der Auseinandersetzung bewähren. Gegenkritisch wird besonders darauf hinzuweisen sein, dass die Monotheismus-Kritik oft ungenau und selektiv analysiert und interpretiert. Z. B. „übersieht" sie die vielen biblischen Texte, in denen der Monotheismus gerade gegen Freiheitsberaubung und Gewalttätigkeit steht.

Voraussetzungen der Gotteslehre 2

Die maßgebliche Grundlage der theologischen Gotteslehre ist der von der Bibel (und der christlichen Tradition) bezeugte Gottesglaube. Diese Grundlage kann aber nicht fraglos vorausgesetzt werden. Nicht nur als Reaktion auf eine von außen kommende Kritik, sondern auch im Interesse einer vor der Vernunft ausweisbaren Selbstverständigung muss die Theologie zuerst den Fragen nachgehen,

- inwiefern der Mensch von sich aus auf Gott ausgerichtet ist und nach ihm sucht,
- ob und wie er Gott erfahren kann,
- ob und wie Gotteserkenntnis möglich ist.

Die Disziplin, die sich innerhalb der Theologie speziell mit diesen Fragen befasst, ist die „Fundamentaltheologie".

2.1 Gott suchen

Augustinus beginnt seine „Confessiones" (Bekenntnisse) mit einem Lobpreis Gottes und schreibt dabei die berühmten Worte: „Fecisti nos ad te et inquietum est cor nostrum, donec requiescat in te" (Auf Dich hin hast Du uns geschaffen, und unruhig ist unser Herz, bis es ruht in Dir). Es sind gewiss die Worte eines tief gläubigen Menschen, der seinen persönlichen Gott anspricht: den Gott, der ihm durch die Menschwerdung und die Verkündigung des Gottessohnes Jesus Christus offenbar geworden ist. Aber zugleich ist auffällig, dass Augustinus hier nicht allein von sich, sondern von „uns", den Menschen, redet. Er hat die Gottesbeziehungen aller Menschen mit im Blick. Das bestätigt auch der vorausgehende Satz, in dem Augustinus sich selbst „einen Menschen, ein Stücklein Deiner (= Gottes) Kreatur" nennt. Der unbestimmte Artikel, vor allem aber die Apposition zeigen an, dass Augustins Lobpreis über persönliche Glaubenserfahrungen hinaus das Grundverhältnis von Gott und Mensch betrifft.

Kurzinformation zu Augustinus s. S. 13

Im Horizont des jüdisch-christlichen Glaubens sind Augustins Worte nicht nur ein inniges Bekenntnis, sondern sie sind zudem theologisch in sich schlüssig und vernünftig. Der Mensch strebt sein Leben lang nach Gott, weil er von seinem Anfang und von seinem Ende her auf Gott ausgerichtet ist: In der Schöpfung geht er von Gott aus, und in der Neuschöpfung nach dem Tod geht er in Gott ein.

Ob der nicht gläubige Mensch zustimmt, wenn man auch ihn einen Gottsucher nennt, ist fraglich. Es ist möglich, dass er die christlichen Wesensaussagen über die existentielle Gott-Gerichtetheit des Menschen aufgrund seiner anderen Denkvoraussetzungen rundweg ablehnt. Es kann aber auch sein, dass er aus eigenen Beobachtungen und Überlegungen das menschliche Streben nach Gott bestätigt. Mit „Gott" meint er dann freilich nicht den christlichen Gott oder den bestimmten Gott einer anderen Religion, sondern die Idee des Absoluten, der kein wirklich existentes Wesen entspricht. Und er wird, gemäß seiner Auffassung von der Nichtexistenz Gottes, den Grund für das „Gott"-Streben ausschließlich in der (zufällig so gewordenen) Veranlagung und Bedingtheit des Menschen – der conditio humana – suchen.

Damit ist angezeigt, inwiefern Gläubige und Nichtgläubige über den Gott suchenden Menschen ins Gespräch kommen können. Als Gesprächsgrundlage dient die analysierbare, d.h. beobacht- und beschreibbare Existenz des Menschen. Hier ist – in der Untersuchung menschlicher Grundsituationen und Grundvollzüge – Übereinkunft durchaus möglich. Die Schwierigkeit beginnt in dem Augenblick, in dem das Beobachtete erklärt werden soll. Unter Umständen vermag der Gläubige zwar die „säkulare" Erklärungsvariante mitzuvollziehen, nicht aber umgekehrt der Nichtgläubige die religiöse.

zu „säkular" vgl. S. 11 f.

Was aber lässt sich beobachten? Allgemein gesagt, ist es die Eigenschaft und Tendenz des Menschen, in der Erfahrung seiner Grenzen seine Begrenztheit übersteigen zu wollen oder sogar zu müssen. Es ist die Offenheit für das Unendliche, mehr noch der notwendige Einschluss des Unendlichen in die menschliche Existenz.

Die Betrachtung entsprechender Phänomene des menschlichen Lebens soll begonnen werden mit einer kurzen Episode:

Deutsche Touristen baden in Südfrankreich in einem Fluss. Sie beobachten einheimische Jugendliche, die – mit den Füßen voraus – von einer 15 Meter hohen Brücke ins Wasser springen. Die Jugendlichen beherrschen den Sprung, sie sind hier schon oft gesprungen. Die Deutschen sehen eine Weile zu, dann beschließen drei aus ihrer Gruppe, zwei Jugendliche und eine Frau, es auch zu versuchen. Alle drei sind sportlich, gewiss, aber aus mehr als 5 m Höhe sind sie noch nie ins Wasser gesprungen. Der Sprung der beiden Jugendlichen glückt, sie tauchen ganz senkrecht ins Wasser ein. Die junge Frau dagegen kippt während des Sprungs nach vorne und schlägt mit dem Kopf hart auf das Wasser auf. Halb bewusstlos paddelt sie ans Ufer, steht unter Schock und kann sich an nichts mehr erinnern. Sie hat eine schwere Gehirnerschütterung erlitten.

Sicher kann man hier von einer „Mutprobe“ reden, im Fall der jungen Frau von einer missglückten. Aber „Mutprobe“ sagt sich so leichthin. Die ganze Reichweite des Gewagten erscheint erst, wenn man auf seine Gefährlichkeit sieht. Drei setzen sich ohne Not und ohne Zwang einer großen Gefahr aus. Warum? Zugegeben: Ihr Gefahrenbewusstsein war eingeschränkt, weil sie die französischen Jugendlichen ohne Angst und mit Leichtigkeit springen sahen. Aber es war – gerade von seinem instinktiven Anteil her – nicht außer Kraft gesetzt: 15 Meter Höhe bei einem Sprung ins Wasser – das nimmt der Mensch immer als gefährliche Distanz wahr. Also nochmals gefragt: Warum haben sich die drei freiwillig in eine erkennbare Gefahr gebracht und sich nicht durch die Signale ihres Instinkts abschrecken lassen? Psychologische Erklärungen wie „Selbstbestätigung“ oder „Erlebnishunger“ beantworten die Frage nach dem Motiv noch unzureichend. Es muss im selbstgefährdenden, dem vitalen Interesse des Organismus entgegenlaufenden Wagnis des 15-Meter-Sprungs mehr im Spiel sein, als sein Selbst in einer bislang unbekannten Erfahrung zu bewähren und durch ein neues Erlebnis zu bereichern. Was hier offenbar zum Vorschein kommt, ist der Drang des Menschen, seine Fähigkeit bis zur äußersten Möglichkeit zu treiben und durch die Höhe oder Tiefe der extremen Erfahrung der eigenen Beschränktheit und der Beschränktheit der Welt (einen Augenblick lang) zu entkommen.

Nach dieser ersten Annäherung kann jetzt systematischer und grundlegender dargelegt werden, wie der Schritt über die Begrenztheit des Irdischen das menschliche Dasein wesentlich bestimmt. Dabei wird neben anderem deutlich werden, dass das „Transzendieren“ nicht nur vom Wollen oder vom Bedürfnis des Menschen abhängt, sondern dass es dem Menschen auch, ob er will oder nicht, geschieht. Die folgende Analyse der menschlichen Ausrichtung und Gerichtetheit auf das Unendliche konzentriert sich auf drei Hauptpunkte: das Vertrauen zur Wirklichkeit, die Ambivalenz* der Erfahrung und den Transzendenzcharakter des Menschen.

transzendieren (von lat. transcendere = hinübersteigen, überschreiten): aus dem Bereich des Gewöhnlichen, Alltäglichen, Endlichen in einen „jenseitigen“ Bereich hinübertreten

2.1.1 Dem Sein vertrauen

vgl. zum Folgenden P. L. Berger, Auf den Spuren der Engel, S. 81–84

Anders als das Tier lebt der Mensch nicht einfach in der Wirklichkeit, sondern er steht ihr auch gegenüber. Indem er sie bewusst wahrnimmt und denkt, bildet er sich als „Subjekt" seine Auffassung vom „Objekt" Wirklichkeit.
Nun ist offenkundig: Wenn sich der Mensch in seinem Wirklichkeitsverständnis ausschließlich von dem leiten ließe, was er mit den Sinnen erfassen und mit Verstand und Vernunft „objektiv" erkennen kann, müsste er der Wirklichkeit als „Zeitraum" seines Lebens zutiefst misstrauen. Er erfährt und begreift ja in vielerlei Gestalt, dass die Wirklichkeit nicht in Ordnung ist und damit der Möglichkeit eines glückenden Lebens entgegensteht. Immer wieder ist er in der Welt Zuständen und Ereignissen ausgesetzt, die seine körperliche und seelische Integrität bedrohen, ihm schaden und ihn scheitern lassen. Und was noch schwerer wiegt: Er muss einsehen, dass nicht nur Einzelnes in dieser Welt ihn bedrängt und sich gegen ihn richtet, sondern dass die Wirklichkeit ihn am Ende in seiner ganzen Existenz vernichten und die Welt sein Grab sein wird.
Doch reagiert der Mensch auf diese „Negativität" der Wirklichkeit tatsächlich mit einem Grundmisstrauen? Bezweifelt er radikal, dass er in dieser Welt ein sinnvolles Leben aufbauen und von der Zukunft Gutes erwarten kann? Dass er die Wirklichkeit gestalten und nach Regeln beherrschen kann? Dass der Einsatz in dieser Welt nicht umsonst ist und die Verhältnisse verbessert ...? Das Leben des einzelnen Menschen, aber auch die Geschichte von Gesellschaften und Kulturen zeigen gerade das Gegenteil:

„Im innersten Kern der Humanitas", des Menschseins, steckt nicht die Furcht vor einer chaotischen Wirklichkeit, sondern der Glaube an „die Wirklichkeit der Ordnung bzw. die Ordnung der Wirklichkeit" (P. L. Berger, a. a. O., S. 83).

Das fundamentale Wirklichkeitsvertrauen des Menschen begegnet – wohl am eindrücklichsten – in der beschützenden Geste der Eltern, die ihr geängstigtes Kind beruhigen. Das Kind erwacht nachts allein in seinem Zimmer. Dunkelheit umgibt es, es sieht und erkennt nichts, die vertraute Wirklichkeit ist vernichtet. Das Unsichtbare droht ihm als Chaos, und es wird von namenloser Angst ergriffen.

Da schreit das Kind nach der Mutter oder dem Vater. Der Ruf nach den Eltern ist in diesem Augenblick gleichsam der Ruf nach „Hohenpriestern der Ordnung“ (P. L. Berger, a. a. O., S. 82). Sie sollen das drohende Chaos bannen und die gute Welt wiederherstellen. Und der Ruf des Kindes ist nicht vergeblich. Die Mutter oder der Vater kommt, macht Licht, nimmt das Kind in den Arm, wiegt es vielleicht und spricht tröstende Worte. Die Grundbotschaft ihres Tuns ist auf der ganzen Welt dieselbe:
„Alles ist in Ordnung, alles ist wieder gut“ (ebd.).
Das Kind beruhigt sich, die Eltern haben ihm sein Vertrauen in die Wirklichkeit zurückgegeben, und es kann getrost weiterschlafen.
Aber ist die Botschaft der Eltern überhaupt wahr? Oder benützen sie ihrem Kind zuliebe eine Lüge? „Alles ist in Ordnung, alles ist wieder gut.“ Eigentlich können die Eltern das nicht sagen. Sie überschreiten – transzendieren – hier die empirische Sphäre, denn die Erfahrung der Wirklichkeit spricht vielfach gegen diesen Satz. Aber sie müssen ihn aussprechen. Warum? Die Eltern übernehmen für ihr Kind die Rolle von Welterschaffern und Welterbauern, weil sie Eltern sind. Durch die physische Zeugung und Geburt ist die Elternschaft nur begründet, aber nicht erfüllt. Das Neugeborene könnte kein gemeinschaftsfähiger, seelisch und geistig entwickelter Mensch werden, wenn seine Erzeuger ihre Elternschaft nicht in der Grundaufgabe der „Ordnung“ verwirklichten.
In nächster Hinsicht ordnen die Eltern für ihr Kind die Welt, indem sie es in das System der Gesellschaft, zu der es gehört, hineinführen.

Die Wissenschaft bezeichnet diesen Vorgang als „Sozialisation“.

Doch in einem tieferen Sinn sind die Eltern ihrem Kind gegenüber nicht nur die „Repräsentanten“ der Gesellschaftsordnung, sondern sie „repräsentieren“ die Weltordnung schlechthin. In der beschriebenen Szene und in vielen anderen Situationen vermitteln sie, oft ohne es zu wissen und zu wollen, ihrem Kind das Vertrauen, dass die Welt gut ist. Die Kinderpsychologie (Erik Erikson) lehrt, dass das Grundvertrauen in die Wirklichkeit „für den Prozess der Personwerdung absolut unerlässlich ist“.

Erik Erikson (1902–1994), deutsch-amerikanischer Psychoanalytiker, beschäftigte sich insbesondere mit dem Einfluss von Kultur und Gesellschaft auf die Persönlichkeitsentwicklung (Identität) des Kindes und Jugendlichen; sein erstes Buch „Kindheit und Gesellschaft“ (1950) wurde ein „Klassiker“.

So gesehen ist die Welt-Ordnung und Welt-Vertrauen schaffende Tat der Eltern die Bedingung der Möglichkeit für die Menschwerdung des Kindes – für die Menschwerdung des Menschen. Der über die erfahrbare Wirklichkeit hinausgreifende Glaube, dass die Wirk-

lichkeit im Ganzen „in Ordnung" ist, betrifft die Mitte des Menschseins, er ist seine Voraussetzung.

2.1.2 Die Ambivalenz* der Erfahrung

vgl. zu den folgenden Gedanken P. Burke, Erste Schritte in der Religionsphilosophie, S. 48ff.

Integrität (lat.) = Unversehrtheit, „Makellosigkeit"

Vitalität (lat.) = Lebendigkeit

Erfahrungen sind gut oder schlecht, verständlich oder unverständlich, sinnvoll oder sinnlos ... Aber welche Erfahrung so oder so ist, ist keineswegs eindeutig. Gewiss gibt es die unmittelbare Qualität von Erfahrungen. Beispielsweise wird die Verletzung der körperlichen oder seelischen Integrität im Augenblick des Geschehens immer negativ erfahren. Die physische oder psychische Vitalität ist hier das „natürliche Maß" und bestimmend dafür, dass das Individuum den gegen seine Lebenskraft gerichteten Angriff als bedrohlich und schmerzhaft empfindet. Doch ist es für den Menschen gerade kennzeichnend, dass sich der Inhalt seiner Erfahrungen nicht auf das unmittelbar in der Situation Erfahrene beschränkt oder allein daraus ergibt. Der Mensch stellt – mehr oder minder bewusst – die einzelne Erfahrung immer auch in den größeren und letztlich in den größten Zusammenhang, das heißt, er ordnet sie ein in die Reihe vergangener (und vielleicht sogar möglicher zukünftiger) Erfahrungen und betrachtet sie darüber hinaus im Horizont des Ganzen – im Horizont seines ganzen Lebens und des Seins überhaupt. Dieses In-Zusammenhang-Stellen einzelner Erfahrungen ist ein Akt der Interpretation, und die Zweideutigkeit der Erfahrung hat genau hier ihren Ort. Konkretere Überlegungen können die Eigenart der Erfahrungsinterpretation und der damit verbundenen Zweideutigkeit verdeutlichen:

Stellen wir uns vor, ein Mensch mache in Folge verschiedene schlechte Erfahrungen. Er erkrankt plötzlich schwer (obwohl er Sport treibt und sich gesund ernährt), ein guter Freund lässt ihn im Stich (als er dessen Hilfe bräuchte), ein Arbeitskollege verfolgt ihn mit Bosheit (ohne dass er diesem etwas zuleide getan hätte), der geliebte Partner verlässt ihn (obgleich ihre Beziehung glücklich war) ... Alle hier genannten Ereignisse sind offenbar unbegründet, und vor allem beeinträchtigen, schädigen sie das Leben des betroffenen Menschen. Wegen ihrer Grundlosigkeit und Negativität haben sie von sich aus keinen erkennbaren Sinn. Die Erfahrung grundloser Abträglichkeit weist jedesmal auf Absurdität hin, und mehrere solcher Erfahrungen zusammengenommen legen die Vorstellung äußerst nahe, dass das ganze Leben absurd ist.

An diesem Punkt angekommen, muss die Betrachtung sehr genau weitergeführt werden. Es ist nämlich jetzt zu beachten, dass die herangezogenen Beispiele zwar den Gedanken der Absurdität aufdrängen, aber nicht mit logischer Notwendigkeit dazu zwingen. Wenn eine logische Notwendigkeit bestünde, dann müssten alle Menschen, die solche grundlos schlechten Erfahrungen in Folge gemacht haben, den Schluss der Absurdität ziehen – oder wir müssten ihnen andernfalls einen Irrtum, eine falsche Auffassung nachweisen können. Beides trifft nicht zu. Jeder von uns kennt Menschen, die trotz massiv negativer Erfahrungen am Sinn ihres Lebensschicksals festhalten. Wenn wir sie danach fragten, weshalb sie gegen den Anschein der Absurdität des Widerfahrenen auf Sinnhaftigkeit setzten, könnten sie uns auf rationaler Ebene antworten:

„Ich habe in meinem Leben viele positive Erfahrungen gemacht, die an Gewicht den negativen wenigstens gleichkommen …“

Fast unglaublich ist dieses authentische Beispiel: Ein Junge wird auf einem Bahnübergang vom Zug erfasst und getötet. Der herbeigerufene Vater hält den toten Sohn in den Armen – und da wird ihm, wie er später berichtet, schlagartig bewusst: „Sein Tod ist nicht sinnlos“.

Diese Antwort ist logisch freilich nicht plausibler als der aus negativen Erfahrungen gewonnene Sinnlosigkeitsverdacht. Der strengen Beweiskraft steht die Zufälligkeit der Begründung entgegen. Derjenige, der auch gute Erfahrungen gemacht hat, hätte nur schlechte machen können, und derjenige, der nur schlechte gemacht hat, hätte auch gute machen können …

Damit soll keineswegs bestritten sein, dass die konkreten Lebenserfahrungen die Lebensauffassung prägen. Doch hat die Prägung keine Eindeutigkeit in dem Sinn, dass sich bestimmten Lebenserfahrungen mit Sicherheit eine bestimmte Lebensauffassung zuordnen ließe. Die Lebensauffassung lässt sich nicht aus den Lebenserfahrungen ableiten – deduzieren. Zu begründen ist das damit, dass die Lebensauffassung einer freien Tat – einer freien Entscheidung des Menschen entspringt.

- Frei entscheiden heißt nicht willkürlich entscheiden.
- Im Gegenteil ist es für eine echte freie Entscheidung unabdingbar, dass sie empirische Voraussetzungen – das Erfahrene oder Erfahrbare – bedenkt, bewertet, zur Geltung bringt.
- Aber dabei bleibt sie gleichwohl im Letzten unabhängig. Sie ist ihrem Wesen nach **absolut**, weil sie sich über den durch die Erfahrung nahe gelegten

Sinn hinwegsetzen und den Lebenssinn anders bestimmen kann.

Ob der Grund für die nicht erfahrungskonforme Entscheidung mitteilbar ist, das ist nicht maßgeblich. Wichtig ist, dass derjenige, der die Entscheidung seiner Lebensauffassung so oder anders trifft, sich im Innern seiner Person dazu gedrängt fühlt und die Entscheidung vor seinem Geist existentiell verantworten kann.
Wann und wie sich der Mensch für seine Lebensauffassung entscheidet, braucht hier nicht genauer betrachtet zu werden. Jedenfalls ist davon auszugehen, dass die Entscheidung nicht schlagartig fällt, sondern sich im Prozess entwickelt. Außerdem ist klar, dass die Entscheidung zwar absoluten Charakter hat, aber deshalb nicht endgültig sein muss:

- Durch eine Folge bestimmter Erfahrungen, durch die geistige Entwicklung und durch innere Erlebnisse kann die Lebensauffassung revidiert und sogar ins Gegenteil verkehrt werden.
- Die veränderte Lebensauffassung beansprucht dann freilich nicht weniger, umfassend und über die Erfahrung hinaus für das Lebensganze zu gelten.

Die Entscheidung, das Leben so oder so aufzufassen, gibt vor, in welche Richtung konkrete Erfahrungen gedeutet werden. Um es nochmals zu betonen: Die Erfahrungen, die ein Mensch von frühester Kindheit an macht, sind daran, unter Umständen maßgeblich, beteiligt, dass und wie später die Lebensauffassung ausgebildet wird. Doch wenn die Lebensauffassung gefunden ist, dann ist sie gegenüber der Erfahrung vorgängig. Sie ist dann die Bedingung der Möglichkeit, damit ein Mensch sagen kann: Was ich hier und jetzt erfahren habe, das bedeutet für mich dieses oder jenes. Die Lebensauffassung ist die Interpretationskategorie, die die prinzipielle Zweideutigkeit der Erfahrung auf Eindeutigkeit ausrichtet. Sie setzt Sinn oder Unsinn des Ganzen – nicht unbegründet, aber unbeweisbar – voraus und versteht im Licht dieser Voraussetzung die einzelne Erfahrung.
Die bisherigen Überlegungen lassen sich so zusammenfassen:

1. Der Mensch interpretiert seine Lebenserfahrungen von der **Transzendenz** her. Transzendenz bedeutet noch keineswegs Gott, sondern heißt: Der Mensch entscheidet sich für eine **Grundauffassung vom Leben**, die nie durch seine Lebenserfahrung abgedeckt oder bewahrheitet werden kann, sondern alles Erfahrene und Erfahrbare umgreift.
2. Die Erläuterung lautet in Kürze:
   - Jede einzelne Erfahrung für sich genommen ist der Zufälligkeit unterworfen, so dass *ihr* Sinn oder Unsinn weder eindeutig ist noch verallgemeinert werden kann.
   - Auch wenn viele einzelne Erfahrungen zusammengeschaut und gemeinsam „ausgewertet" werden, führt das nicht zum Begriff des Lebensganzen und des Lebens in der ganzen Welt; es wird vielmehr das Zufällige nur auf eine abstraktere Ebene gebracht, ohne es dadurch wirklich zu überwinden.
   - Eine (nicht beiläufige, sondern existentiell verantwortete) Aussage über den Sinn oder Unsinn meines Lebens wird erst dadurch möglich, dass ich – die Grenzen der Erfahrung und der logischen Schlussfolgerung verlassend – vielleicht mehr unbewusst als bewusst die Entscheidung für eine Lebensanschauung treffe.
3. Die Entscheidung, das Leben lieber so als anders aufzufassen, zu interpretieren, ist – gleichgültig, ob sie negativ oder positiv ausfällt – ein **Glaubensakt**; denn sie greift über das Empirische hinaus und beansprucht ihrer Idee nach absolute Gültigkeit. Die einzelnen Lebenserfahrungen verlieren durch diese Entscheidung ihre Ambivalenz* nicht völlig – dazu ist ihre Wirkkraft zu stark –, aber die Tendenz, sie so oder so zu verstehen, wird doch weitgehend festgelegt; sie werden gedeutet im Horizont umfassenden Sinns oder umgekehrt im Horizont der Absurdität schlechthin.

2.1.3 Der Transzendenzcharakter des Menschen

Unter zwei Gesichtspunkten ist inzwischen dargelegt worden, dass und wie der Mensch über die endliche Welt der Erfahrung hinausgreift in ein „Jenseits", von dem her er Ordnung oder Unordnung, Sinn oder Unsinn seines Lebens und der Welt überhaupt bestimmt. Die Akte des Sinn- und Ordnung-Stiftens sind für die menschliche Existenz nicht nebensächlich, sondern es sind Vollzüge, an denen sich das Menschsein entscheidet. Daher lässt sich schon jetzt sagen, dass der Überschritt über die Erfahrungswirklichkeit zum Wesen des Menschseins gehört. Theologen und Philosophen sprechen in diesem Zusammenhang vom „Transzendenzcharakter“ des Menschen. Durch eine kurze grundsätzliche Überlegung kann der bisher an Beispielen erläuterte Sachverhalt noch vertieft werden:

vgl. insbesondere Karl Rahner (z. B. Grundkurs des Glaubens, S. 42f.)

Der Mensch hat und ist Geist. Damit und als solcher erlebt und erkennt er die Endlichkeit seines Systems, seine Begrenztheit und Bedingtheit. Die Geistigkeit des Menschen bewirkt aber auch, dass seine Erfahrung der Endlichkeit immer schon ins Unendliche hineinverweist. Der Mensch, der in Theorie und Praxis ständig an seine Grenze stößt, kann seine Begrenztheit und die Begrenztheit der Welt als Tatsache, als Wirklichkeit nicht überwinden; aber er kann, ja muss in seinem Denken und Wollen dieser Tatsache die Idee der unendlichen Möglichkeit entgegenstellen:

– Erkennend kann der Mensch alles in Frage stellen. Keine Antwort, die er auf eine Frage gefunden hat, ist abschließend, sondern vielmehr der Anlass zu einer neuen Frage. Der Horizont menschlichen Fragens ist unendlich. Er lässt sich nie durch Antworten, so zahlreich und weitreichend sie sein mögen, ausfüllen. Im Gegenteil erfährt der Mensch: Je mehr Antworten er sich zu geben vermag, um so weiter weicht der Horizont seiner Fragen zurück, um so größer und tiefer wird die Möglichkeit, neue Fragen zu stellen.
  Da der Mensch die Unendlichkeit, der er fragend ausgesetzt ist, mit seinen Antworten nicht fassen kann, erscheint sie ihm unheimlich. Ihre unbestimmte Leere beunruhigt und ängstigt ihn, zugleich treibt sie ihn an, den Horizont seiner Erkenntnis so weit wie möglich auszudehnen.
– Handelnd ist der Mensch immer unterwegs, ohne ein letztes Ziel zu erreichen. Alles Getane, so gut es sein mag und so sehr es den Menschen erfüllt, ist vorläufig, weil es den Grund legt für weitere Ziele. Auch für die Tat des Menschen gilt – analog seinem Erkennen: Der Mensch kann die Möglichkeiten seines Handelns nie einholen oder gar überholen. Die Resultate, die er praktisch erzielt, verkleinern den Horizont seines möglichen Handelns nicht, sondern erweitern ihn, je vielfältiger sie

sind. Auch hier wirkt die unendliche Möglichkeit des Handelns – gerade wegen der Kluft zu dem, was sich praktisch erreichen lässt – unheimlich. Die Kleinheit, die dem Menschen angesichts der unerreichbaren Fülle möglichen Handelns vor Augen tritt, kann ihn in Furcht versetzen, aber sie spornt ihn auch zu großen Taten an.

Die Tatsache, dass der menschliche Geist sich im theoretischen wie im praktischen Vollzug gegenüber seiner Endlichkeit auf einen unendlichen Horizont verwiesen sieht, ist noch überhaupt kein Beweis dafür, dass außer der menschlichen Idee der Unendlichkeit eine – die – unendliche Wirklichkeit existiert. Gleichwohl ist es wichtig aufweisen zu können, dass der Mensch von sich aus über seine Endlichkeit (und die der Welt) hinausgreift und somit ein Wesen der Transzendenz ist. Seit der von Kant so genannten „Kopernikanischen Wende" in der Philosophie, am kürzesten ausgedrückt im berühmten cartesischen „Ich denke, also bin ich", ist klar:

s. S. 17

Wirklichkeit ist nicht einfach das dem Menschen Vorgegebene, das er erfährt, weil es da ist und wie es da ist, sondern die Erfahrung der Wirklichkeit hängt ab von den Strukturen menschlichen Denkens (und Handelns), durch die der Zugang zur Wirklichkeit ermöglicht und letztlich die Wirklichkeit *für* den Menschen hergestellt, erzeugt wird.

Aus dieser „revolutionären" philosophischen Einsicht hat auch die Theologie ihre Konsequenzen gezogen. Bereits im 19. Jahrhundert begannen vor allem die Wiener und die Tübinger theologische Schule den Ausgangspunkt ihres Denkens von der „objektiv" ergangenen und erfahrbaren Offenbarungswirklichkeit weg auf die „subjektiven" Bedingungen des Offenbarungsempfängers – des Menschen – zu verlagern.

Der Begründer der Wiener theologischen Schule war Anton Günther (1783–1863). Als „Vater" der Tübinger katholischen Schule gilt Johann Sebastian Drey (1777–1853).

Die erste Frage hieß jetzt nicht mehr:
- Was hat Gott den Menschen geoffenbart und wie können seine Offenbarungen in einer systematischen Lehre dargestellt werden?

Sondern sie hieß jetzt:
- Durch welche inneren Voraussetzungen ist der Mensch von sich aus auf Gott ausgerichtet und fähig, die göttliche Offenbarung anzunehmen und lebenspraktisch umzusetzen?

Dahinter steht die Auffassung, dass sich in der existentiellen Situation und der geistigen Verfasstheit des Menschen eine angestammte Offenheit für Gottes Offenbarung finden müsse, weil letztere sonst „als eine fremde und unverdauliche" dem Menschen gegenüberstehen bliebe (A. Günther) und nicht bei ihm ankommen könnte. Diese Auffassung ist dann in unserem Jahrhundert u. a. von R. Bultmann weiter entfaltet worden und begegnet in der so genannten „transzendentalen Theologie" K. Rahners besonders markant.

Rudolf Bultmann (1884–1976), Professor für Neues Testament in Marburg; radikale Kritik der Evangelien als historischer Zeugnisse; Forderung nach der „Entmythologisierung" des Neuen Testaments

zu Karl Rahner s. S. 173

2.2 Gott erfahren

„Erfahrung" ist ein höchst schwieriger Begriff, erst recht, wenn er auf Gott angewendet wird. Es ist daher sinnvoll, das Kapitel mit terminologischen Überlegungen zu beginnen. Danach werden Kennzeichen und Merkmale der Gotteserfahrung anhand eines biblischen Beipiels – Jakobs Kampf mit Gott am Jabbok – erarbeitet.

2.2.1 Der Begriff der Erfahrung

Der Erfahrungsbegriff enthält zwei grundlegende Apekte, die in Spannung zueinander stehen:

– Es ist gewiss von Bedeutung, dass Erfahrung nichts im eigentlichen Sinn Gemachtes ist. Wir sagen wohl, dass wir Erfahrungen machen, aber es ist dies kein Machen in der Art des Herstellens oder der Leistung. Wenn ich sage: „Ich habe meine Erfahrungen gemacht" (z. B. im Umgang mit anderen Menschen), dann hebe ich hier nicht meine Aktivität hervor, sondern meine im Gegenteil: dies und dies ist, ob ich es wollte oder nicht, mit mir geschehen, dies und dies hat sich für mich zugetragen und habe ich erlitten.

– Doch würde es den Erfahrungsbegriff verkürzen, wenn Erfahrung nur als Widerfahrnis, als etwas, das unabhängig von meinem Willen auf mich zukommt, verstanden werden sollte. Vielleicht möchte man sich für ein solch einseitiges Verständnis auf den berühmten Odysseus berufen, in der Antike der Inbegriff des „Erfahrenen", der während seiner zehnjährigen Irrfahrt zahlreichen Gefahren ausgesetzt war und dabei viel erleiden musste. Aber schon bei diesem Vorbild ließe sich zeigen, dass zur Erfahrung ebenso der aktive Anteil des

Subjekts gehört. Nicht umsonst trägt Odysseus auch den Beinamen der „Listenreiche“. Bei dem, was ihm widerfährt, lässt er eben nicht alles mit sich machen, sondern er greift – für sich und seine Gefährten – in das Geschehen ein und wendet den drohenden Untergang zur Rettung. Den einäugigen Riesen Polyphem, der schon sechs Gefährten des Odysseus gefressen hat und den Rest auch noch fressen will, blendet er mit einem angespitzten Pfahl, die Zauberin Kirke, die die Hälfte seiner Gefährten in Schweine verwandelt hat, zwingt er mit Hilfe eines Krauts, den Zauber wieder zu lösen …

Der gestaltende Beitrag des Subjekts wird noch deutlicher, wenn man nicht die Irrfahrt des Odysseus, sondern das „geplante Abenteuer“ als Beispiel nimmt. Hier bereitet sich ein Mensch mit Umsicht auf gefährliche Situationen vor: Er trainiert seine körperliche Tüchtigkeit, wertet Erfahrungsberichte aus und besorgt sich aus weiteren Quellen Informationen, damit er die Route festlegen und sich die richtige Ausrüstung beschaffen kann, wählt den richtigen Zeitpunkt, das Abenteuer zu beginnen … Aber zur Vorbereitung gehört auch, dass er die Möglichkeit des Scheiterns durchspielt, um so Vorsorge für seine Rettung treffen zu können. Damit rückt wieder die andere Seite der Erfahrung, die Widerfahrnis, in den Blick. Durch seine Planung und Vorbereitung versucht der „Abenteurer“ zwar so weit wie möglich vorherzubestimmen, in welcher Intensität und Qualität etwas auf ihn zukommt, aber er

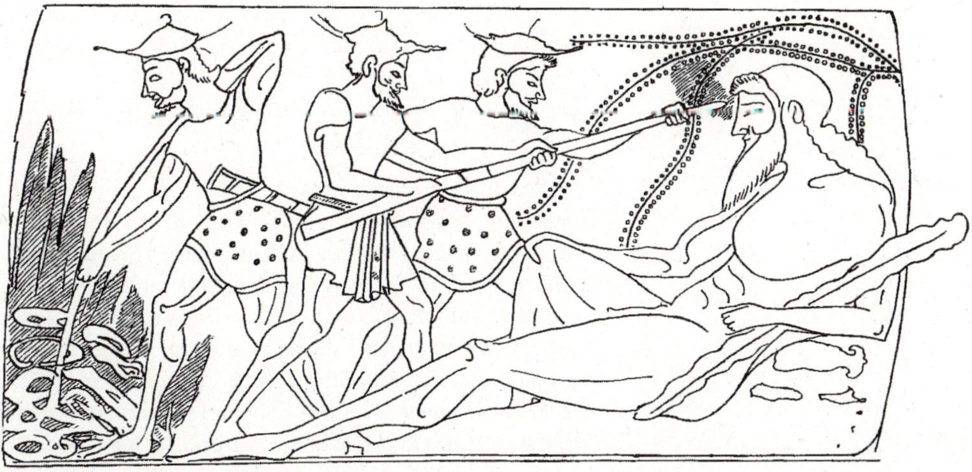

Blendung des schlafenden Kyklopen Polyphem

kann nie ausschließen, dass unvorhergesehene Dinge eintreten. Das Unvorhergesehene führt freilich nicht notwendig zur Erfahrung des Scheiterns. Sondern jetzt hat das Erfahrungssubjekt die Gelegenheit, das, was ihm überraschend widerfährt, mit seinem Wissen und Können zu bestehen. Dabei ist nicht allein entscheidend, was es sich eigens für das Abenteuer angeeignet und womit es sich ausgerüstet hat; auch Erfahrungen, die es von früher her mitbringt, tragen nun zur Bewältigung der Situation und zur neuen Erfahrung bei.

Das subjektiv-persönliche Moment, das die Erfahrung trotz ihrem Widerfahrnischarakter hat, ist im übrigen schon rein etymologisch aufweisbar. Das deutsche „Erfahren" zeigt an, dass der Erfahrene reisend in der Welt herumgekommen ist, dass er sich in die Fremde hinausbegeben und *dabei* – selbst leidend und selbst handelnd – viel Neues erkundet hat. „Experiri" im Lateinischen zielt darauf ab, dass der „Experte" seine Einsichten und das, was er kann, durch Versuche, die geglückt oder misslungen sind, gewonnen hat.

etymologisch (gr.) = die ursprüngliche und geschichtliche Bedeutung eines Worts betreffend

Sofern Erfahrung in diesem Sinn subjektiv bestimmt und an die Person des Erfahrenen bzw. des Experten gebunden ist, ist sie nicht so leicht auf andere übertragbar:

- Jedenfalls kann man sie nicht in der Form mitteilen, wie man Wissen oder technisches Können in Schule und Ausbildung „abstrakt und objektiv" lehrt. Um Erfahrungen weiterzugeben, muss man zusammen leben.
- Erst wenn Unerfahrene mit dem Erfahrenen gemeinsam auf Situationen treffen, die er selbst so oder ähnlich bereits kennt, kann er ihnen im Miterleben vermitteln, was man hic et nunc, hier und jetzt können und wissen muss oder zu lernen vermag.
- Die Weitergabe von Erfahrung verlangt also „Lebensgemeinschaft, das ‚Komm und Sieh' ".

Die Übermittlungsproblematik erhält im religiösen Zusammenhang eine besondere Schärfe. Nicht nur die christliche Religion geht davon aus, dass die tragenden Gotteserfahrungen in der Vergangenheit geschehen sind. Sofort stellt sich die Frage, wie *diese* Erfahrungen *lebendig* weitergegeben werden können, da doch die „Experten" längst tot sind und ihr Zeugnis nur im überlieferten Wort vorliegt. Zu fragen ist außerdem, ob die religiöse Erfahrung überhaupt noch offen ist für eine Erweiterung und Aktualisierung des Glaubens, wenn ihr geschichtlicher Kairos unwiederholbar vergangen ist.

Kairos (gr.) = günstiger Zeitpunkt, entscheidender Augenblick

Auf diese brisanten Fragen ist später an verschiedenen Stellen noch einzugehen. Jetzt sollen erst einmal einige grundlegende Erkenntnisse über die religiöse Erfahrung exemplarisch gewonnen werden, indem eine biblisch bezeugte Gottesbegegnung – Jakobs Kampf mit dem Unbekannten – näher betrachtet wird.

2.2.2 Jakobs nächtliches Ringen am Jabbok als beispielhafte Gotteserfahrung

Jakobs Gottesbegegnung am Jabbok darf nicht isoliert gesehen werden. Sie ist einzuordnen in Jakobs Lebensgeschichte, und hier ist sie in Zusammenhang zu stellen mit dem Konflikt, den Jakob mit seinem Bruder Esau austrägt. Jakob und Esau sind Zwillinge, ihre Eltern sind Isaak und Rebekka. Als Zweitgeborener ist Jakob seinem Bruder nachgestellt, aber durch seinen scharfen Verstand und die ausgeprägte Fähigkeit, Situationen zu seinen Gunsten auszunutzen, ist er ihm überlegen. *vgl. Gen 26,34 ff.*

Jakobs Charakterzug, auch gegen die Umstände der Erste sein zu wollen, zeigt sich schon bei seiner Geburt:

- Er hält seinen Bruder, der vor ihm aus dem Mutterleib kommt, an der Ferse fest.

Was das Fersenhalten nicht verhindern konnte – dass nämlich Esau das Erstgeburtsrecht zufiel –, „verbessert" Jakob zu gegebener Zeit:

- Als Esau ganz erschöpft von der Jagd heimkommt, nützt Jakob die Schwäche seines Bruders aus und veranlasst ihn, sein Erstgeburtsrecht für ein Linsengericht zu verkaufen.
- Zum ganzen Erfolg fehlt Jakob jetzt noch der Segen des greisen Vaters, der ausschließlich dem älteren Sohn zusteht.
- Angestiftet durch seine Mutter Rebekka und mit ihrer Hilfe täuscht er dem blinden Isaak vor, Esau trete vor ihn, und erschleicht sich so dessen Segen.

Der zum zweiten Mal betrogene Esau sinnt auf Rache und will Jakob erschlagen. Rebekka fordert daher Jakob auf, zu seinem Onkel, ihrem Bruder Laban, zu fliehen.

Auf der Flucht vor Esau – unterwegs zu Laban – hat Jakob eine Gottesbegegnung, die ihn auch im religiösen Bereich als schlau und berechnend ausweist. Im nächtlichen Traum sieht er eine Leiter, die von der Erde bis zum Himmel reicht und auf der die Engel auf- und niedersteigen. *vgl. Gen 28,10–22*

Zugleich hört er Gott zu sich reden. Der Herr verheisst ihm großen Landbesitz und zahllose Nachkommen und sagt ihm zu, ihn überall zu behüten, wohin er – Jakob – auch gehe. Wie reagiert Jakob auf diese Verheißung und Zusage?

– Keineswegs so wie sein Großvater Abraham, der ähnlichen Zukunftsworten Gottes unbesehen vertraut und daraufhin seine Heimat – den sicheren Ort – verlassen hat.
– Sondern Jakob formuliert *eine Bedingung,* die sinngemäß so lautet: „Ich will mal abwarten und zusehen. Wenn Gott seine Verheißung und Zusage einhält, dann werde ich ihn anerkennen. Andernfalls …"

Als Jakob danach bei Laban ankommt, erhält er in ihm einen ebenbürtigen Gegenspieler, er begegnet sozusagen seinem Spiegelbild. Das Verhältnis der beiden ist nicht ehrlich, sondern sie betrügen sich gegenseitig.
Zuerst überlistet Laban den Jakob: Jakob dient ihm sieben Jahre, um die jüngere – und schönere! – Tochter Rahel zur Frau zu erhalten. Aber Laban schickt in der Hochzeitsnacht die ältere Tochter Lea zu Jakob. Er muss sich verpflichten, weitere sieben Jahre zu dienen, damit er auch Rahel heiraten kann.
Zum Ausgleich luchst Jakob dem Laban den besten Teil seiner Herden ab. Er vereinbart mit jenem, dass ihm für die Hilfsdienste der gefleckte, gestreifte oder dunkle Nachwuchs der Schafe und Ziegen zusteht, und durch einen Trick manipuliert er die Fortpflanzung so, dass die kräftigen Tiere immer Nachkommen dieses Aussehens zeugen … Da Jakob solcherart reich geworden ist, will er nach langer Abwesenheit in seine Heimat zurückkehren. Seinen Frauen erklärt er, die Rückkehr mit dem ganzen Laban entzogenen Reichtum sei auch Gottes Wille. Freilich muss Jakob in der Heimat immer noch die Rache Esaus fürchten. Und tatsächlich: Als Esau durch Jakobs Boten von dessen Rückkunft hört, zieht er ihm mit einer Schar von vierhundert Mann entgegen. Jakob versucht seinen Bruder mit einem großzügigen Geschenk von einigen hundert Tieren, das er vorausschickt, günstig zu stimmen. Aber er ist sich unsicher, ob dies gelingen wird. Schließlich ist Jakob nur noch durch den Fluss Jabbok von seinem Bruder getrennt.
In dieser Situation nun ereignet sich die Gottesbegegnung, die wir hier genauer behandeln wollen. Die biblische Erzählung sei zunächst im Wortlaut wiedergegeben:

Gen 32, 23–32
In derselben Nacht stand er auf, nahm seine beiden Frauen, seine beiden Mägde sowie seine elf Söhne und durchschritt die Furt des Jabbok. Er nahm seine Familie und ließ sie den Fluss überqueren. Dann schaffte er auch seinen Viehbestand hinüber; er blieb allein zurück. Da rang mit ihm ein Mann, bis die Morgenröte aufstieg. Als der Mann sah, dass er ihm nicht beikommen konnte, schlug er ihm aufs Hüftgelenk. Jakobs Hüftgelenk renkte sich aus, als er mit ihm rang. Der Unbekannte sagte: Lass mich los, denn die Morgenröte ist aufgestiegen! Jakob aber entgegnete: Ich lasse dich nicht los, wenn du mich nicht segnest. Jener fragte: Wie ist dein Name? Jakob, antwortete er. Da sprach der Mann: Nicht mehr Jakob wird man dich nennen, sondern Israel; denn mit Gott und Menschen hast du gestritten und hast gewonnen. Nun fragte Jakob: Nenne mir doch deinen Namen! Jener entgegnete: Was fragst du mich nach meinem Namen? Dann segnete er ihn dort. Jakob gab dem Ort den Namen Penuel und sagte: Ich habe Gott von Angesicht zu Angesicht gesehen und bin doch mit dem Leben davongekommen. Die Sonne schien bereits auf ihn, als er durch Penuel zog; er hinkte an seiner Hüfte.

Walter Habdank, Jakobskampf

Die Erzählung kann hier nicht umfassend interpretiert werden. Auch auf eine tiefenpsychologische Auslegung, die die archetypischen Motive dieses Textes aufdeckt und den Kampf als Selbstwerdungsprozess im Widerstreit von bewusst berechnendem Ich und dunklen unbewussten Kräften versteht, muss verzichtet werden. Vielmehr soll der Blick auf einzelne Gesichtspunkte gelenkt werden, die typische Merkmale der Gottesbegegnung oder Gotteserfahrung erkennen lassen.

zur tiefenpsychologischen Auslegung vgl. M. Kassel, Biblische Urbilder, S. 258–279

Der Unterschied zwischen der Gotteserfahrung selbst und ihrer Vermittlung im Wort

Es wäre naiv zu meinen, die biblische Erzählung vom Jabbok-Kampf (Gen 32, 23–33) sei die authentische Darstellung eines räumlich und zeitlich so der Biografie Jakobs zugehörigen Ereignisses bzw. Erlebnisses. Aufgrund der Widersprüche und Brüche in der Erzählung kann die Bibelwissenschaft plausibel aufweisen, dass in Gen 32, 23–33 verschiedene Traditions- und Motivschichten vereinigt sind. Diese Schichten spiegeln teils punktuelle, einzigartige und unmittelbare, teils in der Geschichte sich wiederholende, allgemeine und durch soziale oder psychische Strukturen vermittelte Gotteserfahrungen wider.

zum Folgenden M. Kassel, a. a. O., S. 263–271

- Die älteste Schicht der Erzählung bildet wahrscheinlich die Geschichte von einem im oder am Fluss lebenden Dämon bzw. Geist. Diese Geschichte kann schon viele hundert Jahre alt gewesen sein, als die Israeliten sie in ihrer Erzähltradition aufgriffen. Der Inhalt der ältesten

Schicht kann gut rekonstruiert werden – auch deshalb, weil aus einer Vielzahl verwandter Texte typische Merkmale der Erzählgattung „Geistergeschichte“ bekannt sind. Zu den charakteristischen Motiven gehört, dass

a) der erzählte Vorgang sich bei Nacht ereignet,
b) der Mensch von einem anonymen Geist an einer Gefahrenstelle – hier an der Furt eines Flusses – angefallen wird,
c) der Geist seine Kraft mit dem anbrechenden Tag verliert,
d) im nächtlichen Kampf der Mensch dem Geist etwas abgewinnt (hier den Segen), aber zugleich auch Schaden nimmt oder verliert (hier das „Hinken an der Hüfte“).

– Eine zweite Schicht der biblischen Erzählung entsteht dadurch, dass die „Urerzählung“ (älteste Schicht) auf Jakob, den Stammvater Israels, übertragen wird. Durch die Übertragung lässt sich in äußerster Dramatik darstellen, was (nicht nur ethnisch, sondern vor allem religiös) Stammvaterschaft heißt und wodurch sie bestimmt ist: Dem Stammvater gelingt es, mit Gott in das engste Verhältnis zu treten (Bild des Ringkampfs), aber er muss für diese Nähe bezahlen (Hinken).
– In einer dritten Stufe wird die Weiterbildung der „Urerzählung“ zu einer Israel-Erzählung. Sie stellt dar, wie Jakob von Gott den Namen des späteren Volkes „Israel“ erhält und welche Bedeutung dieser Name hat. Indem der Ursprung des Volks-Namens in Jakobs Kampf mit Gott hineinverlegt wird, enthält die Erzählung auf dieser Stufe auch das Motiv, dass in dem dramatischen Geschehen am Jabbok Israels Gottesverhältnis vorabgebildet ist.

zur Bedeutung des Namens „Israel“ s. S. 54

Die Mehrschichtigkeit der Erzählung vom Jakobs-Kampf weist darauf hin, dass die „Übersetzung“ von Gotteserfahrung ins Wort, d.i. ihre „Versprachlichung“, ein höchst komplexer Vorgang ist. Es handelt sich jedenfalls nicht um die „Abbildung“ des Erlebten und Erfahrenen in Begriffen, sondern die sprachliche Darstellung ist Deutung im überkommenen Verständnishorizont, so dass immer auch tradierte Motive und Symbole mit hineinspielen oder wirksam werden.

Umbruch und Übergang: spezifische Situationen der Gottesbegegnung

zu diesem Punkt vgl. auch rhs 4/99, S. 241–244

Jakobs Situation ist äußerst schwierig. Es geht für ihn nicht darum, einen Fluss zu überqueren und „Neuland" zu betreten, d.h. offene, vielleicht zum Guten, vielleicht zum Schlechten tendierende Verhältnisse vorzufinden. Es ist viel dramatischer: Jakob weiß, dass er mit der Flussüberquerung alles auf Spiel setzt, was er bisher erreicht hat. Auf der anderen Seite wartet nämlich Esau, der ältere Bruder, der Jakob den Betrug um das Erstgeburtsrecht heimzahlen will. Und Esau ist eindeutig in der stärkeren Position: Er führt eine bewaffnete Schar von 400 Mann mit sich, der Jakob nichts entgegenzusetzen hat.

Die Möglichkeit, dem Bruder auszuweichen und einen anderen Weg zu suchen, ist für Jakob keine Alternative. Zweimal hat er sich in seinem Leben schon davongemacht, um einer Konfrontation zu entgehen – als er vor Esau zu Laban floh und – später – als er wegen zunehmender Querelen Laban verließ. Aber dieses Mal zwingt ihn die Notlage seiner Familie und seines Viehs, sich dem Konflikt, dem Gegner zu stellen. Er muss über den Fluss, ob er will oder nicht; das Zurück ist abgeschnitten.

Jakobs Situation ist eine Entscheidungssituation, aber nicht in dem Sinn, dass er zwischen verschiedenen Handlungsvarianten wählen könnte. Entscheidungssituation heißt hier, dass es sich für Jakob unausweichlich entscheidet, welche Folgen sein früherer Betrug am Bruder hat. Aufgrund der Schwäche Jakobs liegt die Entscheidung ganz bei seinem Bruder. Ihm muss sich Jakob in die Hand geben, ohne zu wisssen, wie es für ihn ausgehen wird.

Im Motiv des Flussübergangs ist Jakobs Entscheidungssituation, bei der es um Leben und Tod geht, eindrücklich verbildlicht. Andere Motive verstärken die Bildwirkung. Es ist Nacht, als Jakob von der Bedrängnis des Nichtausweichenkönnes wie von einem Dämon angefallen wird. Und Jakob ist einsam. Seine Familie und sein Hab und Gut sind bereits jenseits des Flusses. So ist er – getrennt von allem, was zu ihm gehört – ganz auf sich allein gestellt.

Aus der Reihe der zahllosen Parallelen, die die Literatur zum Motiv des Flussübergangs bietet, sei nur hingewiesen auf die Flüsse der Unterwelt in der griechischen Mythologie. Über die Styx wurden die (Schatten der) Toten von dem greisen Fährmann Charon zum Eingang der Unterwelt befördert, aber nur, wenn sie ein Begräbnis erhalten hatten und ihnen eine Münze (Obolos) als Fährgeld unter die Zunge gelegt worden war; den Acheron mussten sie beim Eintritt in die Unterwelt überschreiten.

Gotteserfahrung als Auseinandersetzung und Konfrontation

Es ist die Nacht vor der Entscheidung, in der Jakob Gott begegnet. Diese Gottesbegegnung ist aber eine ganz andere als die des Elia, der Gott im leichten Säuseln eines Winvgl. 1 Kön 19,12

des wahrnimmt und erfährt. Jakobs Gottesbegegnung ist Kampf; er wird von Gott überfallen und wehrt sich gegen den Überfall mit aller Kraft.

Man kann sich gut vorstellen, wie Jakob sich in der Nacht vor der Entscheidung schlaflos hin und her wälzt und nach einem Ausweg sucht, um dem Unausweichlichen doch noch zu entkommen. Aber es hilft nichts: alle Gedanken führen immer darauf zurück, dass es nur den einen Weg gibt – den mit Ungewissheit und Angst verbundenen Weg nach vorne. Und da fühlt und begreift Jakob: Die Unausweichlichkeit, mit der er ringt, ist ihm nicht von einem zufälligen Schicksal bestimmt, sondern es ist Gott selbst, der ihn in die Entscheidungssituation hineinzwingt und es nicht zulässt, einmal mehr die Flucht zu ergreifen. Sein Ringen um den Ausweg, das erfährt Jakob in seiner ganzen Person, ist ein Ringen mit Gott selbst

Für Jakobs Gotteserfahrung ist festzuhalten, dass

- die „Gewalt" der Situation nicht auf Menschenwerk oder Zufall, sondern auf Gott zurückzuführen ist,
- Gott gegen die Intention der betroffenen Person im bisherigen Lebensweg, in den eingeschlagenen Bahnen eine unverrückbare Zäsur* setzt,
- der Mensch sich Gottes Einbruch in sein Leben nicht einfach zu unterwerfen braucht, sondern dagegen kämpfen kann.

Vom letzten Aspekt her muss betont werden, dass Gotteserfahrung, auch wenn sie überfallartig geschieht, immer zwei aktive Seiten hat. Der Mensch ist nie nur der Erleidende, er ist auch der Reagierende.

Die Folge der Gottesbegegnung: Durchkreuzung des bisherigen Lebensentwurfs und Veränderung des Menschen

Jakob stellt sich dem Kampf mit Gott, der ihm den Weg zurück „verlegt" und ihn aus der Unausweichlichkeit der Situation nicht entkommen lässt. Er ist nicht von vornherein bereit, seine Schwäche hinzunehmen und die Selbstbestimmung seines Lebens aus der Hand zu geben. Im Kampf versucht Jakob noch einmal, wie alles andere in seinem Leben auch das Göttliche oder Gott handhabbar zu machen. So jedenfalls wird man seine Segensforderung verstehen können.

Bisher hat Jakobs Gottesbeziehung „der Bestätigung seines selbstgemachten Lebensplans, der Sicherung des äuße-

ren Lebenserfolgs" (M. Kassel, a. a. O., S. 266) gedient. Jakob hatte kein Interesse daran, durch die Begegnung mit Gott in seiner menschlichen Entwicklung weiterzukommen. Gott war zu seinem Vorteil da. Überdeutlich erscheint dieses ich-bestimmte Gottesverhältnis Jakobs im Kontext seiner Vision von der Himmelsleiter.
In der Vision (Gen 28,10ff.) bekennt Gott seine Treue zu Jakob; er sagt ihm zu, dass er ihn behüten wird, wohin ihn sein Weg auch führt. Aber das ist Jakob noch zu wenig. Er formuliert sozusagen ein „Junktim", in dem er Gott erklärt:

Junktim (lat.) = Koppelung von Verträgen, die nur gemeinsam oder zusammen in Kraft treten können

Nur wenn du deine Verheißungen Punkt für Punkt erfüllst, werde ich dich als meinen Gott anerkennen.

Jakobs Versuch, seine berechnende und vereinnahmende Gottesbeziehung (die bis dahin wesentlicher Bestandteil seiner Existenz und Lebensgestaltung ist) im Kampf am Jabbok fortzuführen, wird aber von Gott durchkreuzt. Der Fremde, mit dem Jakob kämpft, unterwirft sich Jakobs Segensforderung nicht. Ebenso wenig gibt er seinen Namen, nach dem Jakob fragt, preis und wehrt auch in dieser Hinsicht Jakobs Bemächtigungsversuch ab. Stattdessen kehrt Gott die Situation um und nötigt Jakob, den eigenen Namen zu nennen. Damit muss sich Jakob nicht nur zu dem bekennen und stellen, was er ist – ein Betrüger, der seine Schuld verdrängt und vor seiner Verantwortung flieht –, sondern er setzt sich mit der Namensnennung (magisch gedacht) auch der fremden Macht aus.

Der Name Jakob wird in Gen 25,24–26 und 27,36 volksetymologisch als eine Ableitung von akeb = Ferse („weil seine Hand die Ferse Esaus hielt") oder von akab = betrügen („schon zweimal hat er mich überlistet") gedeutet. Die wirkliche Herkunft des Namens ist umstritten (vgl. H. Haag [Hrsg.], Bibellexikon, Sp. 800).

Im nächtlichen Ringen mit Gott, der Jakob in die Auseinandersetzung mit dem Unausweichlichen hineinzwingt, zerbricht Jakobs Lebensstrategie. Er geht aus dem Kampf gezeichnet und verändert hervor. Hierbei ist die Zwiespältigkeit zu erkennen, die in der Symbolik gut zum Ausdruck kommt:
- Jakob wird (einerseits) immer an den Folgen des Kampfes zu tragen (oder zu leiden) haben: Körperlich gesehen ist er von nun an ein an der Hüfte Verletzter, der hinkt, seelisch gesehen liegt seine „Behinderung" darin, dass er „nicht mehr zu schrankenloser Machterweiterung des Ich ausschreiten kann" (Kassel, a. a. O., S. 276).
- Jakob hat (andererseits) durch den Kampf Zukunft und ein neues Leben gewonnen. Das entsprechende Symbol ist Jakobs neuer Name „Israel". Weil Jakob in der Gottesbegegnung den Kampf mit seiner Lebenslüge durchgestanden hat, ist er persönlich gereift und

menschlicher geworden, so dass ihm jetzt das Leben in seiner ganzen Fülle offen steht.

Gotteserfahrung und Selbsterfahrung

In ihrer Vielschichtigkeit bringt die Erzählung vom Jabbok-Kampf auch zur Sprache, dass der Mensch in der Gotteserfahrung sich selbst erfährt. Er begegnet nicht nur dem ganz Anderen, sondern er ist – ob er es will oder nicht – sich selbst gegenübergestellt und mit der Wahrheit oder Unwahrheit seiner Existenz konfrontiert.
Der erste Hinweis, den die Erzählung auf den Zusammenfall von Selbst- und Gotteserfahrung gibt, ist leicht in dem Motiv zu erkennen, dass Jakobs Gottesbegegnung als Ringkampf mit einem fremden, unbekannten Mann dargestellt wird. Mit Blick auf die Textoberfläche wird man sicher von einer anthropomorphen Gottesrede sprechen können, im tieferen Verständnis ist hier aber auf die Erkenntnis abgezielt, dass Jakob im fremden Mann dem unbekannten Jakob – der verdrängten und unbewussten Seite seiner Existenz – begegnet.
Diese Textinterpretation ist nicht spekulativ; sie kann durch einen zweiten – noch deutlicheren – Hinweis bestärkt werden. Der neue Name „Israel", den Jakob nach dem Kampf erhält, wird in der Erzählung etymologisch so erklärt: „Du hast mit Gott und Menschen gerungen und den Sieg errungen." Wenn man Jakobs Kampf als „reine" Gottteserfahrung – als Auseinandersetzung nur zwischen Jakob und Gott – auffassen wollte, bliebe die Aussage „und mit Menschen" unverständlich. Ein guter Sinn ergibt sich erst, wenn Jakobs Ringen mit Gott auch als Ringen mit sich selbst aufgefasst wird. „Und mit Menschen" bedeutet dann, dass Jakobs Kampf mit Gott zugleich ein Kampf mit der unbewussten und verdrängten Seite seines Menschseins war.

2.2 Gott erkennen

Schon zu Zeiten, als der religiöse Denkhorizont noch unangefochten war, in der Spätantike und im Mittelalter, wurde über die Möglichkeitsbedingungen der Gotteserkenntnis nachgedacht. Im Mittelpunkt stand die Frage nach der Offenbarung Gottes: Wie geschieht die göttliche Offenbarung, wie nimmt der Mensch sie wahr und wie kann er sie zur Sprache bringen?

2.3.1 Die Offenbarung Gottes und die Stellung der Vernunft

Für die Überlegungen war in der Tradition entscheidend, dass zwei „Ordnungen" der göttlichen Offenbarung unterschieden wurden:

1. Gemäß Röm 1,18–21 stellte man fest, dass es eine „natürliche Offenbarung" gibt, die sich – ohne Glauben – im Licht der Vernunft erschließt: nämlich Gottes Manifestation in der Welt, die seine Schöpfung ist. In der Tradition der so genannten Gottesbeweise wurde diese Feststellung in Denkwege umgesetzt, die argumentativ von den Erscheinungen der Welt oder der Seele zu Gott als dem absoluten Grund führen.
2. Über die „natürliche Offenbarung" Gottes setzte man aufgrund der ungleich größeren Heilsbedeutung seine „übernatürliche Offenbarung": Diese ereignet(e) sich als geschichtliche Wort-(und Tat-)Offenbarung in Gottes Bund mit Israel und endgültig in der Person Jesu Christi.

„Denn es offenbart sich Gottes Zorn vom Himmel her über alle Gottlosigkeit ... von Menschen, die frevlerisch die Wahrheit niederhalten. / Ist doch das Erkennbare an Gott offenkundig vor ihnen ... / Denn das Unschaubare an ihm ist seit Erschaffung der Welt an den geschaffenen Dingen mit der Vernunft zu schauen ..., so dass sie unentschuldbar sind; / denn obwohl sie Gott erkannten, erwiesen sie ihm nicht als Gott Verehrung und Dank, sondern verfielen in ihren Gedanken auf eitlen Wahn, und verdunkelt wurde ihr einsichtsloses Herz." (Röm 1,18–21)

Die Stellung der Vernunft bezüglich der „übernatürlichen Offenbarung" zu bestimmen war schwierig.

– Einerseits wurde die Vernunft von ihr ausgeschlossen, oder es wurde jedenfalls die Rolle der Vernunft ihr gegenüber eingeschränkt: Formal kennzeichnete man die geschichtliche Selbstmitteilung Gottes dadurch, dass sie kein Vermittlungsprozess und Zusammenspiel zwischen menschlichem und göttlichem Geist ist, sondern kraft göttlicher Setzung oder Wirkung absolut gilt (und so gesehen das Denken der Menschen überwältigt). Inhaltlich hielt man es für ein wesentliches Moment der Wortoffenbarung Gottes, dass sie in zentralen Wahrheiten (die das „Geheimnis" des Wesens und der „ewigen Ratschlüsse" Gottes betreffen) das Denkbare übersteigt, vielleicht sogar ihm direkt entgegenläuft. Mit diesem inhaltlichen Offenbarungsverständnis konnte methodisch und sprachlich die Denkgestalt der „negativen Theologie" verknüpft werden. Die negative Theologie will der Transzendenz und Unbegreiflichkeit Gottes gerecht werden, indem sie das, was das menschliche Denken und Sprechen über Gott festsetzt, verneint. Gottes Wesen nennt sie Nicht-Wesen, Gottes Sein Nicht-Sein, Gottes Größe Nicht-Größe ... Die Paradoxie* gehört wesensmäßig zur negativen Theologie. So fände sie ihre vollkommenste Gestalt dann, wenn sie

Vgl. dazu als biblische Grundlage die paulinischen Aussagen in 1 Kor 1 u. 2:
„Es steht ja geschrieben: ‚Vernichten will ich die Weisheit der Weisen und die Klugheit der Klugen verwerfen' (Is 29,14). / ... Hat Gott die Weisheit dieser Welt nicht zur Torheit gemacht?" (1,19f.)
„Weisheit ... verkünden wir unter den Vollkommenen, freilich nicht Weisheit dieser Welt ..., sondern wir verkünden Gottes Weisheit im Geheimnis, die verborgene, die Gott vor aller Zeit vorherbestimmt zu unserer Herrlichkeit. Sie erkannte keiner von den Führenden dieser Welt ..." (2,6–8).

Gott dächte und aussagte, ohne ihn zu denken und auszusagen.

vgl. S. 130f.

– Andererseits bemühte sich das Christentum bereits in der Spätantike um den Nachweis, dass die „übernatürliche Offenbarung" der Vernunft nicht widerspricht, sondern mit der vernünftigen („natürlichen") Gotteserkenntnis in Einklang steht und sie steigert. Gottes Wort biete das, was die Vernunft von sich aus erkennen könne, in größtmöglicher Genauigkeit und Helligkeit. Entsprechend versuchte man zu zeigen, dass die vom Christentum bezeugte Offenbarung Gottes in den Vorstellungen der antiken Mythologie und den Lehren der großen Philosophen „vorabgebildet" bzw. vorausgedacht sei. Das Bekenntnis zur „Rationalität" der Wortoffenbarung bewirkte außerdem, die Botschaft der Bibel im Horizont des antiken Geistes zu durchdenken und in seinen Begriffen aufzufassen. Daraus entstand eine „affirmative Theologie", obgleich von der platonisch-neuplatonischen Philosophie her das Denken eher auf eine „negative Theologie" ausgerichtet wurde. „Affirmative Theologie" heißt: Das theologische Denken traut sich zu und ist bestrebt, Gottes Wesen, Existenz und Wirken positiv – zwar nicht an sich, aber in Ähnlichkeit – zu erkennen und zur Sprache zu bringen. Sehr deutlich niedergeschlagen hat sich diese Reflexionsgestalt theologischen Denkens in vielen Bekenntnis-Formulierungen, so z.B. in der christologischen Formel „eine Person in zwei Naturen" oder in dem trinitarischen Glaubenssatz „ein Wesen – drei Personen".

In der frühchristlichen Kunst der ersten Jahrhunderte wurde beispielsweise das Bild des griechischen Sonnengottes Helios zugleich als Christus-Symbol verwendet.

Plotin (205–270), Begründer des Neuplatonismus, begreift das erste Prinzip, das von ihm so genannte Eine, als das „Nichts" von allem, als das schlechthin Andere gegenüber allem welthaft Seienden. Zu Plotin vgl. S. 161

vgl. S. 58f.

Die traditionelle Lehre von der Möglichkeit einer „natürlichen" und vernünftigen Gotteserkenntnis wurde dann von den Reformatoren erheblich in Zweifel gezogen. Namentlich Luther erklärt, dass durch den Sündenfall die „naturgegebene" Fähigkeit des paradiesischen Menschen „cognoscere Deum" – Gott zu erkennen – verloren sei (vgl. Genesis-Kommentar, S. 124f.). Wegen der Gebrochenheit der menschlichen Vernunft (im nachparadiesischen Zustand) könne die Gotteserkenntnis nicht ohne die Gnade der Offenbarung Gottes in und durch Jesus Christus geschehen. Eigentliche Gotteserkenntnis ist von Luther her immer Glaubenserkenntnis. Er formuliert diese Auffassung in dem Satz: „Allein der Glaube macht Gott." Das hat nichts mit Feuerbachs These zu tun, dass Gott bloß ein Produkt des menschlichen Bewusstseins sei, sondern bedeutet: Gotteserkenntnis wird dort Ereignis, wo der

Martin Luther (1483–1546), dt. Theologe und Reformator, bedeutendster deutschsprachiger Schriftsteller des 16. Jh.; wegen seiner Kritik am Ablasswesen und anderen Missständen der Kirche zum Ketzer erklärt und mit der Reichsacht belegt; heiratete die ehemalige Zisterzienserin Katharina von Bora; gewann bei seinen Römerbrief-Studien die Erkenntnis, dass der sündige Mensch allein durch die Gnade Gottes „gerechtfertigt" wird; übersetzte das Neue Testament (1522) und zusammen mit anderen Gelehrten die ganze Hl. Schrift (1534) ins Deutsche.

Mensch im Vertrauen auf Jesus Christus Gottes Wirklichkeit erfährt und Gott selbst als Du begegnet.

vgl. S. 106 ff.

2.3.2 Die „anthropologische Wende"

Im modernen Denken sind die Überlegungen zu den Möglichkeitsbedingungen des Gottesglaubens und der Gotteserkenntnis geprägt durch die so genannte „anthropologische Wende". Die philosophische Einsicht, dass der Mensch die Dinge nicht „an sich", sondern immer nur in den subjektiven Formen seiner Vernunft erkennt, verlagerte auch in der Theologie die Blickrichtung von der Offenbarung als „äußerem" göttlichen Geschehen auf das Subjekt „Mensch". Es ist nicht mehr überzeugend, die Wahrheit und Sinnhaftigkeit des Glaubens an Gottes geschichtliche Offenbarung ausschließlich oder vornehmlich auf „die Autorität des sich offenbarenden Gottes selbst" (I. Vaticanum) zu gründen. Vielmehr muss das biblische Zeugnis von Gottes Offenbarung gerade auch „subjektiv bewahrheitet" werden. Wenn sich nicht zeigen lässt, dass der Botschaft der Bibel die existentiale Verfasstheit und das Selbstverständnis des Menschen *von sich aus* entsprechen, dann hängt – im Horizont des heutigen transzendental-kritischen Bewusstseins – die Glaubwürdigkeit des biblischen Zeugnisses in der Luft. K. Rahner spricht hier von einer „Theologie von unten". Durch die Analyse der menschlichen Existenz verdeutlicht sie, dass der Mensch aus seiner Wesenskonstitution heraus bereits auf Gottes Offenbarung hin angelegt ist, bevor er Gottes Offenbarung wirklich erfährt. Der Gedanke kann z. B. so entfaltet werden:

„Anthropologische Wende" bedeutet, dass der Denkende oder Glaubende gegenüber dem „von außen" Gegebenen – der Welt oder der Offenbarung – die subjektiven Bedingungen des Erkennens und Verstehens in den Vordergrund stellt. Zur philosophischen Begründung der „anthropologischen Wende" s. S. 16 ff.

„Transzendental-kritisches Bewusstsein" bedeutet hier die Auffassung, dass der Mensch nicht glauben könnte, wenn er nicht hierfür von vornherein bestimmte subjektive Voraussetzungen mitbrächte (oder dass der Mensch nichts glauben kann, was nicht mit seinen subjektiven Voraussetzungen korrespondiert).

zu K. Rahner s. S. 173

Der Mensch, der nach der „höchsten Erfüllung seines Wesens" Ausschau hält, entwirft dabei die Idee des auf ihn zukommenden Gottes, d. i. die Idee der Offenbarung. Dieser Entwurf liegt „dann" der tatsächlichen Offenbarung als anthropologische oder subjektive Bedingung zugrunde. Nur weil die Idee der Offenbarung schon „vorläufig" da ist, kann der Mensch „Hörer" des wirklich ergehenden Gottes-Worts werden. Ohne die vorgängige – apriorische – Offenheit des Menschen für die Selbstmitteilung Gottes liefe Gottes Offenbarung im Grunde am Menschen vorbei ins Leere. Für den Menschen bedeutet seine Offenheit auf Gott hin freilich nicht nur, dass er „fähig (ist), ein neues mögliches Wort seines verborgenen Gottes zu hören“ (K. Rahner, Schriften zur Theologie 6, S. 547f.), sondern er ist darüber hinaus in positiver Erwartung auf das Ereignis des in die Welt kommenden, sich selbst mitteilenden Gottes ausgerichtet.

2.3.3 Von Gott reden

Auch das Problem, ob überhaupt und , wenn ja, wie der Mensch von Gott und seiner Offenbarung vernünftig reden kann, wird in der Moderne durch die „Wende“ zur Subjektivität bestimmt. In der philosophisch-theologischen Tradition (noch bis Descartes) gehört der Vorrang dem Sein und nicht dem Denken: Das Denken ist überzeugt, dass es die Wirklichkeit, wie sie an sich ist, erreicht. Seine Aufgabe sieht es darin, sich am wirklich Seienden auszurichten und die Strukturen und Beziehungen des Seins begrifflich-nachahmend zu fassen und ihre Komplexität in der Sprache nachzuvollziehen. Für die Gottesrede erhält im Mittelalter der Gedanke der Analogie des Seins (analogia entis) entscheidende Bedeutung. Er besagt, bezogen auf das Verhältnis von Gott und Welt, dass beide unendlich verschieden und doch ähnlich sind. Die klassische Formel hierfür lautet: Zwischen Gott und der Welt besteht Ähnlichkeit bei immer größerer Unähnlichkeit. Begründet ist diese Beziehung von Unendlichem und Endlichem im Schöpfungsverhältnis. Fasst man im Sinne des Thomismus die Schöpfung als Kausalität, so ergibt sich die unendliche Verschiedenheit daraus, dass Gott die unbedingte Erstursache und die Welt die völlig abhängige Wirkung ist; die Ähnlichkeit aber daraus, dass Gott im Wirken des Endlichen sich selbst ähnlich handelt und das endlich Seiende an der Fülle seines Seins teilhaben lässt.

Der Begriff „analogia entis“ (Analogie des Seins) ist erstmals im 16. Jh. bei dem italienischen Dominikaner Kardinal Cajetan (1469–1534) belegbar, der damit bezeichnete Gedanke ist aber wesentlich älter und schon in der antiken Philosophie thematisch.

Thomismus = auf Thomas von Aquin (1225–1274) zurückgehendes theologisch-philosophisches Denken

Die Ähnlichkeit durch Teilhabe wird von Thomas v. Aquin z. B. in folgendem Satz formuliert: „Gott kommt es nicht (bloß) zu, gut zu sein, sofern er Gutsein verursacht, sondern eher umgekehrt gilt, dass er den Dingen das Gutsein ausgießt, weil er selber gut ist“ (Summa theologiae I, 13, 2).

Die Analogie des Seins zwischen Gott und der Welt muss sich „subjektiv“ in analoger Gotteserkenntnis und analoger Gottesrede niederschlagen. Das Sprechen von Gott ist einer der Seinsanalogie entsprechenden Spannung von Ähnlichkeit und Differenz ausgesetzt, die sich folgendermaßen kennzeichnen lässt:

- Es ist möglich, auf Gott und die Welt dieselben Begriffe anzuwenden, ohne dass es sich um eine reine Äquivokation handelt, das heißt, ohne dass die Begriffe in Bezug auf das Endliche etwas wesentlich anderes bezeichnen als in Bezug auf Gott.
- Es ist nicht möglich, auf Gott und die Welt dieselben Begriffe anzuwenden, ohne eine Univokation auszu-

Äquivokation (lat.) = gleicher Wortlaut bei unterschiedlicher Bedeutung (z. B. „Mutter“ einer Schraube und „Mutter“ eines Kindes)

Univokation (lat.) = gleiche Bedeutung eines Worts bei unterschiedli-

schließen, das heißt, ohne auszuschließen, dass die Begriffe in Bezug auf das Endliche den gleichen Sinn haben wie in Bezug auf Gott.

cher Verwendung (z. B. Tier-Mutter und Menschen-Mutter)

Die Lösung der Spannung, die in dieser Form jede Aussage über Gott in den Widerspruch hineinführt, wird auf drei Wegen gesucht:

1. Via negationis: Auf diesem Weg wird jeder Begriff, der in endlichem Zusammenhang Unvollkommenes bezeichnet, für Gott verneint.
2. Via affirmationis: Auf diesem Weg wird jeder Begriff, der in endlichem Zusammenhang Vollkommenes bezeichnet, für Gott bejaht.
3. Via eminentiae: Auf diesem Weg werden Vollkommenheitsbezeichnungen, die verneinend und/oder bejahend aus dem Sein des Endlichen gewonnen sind, ins Unendliche gesteigert.

z. B. „Gott ist nicht endlich"

z. B. „Gott ist gütig"

z. B. „Gott ist die Liebe schlechthin oder die absolute Liebe"

Spätestens seit Kant wird das Problem, von Gott philosophisch oder theologisch zu sprechen, nicht mehr vom Sein her – aus dem Schöpfungsverhältnis zwischen Gott und Welt – entwickelt, sondern es stellt sich dar als ein Problem der Subjektivität. Die Analyse des menschlichen Erkenntnisvermögens führt zu dem Ergebnis, dass der Mensch über Gott theoretisch keine wahrheitsfähigen Aussagen machen kann, weil die theoretische Vernunft aufgrund ihrer Konstitution Gott (zwar denken, aber) nicht erkennen kann. Kant betrachtet die Einschränkung des Wissens im Gebiet der Metaphysik* als Vorteil, insofern dadurch für den Glauben Platz geschaffen wird (vgl. Kritik der reinen Vernunft, B XXX). Die Möglichkeit, mehr noch: die Berechtigung einer auf den Glauben gegründeten Gottesrede wird von ihm also keineswegs bestritten. Hier geht am Anfang unseres Jahrhunderts die Sprachkritik des so genannten Neopositivismus folgenreich weiter. Ihr Maßstab ist das Ideal der exakten Wissenschaft, deren Aussagen erstens logisch korrekt und zweitens empirisch überprüfbar sind. Misst die Sprachkritik die Gottesrede mit diesem Maßstab, so stellt sie fest: Alle Aussagen über Gott sind entweder falsch oder sinnlos.

s. S. 20

Neopositivismus = um 1920 begründete philosophische Richtung, die als einzige Quelle wahrer Erkenntnis die in der Welt vorkommenden, erfahrbaren „Sachverhalte" oder Fakten anerkennt und deren Erkenntnistheorie wesentlich auf der formalen Logik fußt. Hauptvertreter des Neopositivismus: Rudolf Carnap (1891–1970).

Die Theologie, die sich mit dem – einschränkenden – vernunftkritischen Einwand und dem – radikalen – sprachanalytischen Einwand gegen das Sprechen von Gott auseinandersetzt, darf beide Einwände nicht vorschnell zurückweisen. Inwieweit die Einwände mit Zustimmung

Helmut Thielicke (1908–1986), evangelischer Theologe; als Professor in Heidelberg durch das nationalsozialistische Regime abgesetzt, nach dem Krieg Professor in Tübingen und Hamburg; hat als Prediger, Schriftsteller und theologischer Wortführer des konservativen Protestantismus die evangelische Kirche in Deutschland nach 1945 nachhaltig mitgeprägt.

Eine „Gott-ist-tot-Theologie" auf sprachkritischer Grundlage vertritt beispielsweise P. van Buren. Er teilt den neopositivistischen Standpunkt, dass nichts verständlich sein kann, was nicht im empirischen Bereich aufweisbar ist. Daher sei die Rede von Gott aufzuheben und in eine Rede vom Menschen zu verwandeln. Der Sinn der Liebe zu Gott sei die Liebe zum Nächsten. (Vgl. G. Hasenhüttl, Gotteslehre, S. 189ff.)

Ludwig Wittgenstein (1889–1951), österreichisch-britischer Philosoph, verstand die Philosophie als „logische Klärung der Gedanken" und als „Kampf gegen die Verwirrung unseres Verständnisses durch die Sprache". Berühmt sind die Sätze aus der Einleitung seines „Tractatus logico-philosophicus": „Was sich überhaupt sagen lässt, lässt sich klar sagen; und wovon man nicht reden kann, darüber muss man schweigen."

rechnen können, ist dann eine Frage für sich. Beispielsweise wird man Thielickes positives Urteil über die theologisch-religiöse Folge der Kantischen Vernunftkritik bestätigen: „*Der neuzeitliche nachkantianische Mensch hat sein falsches, degeneriertes Bild von Gott getötet – auf dass der wahre Gott sich wieder melden möge.* Gerade weil Gott in seiner objektiven Unerfahrbarkeit erwiesen ist, kommt die Wahrheit – die *alte* Wahrheit! – neu in Sicht, dass Gott sich nur selbst erfahren lassen kann, und dass wir nur in *seinem* Lichte *das* Licht sehen können …" (Der evangelische Glaube, Bd. I, S. 452). Dagegen dürfte der Versuch, das vom Neopositivismus geforderte Schweigen über Gott in *theologische „Sprachlosigkeit"* umzusetzen, zu Recht auf große Skepsis treffen.

Wie immer die Theologie den Diskurs mit der Vernunft- und Sprachkritik im Einzelnen führt – vom Grundsatz her hat sie auf jeden Fall in mindestens je einem Punkt ihre gegenkritische Stimme zu erheben:

– Gegen die erkenntniskritische Beschränkung der Gottesrede ist ins Spiel zu bringen, dass sie das menschliche Erkenntnisvermögen unzulässig beschränkt, d.h. die Tiefendimension des menschlichen Bewusstseins mit ihren spezifischen Erlebnisstrukturen und „Urbildern" außer Acht lässt.
– Der sprachkritischen Behauptung, Gott sei schlechterdings unaussprechlich (oder was dasselbe ist: der Gottesbegriff sei sinnlos), ist entgegenzuhalten, dass sie von einer entschieden zu eng gefassten Sprachauffassung – Sprache als exakte „Bezeichnung" der empirischen Wirklichkeit – ausgeht. Die schöpferische, Wirklichkeit schaffende Leistung der Sprache (in der Poesie beispielsweise), der Zusammenhang zwischen der Sprache und der Kommunikationsgemeinschaft, der Handlungscharakter der Sprache – diese und andere Aspekte der Sprache bleiben ganz außer Betracht. Wittgenstein, der in seiner frühen Sprachphilosophie dem Neopositivismus zuzurechnen ist, hat die Engführung erkannt und durch die Theorie des Sprachspiels aufgehoben. In seinem Spätwerk „Philosophische Untersuchungen" legt er dar, dass Wörter wie Werkzeuge unterschiedliche Funktionen erfüllen: Es gibt Sätze, die Tatsachen oder Sachverhalte der Welt abbilden, es gibt aber auch andere Sätze, die zum Befehlen, Danken, Fluchen, Beten, Glauben Bekennen usw. verwendet werden. Welche ihrer vielen möglichen Funktionen die Sprache erfüllt,

ist jeweils durch ihren konkreten Gebrauch bestimmt – durch den Zusammenhang, in dem sie gesprochen (bzw. geschrieben) wird. Diese Einsicht in die sprachliche Vielfalt und Kontextgebundenheit führt Wittgenstein dann zu der Aussage, dass die Menschen verschiedene „Sprachspiele spielen“, neben dem Sprachspiel des Naturwissenschaftlers etwa auch das Sprachspiel des Theologen. Um die Bedeutung von Wörtern und Sätzen zu verstehen, muss der Kontext ihrer Verwendung berücksichtigt werden, d. h., es ist bewusst zu machen, welchem Sprachspiel sie zugehören und welchen „Spielregeln“ sie dementsprechend folgen.

3 Gott im Zeugnis der Bibel

3.1 Vorbemerkung zum Verhältnis von Altem und Neuem Testament

Das Alte Testament ist die Bibel Israels oder die jüdische Bibel. So gesehen betrifft die christliche Einschätzung des Alten Testaments nicht nur die Frage, wie wir Christen zum ersten Teil unserer Bibel stehen, sondern sie betrifft auch, und zwar ganz direkt, die Frage nach dem Verhältnis von Judentum und Christentum.

Markion (ca. 97–160), Sohn des Bischofs von Sinope am Schwarzen Meer, kam gegen 135 nach Rom, um dort in der christlichen Gemeinde – auch unter Einsatz großer Geldspenden – seine Ideen zu propagieren.

Seit Markion im 2. Jh. dazu aufforderte, die Christen sollten sich vom Alten Testament trennen und das Neue Testament „entjudaisieren", um so den von Jesus verkündigten Gott der Liebe gegenüber dem alttestamentlich-jüdischen Gott der Rache und Gewalt durchzusetzen, ist dieser Antijudaismus in vielen Spielarten aufgetreten. In der Gegenwart zieht sich die Ablehnung von Altem Testament und jüdischem Gottesbild durch eine Vielzahl populärer bzw. popularwissenschaftlicher Veröffentlichungen, gelegentlich erscheint sie auch in fachtheologischen Publikationen.

Ecclesia und Synagoge

Gegenüber der langen Tradition einer antijüdischen Selbstvergewisserung des Christentums verlangt die alttestamentliche Bibelwissenschaft inzwischen sehr entschieden, „dass wir die Bedeutung des so genannten Alten Testaments für die christliche Existenz neu buchstabieren lernen" (E. Zenger):

- Durch das II. Vatikanische Konzil ermutigt, vertritt sie die Auffassung: So wie die Juden und die Christen völlig gleichberechtigt, wenn auch auf unterschiedliche Weise, an Gottes Bund mit den Menschen teilhaben, so bezeugen Altes und Neues Testament auf je eigene und eigenwertige Weise Gottes Wort an die Menschen.
- Damit wird nicht die Traditions- und Bekenntniskontinuität zwischen Altem und Neuem Testament bestritten. Doch wird klargestellt, dass die Kontinuität nicht mit „Einheit" im Sinne von „Einheitlichkeit" verwechselt werden darf.

Erich Zenger vermeidet den Begriff „Altes Testament"; stattdessen spricht er vom „Ersten Testament". Damit macht er auf die Eigen- und Gleichwertigkeit des ersten Teils der Bibel aufmerksam und bringt überdies in den Blick, dass die jüdische Bibel die „Mutter" und „Lehrerin" des „Zweiten" (Neuen) Testaments ist. (Vgl. E. Zenger, Das Erste Testament)

Die Vielgestaltigkeit und Andersartigkeit der beiden Testamente fordert, ihre Gleichwertigkeit vorausge-

setzt, dazu heraus, dass sie eben nicht auf einen Nenner gebracht werden, sondern im spannungsreichen Dialog konkurrieren und den Streit um die Gotteswahrheit austragen.

3.2 Altes Testament

Bis vor zwanzig Jahren wurde es nahezu fraglos akzeptiert, dass die Religion des biblischen Israel gegenüber allen anderen Religionen des Alten Orients ein besonderes Charakteristikum hat: ihren Monotheismus*, ihren Glauben an den einzigen Gott JHWH. Inzwischen wird in der Bibelwissenschaft ausgiebig und intensiv über die Herkunft, die Geschichte und den Stellenwert des Monotheismus im Alten Israel diskutiert. Dabei herrscht darin Einigkeit, dass der vorexilische Gottesglaube Israels noch nicht monotheistisch genannt werden kann. Alles andere wird mit unterschiedlichen, z. T. konträren Ergebnissen behandelt, so insbesondere die Frage nach dem Alter und der ursprünglichen Trägergruppe der JHWH-Verehrung. Die wichtigsten Gesichtspunkte dieser Diskussion werden später skizziert.

vorexilisch = die Zeit vor dem Exil betreffend (587 v. Chr. eroberte Nabuchodonosor Jerusalem und ließ ca. 15 000 israelitische Männer mit ihren Familien nach Babylonien deportieren. Das Exil endete 538 v. Chr., als der Perserkönig Cyrus nach seinem Sieg über Babylonien den Exulanten erlaubte, in ihre Heimat zurückzukehren.)

Die Monotheismus-Debatte verweist darauf, dass von Gottesvorstellungen des Alten Testaments nur im geschichtlichen Zusammenhang gesprochen werden kann. Gleichwohl gibt es Züge des Gottesbildes, die schon sehr früh grundgelegt sind, die von lange her den Glauben Israels prägen. Trotz verschiedener Probleme muss man hierzu, wie sich zeigen wird, die Idee der „Einzigkeit JHWHs" rechnen. Daneben ist der Gottesgedanke Israels durch vier göttliche Handlungsweisen gekennzeichnet: JHWH ist Schöpfer, Erwähler, Richter und Retter. Diese Handlungen Gottes stehen nicht einfach nebeneinander, sondern die Grundhandlung ist die Schöpfung; mit ihr sind die anderen Handlungen organisch verknüpft (vgl. Gen 1–9).

Die Darstellung des alttestamentlichen Gottesbildes wäre verkürzt, wenn nicht auch die Spannungen in diesem Gottesbild zur Sprache kämen. Gegensätzliche Eigenschaften Gottes wie mächtig – schwach oder sympathetisch – gerecht können hierbei den Blick lenken.

3.2.1 Vom Götter- zum JHWH-Glauben

vgl. A. Deissler, Die Grundbotschaft des Alten Testaments, S. 26f.

Traditionell wird der Beginn des alttestamentlichen Monotheismus sehr weit in die Geschichte Israels zurückverlegt – bis in die Zeit der Patriarchen, der so genannten Ur- oder Erzväter:

- Das Alte Testament spreche davon (vgl. Jos 24), dass noch die Vorväter – die Väter der Urväter – Götterverehrer gewesen seien.
- Aber die Patriarchen-Erzählungen stimmten in allen Überlieferungsschichten des Pentateuch überein, dass Abraham, Isaak und Jakob sich an einen Gott gebunden hätten und dass dieser Gott identisch sei mit dem Gott, der sich Israel später als JHWH geoffenbart habe.
- Man müsse allerdings davon ausgehen, dass die Vätersippen neben dem einen Gott auch noch andere Götter für existent hielten.
- Doch wegen der ausschließlichen personalen Bindung an den allein wirksam waltenden Gott Abrahams, Isaaks und Jakobs sei die Väterreligion zu Recht ihrem Wesen nach als ein „Monotheismus der Praxis" (A. Deissler, a. a. O., S. 27) zu kennzeichnen.

Pentateuch (gr.), wörtl. „das auf fünf Behälter verteilte (weil aus fünf Schriftrollen bestehende) Buch" = die fünf Bücher Mose

Im Rahmen der traditionellen Tendenz, den Ursprung des israelitischen Monotheismus möglichst weit in die Geschichte zurückzuverlegen, wird dann meist der Gestalt des Mose eine besondere Bedeutung beigemessen. Durch Mose werde die Ausschließlichkeit der Gottesbindung verschärft, insofern sie zur Forderung erhoben werde. Der (mit Mose als Offenbarungsmittler verknüpfte Dekalog) gebe hiervon im 1. Gebot Zeugnis, auch wenn das Gebot in der biblisch vorliegenden Form nicht den ursprünglichen Wortlaut biete.

Dekalog (gr.), wörtl. „Zehnrede" = die zehn Gebote. Das 1. Gebot lautet: „Du sollst (wirst) keine anderen Götter neben mir haben" (Ex 20,3).

Gegen diese Auffassung eines in der Frühzeit Israels beginnenden, in den Grundzügen bleibenden und sich kontinuierlich entfaltenden Monotheismus werden inzwischen innerhalb der Bibelwissenschaft erhebliche Einsprüche vorgetragen. Ihren Grund hat die gegenwärtige Diskussion über die Religionsgeschichte des biblischen Israel zum wenigsten in Einsichten, die direkt aus der Exegese der alttestamentlichen Überlieferung geschöpft sind. Entscheidend waren vielmehr archäologische Entdeckungen, die nicht nur die (mit der Religionsgeschichte in Wechselbeziehung stehende) Entstehung Israels in Kanaan/Palästina in einem neuen Licht erscheinen lassen, sondern auch direkt neue Einblicke in die Glaubensvorstellungen Israels

Exegese (gr.) = wissenschaftliche Erklärung und Auslegung eines Textes, bes. der Bibel

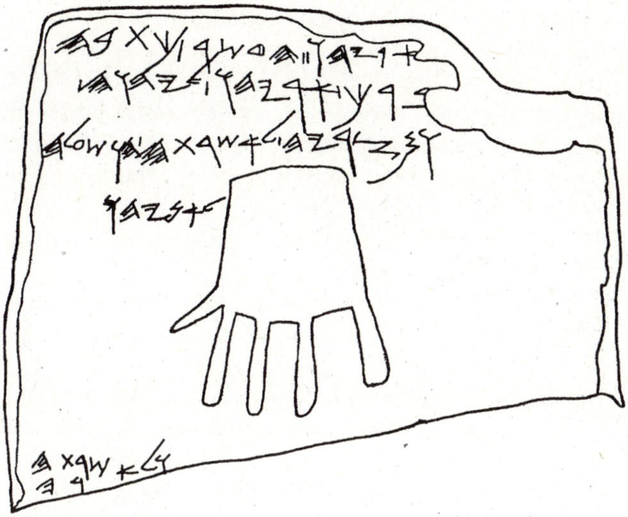

Inschrift aus einer Grabkammer 14 km westlich von Hebron (um 750 v. Chr.). Die zweite Zeile lautet: „Gesegnet sei Urijahn durch JHWH und seine Aschera".

und Kanaans (vor allem während der Volkswerdung und Staatsbildung Israels) gewähren. Spektakulär waren besonders die Inschriftenfunde aus dem nordöstlichen Sinai 1978, in denen von El und Baal und von „JHWH und seiner Aschera" die Rede ist. Unter dem Blickpunkt feministisch-theologischer Forschung wurde das Erkenntnisinteresse an diesen Funden auf die Frage zugespitzt, ob der eine Gott Israels in der vorexilischen Zeit eine göttliche Partnerin in Gestalt der („kanaanäischen") Göttin Aschera gehabt habe (vgl. Keel / Uehlinger, Göttinnen, S. 1).

In der gegenwärtigen Diskussion über die Religionsgeschichte des biblischen Israel ist noch vieles strittig, aber ein gewisser Konsens zeichnet sich für die Hauptpunkte doch ab. Die von den meisten Alttestamentlern und Alttestamentlerinnen (zumindest vorläufig) akzeptierten Thesen lauten:

1. Wenn über das Alte Israel religionsgeschichtliche Aussagen gemacht werden, dann müssen die verschiedenen Ebenen von Religion deutlich unterschieden werden. Die religiöse Praxis und die religiösen Vorstellungen auf der Ebene der Familienreligion (Familienfrömmigkeit), der Lokalreligion (Dorf- oder Stadtreligion) und der Nationalreligion (Staatsreligion) sind nicht identisch; vielmehr haben sie jeweils ihre Eigentümlichkeiten, die durchaus in Spannung zueinander stehen können. Zum

El ist als semitische Bezeichnung für „Gott" sowohl Gattungsname als auch Eigenname einer bestimmten Gottheit. In den phönizischen Schriften von Ugarit erscheint El als der oberste Gott – Vater des Baal und der „siebzig Söhne der Aschera".

Baal: in Syrien /Palästina Gattungsbezeichnung für lokale Naturgottheiten, aber auch Eigenname eines bestimmten phönizischen (kanaanäischen) Gottes, dessen Darstellung (Stiermotiv) und Fruchtbarkeitskult stark sexuell geprägt war

Aschera: semitische Vegetationsgöttin, weibliches Gegenstück zu Baal, deren Kult wie der Baals-Kult auch in Israel sehr beliebt war

Beispiel ist es möglich, dass innerhalb einer Familie (bzw. Sippe) traditionell verschiedene göttliche Wesen (Numina) verehrt werden, die in der Nationalreligion nicht nur keine Rolle spielen, sondern überdies der im Staat bestimmenden Ein-Gott-Struktur zuwiderlaufen.

2. Von einem Monotheismus Israels kann bis zum Exil noch nicht gesprochen werden. Der Gegenbegriff des Polytheismus* liegt damit nahe; er ist aber auch nicht zutreffend. Für den Polytheismus ist nämlich kennzeichnend, dass die verschiedenen Götter / Gottheiten nicht unvermittelt nebeneinander bestehen, sondern eine in sich hierarchisch gegliederte Götterwelt bilden, die sich zur Welt des Menschen analog verhält. Diese differenzierte Vorstellung eines Götterpantheons ist aber für das vorexilische Israel auszuschließen. Stattdessen weisen die Erkenntnisse der Forschung auf einen Grundzug hin, der schon für die Religion der nomadisierenden Vorfahren Israels angenommen werden kann: die so genannte Monolatrie.

Pantheon (gr.) = hier: Gesamtheit der Götter einer Religion

Damit ist gemeint, dass eine Gruppe / Gemeinschaft sich vorzugsweise oder ausschließlich an einen einzigen Gott bindet, ohne damit aber die Existenz anderer Gottheiten zu bestreiten.

Bei der vorzugsweisen Bindung an einen einzigen Gott kann der Faszination anderer Götter in der Form Raum gegeben werden, dass ihre Verehrung sporadisch – von Zeit zu Zeit oder von Ort zu Ort – in die Verehrung des einen Gottes „integriert“ wird.
Die Ausschließlichkeit der Gottesbeziehung muss nicht bedeuten, dass der einzig verehrte Gott immer derselbe bleibt; er kann im Laufe der Generationen auch wechseln. Für die Väterzeit gibt es Anzeichen, dass die gleiche Familie (bzw. Sippe) *nacheinander* mehrere Götter mit gleicher Bezeichnung verehrt hat. Ebenso ist mit monolatrischer Ausschließlichkeit vereinbar, dass dem einzig verehrten Gott Züge und Merkmale anderer Götter und Göttinnen einverleibt werden.

vgl. H.-P. Müller, Gott und die Götter, in: O. Keel (Hrsg.), Monotheismus, S. 121

3. Der monolatrische Grundzug in der vorexilischen Religion Israels darf nicht zu der Behauptung verleiten, von der „unpolemischen Ausschließlichkeit“ (H.-P. Müller, in: Keel [Hrsg.], a. a. O., S. 137), mit der sich die Vätersippen an ihrem jeweiligen Gott orientieren, führe ein direkter Weg zur komplexen Einheit JHWHs, wie sie

sich ab dem Exil im reflektierten Monotheismus zeigt. Zunächst ist schon fraglich, dass der von den nomadisierenden Vorfahren Israels als „El“ (bzw. „Schaddaj“) bezeichnete Gott mit dem später JHWH genannten Gott identisch ist. Sodann ist für die Geschichte der JHWH-Verehrung (unabhängig davon, ob ihr Beginn vor der Staatswerdung Israels oder ab Hosea angesetzt wird) grundsätzlich festzuhalten, dass die Entwicklung zur religiösen Idee des absolut einen Gottes ein vielschichtiger und keineswegs geradliniger „Prozess von Aufnahme und Ablehnung nichtjahwistischer Gottesvorstellungen“ (Wacker / Zenger [Hrsg.], Der eine Gott, S. 9) war.

Nach Ex 6,3 gab Gott sich den Erzvätern unter dem Namen „El-Schaddaj“ zu erkennen (vgl. Gen 17,1 u. ö.). Die Bedeutung des Namens ist umstritten.

Hosea wirkte zwischen 750 und 735 v. Chr. im Nordreich; sein Hauptthema ist Jahwes enttäuschte Liebe zu seinem Volk und Israels „Ehebruch“ mit anderen Göttern.

4. Die ganze Fülle und Tragweite der alttestamentlichen Gottesvorstellung erschließt sich erst dann, wenn die Religion Israels auf ihre so genannte heidnische Umwelt hin transparent gemacht wird. Beeinflusst von den jeweiligen gesellschaftlichen, politischen, wirtschaftlichen und kulturellen Verhältnissen hat sich der israelitische JHWH-Glaube von anderen Religionen abgegrenzt, selbst behauptet und in der Entgegensetzung weitergebildet oder für fremde religiöse Vorstellungen geöffnet. Beide Formen der Auseinandersetzung lassen sich beispielsweise mit Blick auf die Epoche der „Landnahme“ aufzeigen – unbeschadet der Tatsache, dass für diese Epoche eine Reihe geschichtlicher und religionsgeschichtlicher Fragen ungeklärt sind. Die Zeit um 1100, in der Israel ein Volk zu werden beginnt, prägt die gesamte weitere Entwicklung in jeder Hinsicht nachhaltig:
   - Die erste Phase der „Landnahme“ ist politisch und kulturell dadurch gekennzeichnet, dass israelitische Halbnomaden, die von Kleintierzucht leben, mit kanaanäischen Angehörigen der Stadtkultur zusammenprallen; die kriegerisch ausgetragene Auseinandersetzung dürfte aber die Ausnahme gewesen sein. Die politische und kulturelle Konfliktsituation führt dazu, dass JHWH in der frühisraelitischen Religion eine einzigartige Stellung erhält, indem er als einziger Gott Israels den Göttern des kanaanäischen Polytheismus gegenübergestellt wird.
   - In der zweiten Phase der „Landnahme“ werden die ehemaligen Halbnomaden immer sesshafter und haben die immer stärkere Tendenz, sich den schon lange sesshaften Kanaanäern anzugleichen. Auf dem

„Landnahme“ bezeichnet in der Geschichte Israels die Zeit des 12. und 11. Jh. v. Chr., als sich die Israeliten in Kanaan (mehr oder minder gewaltsam) ansiedelten.

vgl. F. Stolz, Monotheismus in Israel, in: O. Keel (Hrsg.), a. a. O., S. 165

Synkretismus (gr.) = hier: Vermischung unterschiedlicher religiöser Vorstellungen und Riten

Feld der Religion hat das Folgen, die oft als Synkretismus bezeichnet werden. Gemeint ist damit, dass jetzt JHWH kanaanäische Gottheiten (wie Baal oder Aschera) zugeordnet werden. Dies kann so geschehen, dass neben JHWH auch andere Götter verehrt werden oder JHWH mit anderen Göttern identifiziert wird oder JHWHs „Wesen“ Aspekte anderer Gottesbilder einverleibt werden.

zu diesen Hauptpunkten des israelitisch-jüdischen Gottesverständnisses vgl. C. Thoma, Das Messias-Projekt, S. 59ff.

3.2.2 JHWH: Schöpfer – Erwähler – Richter – Retter

Das Alte Testament spricht nicht abstrakt oder spekulativ von Gott. Aussagen darüber, was oder wie Gott an sich ist, sind der hebräischen Bibel fremd; nirgendwo zielt sie auf Wesensaussagen. Alttestamentliches Sprechen von Gott ist vielmehr konkret und relational, es geht um den wirkenden Gott: Gott hat immer ein Gegenüber – die Welt oder den Menschen –, und es wird dargelegt, wie Gott in Bezug auf dieses Gegenüber gehandelt hat, handelt oder handeln wird. Von Gott wird nie anders als in Zeit- und Geschichtsbezügen gesprochen.

Semantisch gesehen – von der Bedeutung her – ist alttestamentliche Gottesrede metaphorisch. Die Gott-Metaphern sind freilich nicht uneigentliche Sprache. Sie sind weder die nachträgliche Verbildlichung (Illustration, Poetisierung, Ausschmückung) eines an sich schon klar gefassten Gottesbegriffs oder Gottesgedankens, noch sind sie Vergleiche, die ihre Sinnaussage aus einem anderen Wirklichkeitsbereich schöpfen. Die Gott-Metaphern erwachsen aus Erfahrung, aber nicht so, dass sie Erfahrung einfach widerspiegeln. Sie sind die Antwort der Einbildungskraft (Imagination) auf die Unmittelbarkeit der Erfahrung. In den imaginierten Bildern kommt lebendig, kreativ und offen zum Ausdruck, was die Begegnung mit dem wirkenden Gott *für* den Menschen bedeutet. Erst dadurch wird die unmittelbare Gott-Erfahrung zur Gott-Wirklichkeit, der der Mensch vertrauen und auf die er hoffen kann, kurz: mit der er eine Geschichte haben kann.

Beispiele für die metaphorische Gottesrede des Alten Testaments: Gott ist Herr und König (Ps 97,1), Hirte (Ps 23,1–4), Anführer (Dtn 31,6–8), Geist (Gen 1,2), er ist leidenschaftlich wie ein Krieger (Jes 42,13); ihm steht die Weisheit als Beraterin zur Seite (Spr 8,30), er bläst den Geschöpfen seinen Lebensatem ein (Gen 2,7), er erscheint im Feuer und spricht unter Donnerschall (Ex 19,18f.), er erschafft den Kosmos als Lebenshaus (Gen 1,1–2,4a).

Als Textsorte steht die Erzählung im Vordergrund. Geschichten von und über Gott zeigen anschaulich, dass und wie Gott sich in die Wirklichkeit der Menschen „eingebildet“ hat. Gottes Handeln gegenüber der Welt und den Menschen, von dem das Alte Testament Zeugnis gibt, ist vielfältig. Aber es kristallisiert sich in vier Grundhandlungen: Schöpfen – Erwählen – Richten – Retten.

Ernst Barlach, Der 1. Tag

Der Schöpfer

Das Thema der Schöpfung eröffnet das Alte Testament (und überhaupt die Bibel). Es wäre allerdings zu kurz gegriffen, wenn man die Voranstellung dieses Themas rein zeitlich begreifen wollte – in dem Sinne: Mit der Schöpfung hat alles begonnen, also muss auch die biblische Erzählung damit beginnen. Die zeitliche Begründung ist zwar nicht falsch, aber sie verdeckt den entscheidenden Punkt: Das Schöpfungsthema steht am Anfang, weil es das Fundament aller anderen Glaubensaussagen bildet.

Dieses Verständnis beginnt sich in der Theologie freilich erst durchzusetzen. Bis vor kurzem war die Auffassung vorherrschend, dass das Schöpfungsthema theologisch zweitrangig sei und nur „in Abhängigkeit von dem soteriologischen Gedankenkreis" (G. v. Rad) gesehen werden dürfe. Der „primäre Orientierungspunkt" in der Aussage des Alten Testaments sei „die in der Mitte der Geschichte geschehene ‚Herausführung Israels aus Ägypten'" (W. Zimmerli). Von ihm her werde dann auch das Bekenntnis zum Schöpfer entfaltet.

Soteriologie (gr.) = theologische Lehre von dem Heil und der Erlösung des Menschen

Literaturbelege zu G. v. Rad und W. Zimmerli bei K. Löning/E. Zenger, Als Anfang schuf Gott, S. 12 f.

Der überragenden Wichtigkeit entsprechend, die von der Theologie dem Erlösungs- und Erwählungsglauben innerhalb des Alten Testaments zugebilligt wurde, hat man die in Gen 1–9 entworfene Schöpfungs-Geschichte als bloßes Vorspiel zur Heilsgeschichte betrachtet. Inzwischen melden aber Vertreter/innen der alttestamentlichen Wissenschaft Widerspruch an und sagen sehr klar, dass die am Anfang der Bibel aufgenommene Schöpfungstheologie

Prolegomenon (gr.) = Vorbemerkung, Vorwort

vgl. K. Löning/E. Zenger, Als Anfang schuf Gott, S. 16

nicht als *Prolegomenon, sondern* als *Programm* zu lesen ist:

- Grundsätzlich fordern die Wissenschaftler/innen (und begründen es natürlich auch), dass alttestamentlicher Schöpfungsglaube und alttestamentlicher Erlösungsglaube gleichgewichtig nebeneinander stehen und als die „zwei Seiten einer Medaille" (d. i. der alttestamentlichen Glaubensbotschaft) zu behandeln sind.
- Hermeneutisch sei der Schöpfungstheologie sogar der Vorrang zu geben, insofern der Heilsglaube nur die Lebensmächtigkeit des Schöpfergottes unter den Bedingungen der Geschichte expliziere*.

hermeneutisch (gr.) = hier: das Verständnis oder die Auslegung der alttestamentlichen Glaubensbotschaft betreffend

Obgleich die Schöpfungstheologie des Alten Testaments außer am Anfang noch an vielen anderen Stellen, z. B. in den Psalmen, entfaltet wird, ist es – jedenfalls in diesem Zusammenhang – angemessen, sich auf das Buch Genesis zu konzentrieren. Hier wird in den Kapiteln 1–9 klar, rein und in zusammenhängender Folge die Grundmelodie alttestamentlicher Schöpfungstheologie angeschlagen.

Es ist sogar möglich, den zu interpretierenden Text noch weiter einzugrenzen. Die Urgeschichte in Gen 1–9 hat einen dreiteiligen Aufbau, der durch sprachlich-formale Signale sowie auf der inhaltlichen Ebene nachweisbar ist: Gen 1–2,3 ist Teil 1, Gen 2,4–4,26 ist Teil 2, Gen 5,1–9,29 ist Teil 3.

Die drei Teile zeigen den Schöpfergott, die Welt und den Menschen unter jeweils anderem Aspekt.

- Im ersten Teil wird erzählt, wie Gott die Welt planvoll schafft,
- im zweiten, wie die Schöpfung durch Störungen des Menschen konfliktträchtig wird,
- im dritten, wie Gott sozusagen in einem neuen Akt der Weltschöpfung der von seinem ursprünglichen Plan abweichenden Wirklichkeit (der Gewalt) Rechnung trägt.

Drei Parallelen seien genannt:
1. *Gen 5,1 f. resümiert die Erzählung von der Erschaffung des Menschen aus Gen 1,26 ff.*
2. *Den Segensworten JHWHs über Noah und seine Familie in Gen 9,1–7 stehen die Segensworte JHWHs über die Menschen in Gen 1,28–30 gegenüber.*
3. *Die von Gott errichtete Erde in Gen 1 und die von Noah erbaute Arche in Gen 6–8 sind gekennzeichnet als gegliedertes Lebenshaus für alle Arten von Lebewesen.*

Der erste und dritte Teil müssen aufgrund augenfälliger (formaler und inhaltlicher) Entsprechungen und Spiegelungen zusammen gelesen und in gegenseitigem Bezug interpretiert werden. Dagegen ist der zweite Teil von den beiden anderen Teilen deutlich abgehoben, z. B. dadurch, dass seine Handlung gegenüber dem „kosmischen Szenario" des ersten und dritten Teils im Garten Eden und um ihn herum spielt.

Die Kompositionsstruktur von Gen 1–9 kennzeichnet also, dass Teil 1 und Teil 3 den zweiten Teil umklammern.

Die beiden vielschichtig verknüpften Teile bilden den Deuterahmen, in dem sich die theologische Aussage des mittleren Teils erschließt. Anders gewendet kann man dann aber auch sagen, dass es auf die gemeinsame Interpretation von Gen 1,1–2,3 und Gen 5,1–9,29 entscheidend ankommt, um die Schöpfungstheologie von Gen 1–9 zu erfassen – oder dass Gen 2,4–4,20 (wenigstens hier, wo es um eine gedrängt Darstellung geht) vernachlässigt werden kann.

Gen 1,1–2,3 erzählt vom Uranfang der Welt, aber theologisch zielt der Text nicht in die Vergangenheit, sondern in die Zukunft. Er ist „rückwärtsgewandte Utopie" in dem Sinne, dass er die „Idee" entwirft, die Gott der Welt in ihrer Schöpfung für alle Zeit eingestiftet hat und von der er bis zum Ende der Welt nicht lässt.

Gottes Weltschöpfung und der in ihr liegende Sinn wird vom Erzähler „in technisch-künstlerischer Metaphorik" (Löning / Zenger, a. a. O., S. 145) entfaltet. In der bildlichen Vorstellung, die den Erzähler leitet, erscheint Gott als Baumeister, der den Kosmos wie ein Haus entwirft, errichtet und einrichtet:

- Zuerst scheidet Gott das Wassserchaos und lässt so einen Hohlraum entstehen, dem er dann durch die Erschaffung des Himmelsgewölbes und des Erdbodens die Gestalt eines Hauses gibt.
- An die Unterseite des Himmelsgewölbes, d. i. die Decke, setzt Gott als „Lichter" (Lampen) die Gestirne, auf dem Festland, dem Boden des Hauses, schafft er zum Schmuck, Schutz und zur Nahrung die Pflanzen.
- Schließlich teilt Gott den Lebewesen die Räume im „Hausinnern" und den Raum außerhalb des „Hauses" zu: den Luft-Raum zwischen Himmelsdecke und Erdboden erhalten die Vögel, den Raum auf der Erde die Landtiere und die Menschen, den Wasser-Raum (der das Haus umgibt) die Fische.

Im altorientalischen Verständnis sind die Pflanzen „keine Lebewesen, sondern nährende und bergende Gabe der Erde" (K. Löning / E. Zenger, a. a. O., S. 157)

Die Leuchten am Himmel geben den Bewohnern des kosmischen Hauses nicht nur Licht, sondern sie dienen ihnen auch dazu, die Zeiten – Tage und Jahre – zu bestimmen. Hinzu kommt aber noch ein anderer – nicht geo-, vielmehr theozentrischer – Gesichtspunkt. Das Licht der Gestirne ist ein Abglanz Gottes. Wenn sie leuchten, erstrahlt abbildlich – oder auf endliche Weise – die göttliche Herrlichkeit. Im Licht der Gestirne kommt zum Ausdruck, dass Gottes Schöpferkraft in allem, was sie gewirkt hat, gegenwärtig ist. Wie die Gestirne in die Welt hineinstrahlen und

geozentrisch (gr.) = die Erde in den Mittelpunkt stellend; theozentrisch (gr.) = Gott in den Mittelpunkt stellend

vgl. Ps 8

durch ihr Licht Leben ermöglichen, so durchstrahlt und beherrscht Gott die Welt als lebensspendende und -erhaltende Macht.

Im „Haus der Welt" erhält der Mensch eine besondere Aufgabe. Er ist von den Lebewesen das einzige, das Verantwortung übernehmen kann und soll. Die exklusive Verantwortlichkeit des Menschen findet in der Metapher von der „Gottesebenbildlichkeit" ihren prägnantesten Ausdruck. Das Wort von der Gottesebenbildlichkeit gibt Antwort auf die Frage, zu welchem Zweck und in welcher Funktion der Mensch *in dieser Welt* geschaffen ist. Entsprechend bevorzugt die heutige Exegese gegenüber der alten Übersetzung „Gott schafft den Menschen *nach* seinem Bilde" die neue: „Gott schafft den Menschen *als* sein Bild".

vgl. Gen 1,26

Der funktionale Sinn der Metapher „Gottesebenbildlichkeit" kann im Kontext der altorientalischen Vorstellungswelt und Wirklichkeit so präzisiert werden:

> In der altägyptischen und mesopotamischen Kultur wird der König oft als Abbild des Schöpfergottes gesehen. Aus dieser Sicht leitet sich dann als vornehmste Aufgabe des Königs ab, die Lebensordnung gegen alle Gefährdungen zu schützen und den Schwachen beizustehen. Im Zusammenhang von Gen 1,1ff. erscheint diese religiöse Bestimmung des Königs „demokratisiert". Nun sind *alle* Menschen königliche Bilder Gottes. Aber es haben dann auch *alle* Menschen die königliche Aufgabe des Lebensschützers zu übernehmen.

vgl. Gen 1,28

dominium terrae (lat.) = Herrschaft, Gewalt über die Erde; Besitz der Erde

Im Schöpfungsauftrag, der auf die Erschaffung des Menschen folgt, benennt Gott dann die Aufgabe des Menschen in der Welt ausdrücklich. Anstatt der lange vorherrschenden Meinung, dass das so genannte „dominium terrae" ein rücksichtsloses Unterjochen der Natur rechtfertigt, ist das Gegenteil richtig. Das können zwei Hinweise verdeutlichen:

1. Der Schöpfungsauftrag erläutert die in der Metapher „Gottesebenbildlichkeit" angezielte Verantwortlichkeit des Menschen. Da der Mensch als Bild Gottes an Gottes Stelle in der Welt handelt, muss das Handeln des Menschen mit Gottes Schöpfungsplan – der Kosmos als Lebenshaus für alle – übereinstimmen.

2. Die Worte, mit denen Gott den Menschen beauftragt, sind Segensworte. Diesen Sinn bringt C. Westermann durch seine Übersetzung der Einleitungsformel besonders klar zum Ausdruck: „Gott segnete sie, indem er sprach." Das Leben in Fülle, das der göttliche Segen verheißt, will Gott aber – entsprechend seiner Schöpfungsidee – nicht einseitig oder exklusiv für den Menschen, sondern er will es für alle Geschöpfe.

vgl. C. Westermann, Am Anfang, S. 14

Gen 1,29–30 schlägt innerhalb der Schöpfung am 6. Tag ein neues Thema an: Gott übergibt zuerst den Menschen und dann den Tieren die „pflanzliche Erde". Mit einer Formel aus der Rechtssprache übergibt Gott Mensch und Tier die von ihm geschaffene „Natur" gewissermaßen als Lehen. Die Lebewesen erhalten ihren Lebensraum, der ihnen „dienen" soll und den sie nützen dürfen, aber weil es „geliehener" Raum ist, müssen sie ihren Umgang damit gegenüber dem „Lehensherrn" verantworten.
Es ist von großer Bedeutung, dass Gott die Natur – die pflanzliche Erde – Mensch und Tier nicht einfach im Ganzen übergibt. Vielmehr unterscheidet Gott ganz genau zwischen einem Bereich für den Menschen und einem Bereich für die Tiere.
- Der Mensch erhält alle samentragenden Pflanzen zur Nahrung,
- die Tiere erhalten die übrige Natur.

Hier setzt der biblische Erzähler augenscheinlich eine Idee in Kontrast zur Lebenserfahrung der damaligen Menschen. Die Lebenserfahrung war die, dass Mensch und Tier, soweit sie denselben Lebensbereich beanspruchen, rivalisieren und miteinander in Konflikt geraten. Dieser Le-

Die Abbildung, ein mittelassyrisches Siegel (14./13. Jh. v. Chr.), zeigt den „Herrn der Tiere" inmitten der Tiere in einer „paradiesischen" Landschaft.

benserfahrung wird der Schöpfungsplan Gottes als Gegenbild gegenübergestellt: Aus der Perspektive des Anfangs erscheint in der von Gott verfügten Trennung der Lebensbereiche die Vision, dass Mensch und Tier friedlich koexistieren und dadurch beide zur Fülle des Lebens gelangen.

Die 7-Tage-Erzählung (Gen 1,1–2,3) stellt Gottes Schöpfung in ihrer Vollkommenheit dar. Es wird hier reflektiert, wie die Welt von Gott gedacht ist – wie sie sein soll oder wie sie wäre, wenn sie wirklich Gottes Plan entspräche. Komplementär zu dieser Erzählung ist die Sintfluterzählung (Gen 6–9) zu lesen. Auf die vielfältigen Verflechtungen und Entsprechungen dieser beiden Texte ist bereits aufmerksam gemacht worden. Die Sintfluterzählung bietet, wenn man so will, den „2. Akt der Weltschöpfung" (Löning / Zenger, a. a. O., S. 142). Jetzt wird gezeigt, wie sich Gottes Schöpfung in der Zeit bewährt und wie sich unter den Bedingungen der Wirklichkeit die Verhältnisse in der Welt und zwischen Gott und der Welt entwickeln.

komplementär (lat.) = hier: ergänzend und parallel

Im Mittelpunkt der Sintfluterzählung steht neben Gott der Mensch. Die „Erdung" der Schöpfung Gottes geschieht dadurch, dass der Mensch im Kosmos handelt, dass aus dem Uranfang eine „Geschichte" hervorgeht. Der 2. Akt der Weltschöpfung fällt sozusagen mit dem Beginn der Menschheitsgeschichte zusammen.

Der menschliche „Held" der Sintfluterzählung ist Noah. Seine Geschichte ist „die erzählerische Explikation der mit der Erschaffung durch Gott gegebenen Bestimmung des Menschen, Bild Gottes in der Welt zu sein".

- Die Arche, die Noah in Gen 6 baut, entspricht der von Gott errichteten Erde in Gen 1: Beide sind nach der Vorstellung gestaltet, als gegliedertes Lebenshaus für alle Lebewesen Schutz, Sicherheit und Lebensraum zu bieten.
- Die Aufgabe, die Gott nach Gen 1 dem Menschen für den ganzen Kosmos zuteilt, ist in Gen 6–9 in den engeren Rahmen der geschichtlichen Wirklichkeit hineingestellt. Sie ist jetzt die Aufgabe eines konkreten Menschen; folglich umgreift hier der menschliche Verantwortungsbereich nicht mehr die Welt insgesamt mit allen Lebewesen, sondern er ist bemessen durch die Größe des von Noah erbauten Lebenshauses (der Arche), d. h. durch das, was Noah möglich ist.

Die Sintfluterzählung lässt allerdings keinen Zweifel daran, dass die menschliche Verantwortung in der Dimension der Zeit gegenüber der in Gen 1 durch Gott gegebenen Bestimmung nur quantitativ, nicht aber qualitativ begrenzt ist. Im Rahmen des Noah Möglichen duldet die aus der Gottesebenbildlichkeit des Menschen erwachsende Aufgabe keine Abstriche: Es wäre ja – bezogen auf die menschliche Normalität – durchaus nahe liegend, dass Noah angesichts der drohenden Katastrophe nur an die Rettung der eigenen Familie dächte. Doch Gott beauftragt ihn, auch die Tiere zu retten. „Und Noah tut so." Dabei ist entscheidend, dass es nicht in Noahs Belieben gestellt ist, welche Tiere und wie viele er rettet. Gottes Gebot lautet, von jeder Tierart ein Paar in die Arche zu bringen (vgl. Gen 6,19f.). Das ist der große Auftrag (des Anfangs) im Kleinen – dem Umfang nach reduziert, der Bedeutung nach unverändert:

Marc Chagall, Noah erhält den Befehl, die Arche zu bauen

Alle Tiere des kosmischen Lebenshauses könnte Noah nicht retten, aber das lebenserhaltende Potential* des von ihm geschaffenen Lebenshauses muss er voll ausschöpfen. Voll heißt hier: allem Leben, jeder Tierart (auch wenn sie Noah gering oder widerwärtig erschiene) eine Chance zu geben. Denn die Rettung von je einem Paar stellt sicher, dass sich die Tierart (nach der Katastrophe) regenerieren kann.

Indem die Noah-Erzählung in einer Geschichte – und damit „geschichtlich" – entfaltet, was es für den Menschen bedeutet, Gottes „Ebenbild" zu sein, führt sie die Schöpfungstheologie in einem wichtigen Punkt weiter. Aber die eigentliche Sinnspitze von Gen 6–9 zielt nicht auf das Handeln des Menschen; sie zielt vielmehr auf das Handeln Gottes. Nicht nur der Mensch muss seine ihm von Gott gegebene Bestimmung und Aufgabe in der zeitlich gewordenen Schöpfung, im wirklichen Weltgeschehen, suchen und ausfüllen, sondern auch Gott – Gott selbst, gerade Gott – muss, wenn man es endlich-menschlich sagt, mit der zeitlichen Konkretion seiner Schöpfung „zurechtkommen".

anthropomorph (gr.) = menschlich, menschenähnlich

- Zunächst muss Gott, weiterhin anthropomorph gesprochen, erkennen, dass die von ihm geschaffene Welt in der Realität hinter seinem Schöpfungsplan zurückbleibt. Vor allem mit Blick auf den Menschen bestätigt sich das „Und Gott sah, dass es gut war" (aus Gen 1) gar nicht. Statt „Gutem" sieht Gott bei dem in die Geschichte getretenen Menschen, dass sein „Trachten allezeit böse" ist (Gen 6,5).
- Die Reaktion Gottes ist (menschlich gesehen) verständlich: Weil die Schöpfungswirklichkeit seinem Plan nicht entspricht, reut es ihn, dass er die Welt geschaffen hat, und er will sie vernichten.
- Nun kommt aber die „besondere Pointe" (Löning/Zenger, a. a. O., S. 170) der Sintflutgeschichte: Gott verwandelt sich während der Katastrophe, die er verursacht hat, zugunsten der Endlichkeit. Nach der Flut lässt er die unzulängliche Wirklichkeit zu, auch wenn sie nicht so ist, wie sie sein sollte, und er garantiert, ohne Bedingungen zu stellen, über die Menschheit und die Erde nie wieder eine solche Katastrophe kommen zu lassen.

vgl. H. Schüngel-Straumann, Denn Gott bin ich, S. 29

Die Verwandlung Gottes im Laufe der Sintflutgeschichte bringt eine Spannung in das Gottesbild, die in der Erzählung selbst nicht gelöst wird.

Vor der Sintflut orientiert Gott sein Verhalten gegenüber der Welt und den Menschen an seiner Idee der guten Schöpfung. Was sich in der Schöpfungswirklichkeit als nicht gut erweist, dem spricht Gott nach dem von ihm gesetzten Maßstab die Daseinsberechtigung ab – und umgekehrt: Was gut ist, dem gibt Gott das Lebensrecht. Gottes Entscheidung aufgrund dessen, was sein *soll*, ist richtend, es ist das Verfahren der Gerechtigkeit.

Nach der Sintflut verzichtet Gott völlig auf sein gerechtes Maß. Ohne dass sich die Lebewesen und allen voran der Mensch gebessert hätten – Noahs Nachkommen werden wieder Böses tun (vgl. Gen 8,21) –, spricht Gott allem Leben seinen Schutz zu. Jetzt ist Gottes Handeln beherrscht von Barmherzigkeit, durch die er die Welt bedingungslos annimmt.

Warum Gott dank seiner richtenden Gerechtigkeit die Vernichtungskatastrophe herbeiführt und danach verspricht, den lebendigen Wesen für alle Zukunft rein barmherzig zu begegnen – diese Verwandlung wird von der Erzählung nicht erklärt. Die nächstliegende Möglichkeit, dass die Lebewesen durch Gottes zerstörerische Aktion von Grund auf gut geworden wären, schließen Gottes eigene Worte ausdrücklich aus (vgl. Gen 8,21). Und andere Gründe, die als Motiv dienen könnten, werden nicht genannt.

Auf der Ebene theologischen Nachdenkens kann die Ambivalenz* im Verhalten des Schöpfergottes dadurch verständlich gemacht werden, dass der Unterschied zwischen Vorher und Nachher durch den Begriff des „Lernprozesses" vermittelt wird.

zur motivgeschichtlichen Erklärung der Ambivalenz im Rahmen der altorientalischen Sintflut-Mythologie s. S. 94 f.*

Der Lernprozess entspringt – so kann es sich theologisches Denken zurechtlegen – einer **Paradoxie*.** Weil die Schöpfungswirklichkeit, gemessen an der vollkommenen Idee des vollkommenen Gottes, völlig unzulänglich ist, könnte Gott die Welt (als unter-, ja sogar widergöttlich) aufgeben. Aber er kann sie nicht aufgeben, weil er sich sonst selbst aufgeben müsste. Denn bei aller Schlechtigkeit ist die Welt die Wirklichkeit, die Gott geschaffen und die er insofern zu verantworten hat.

Die Paradoxie kann Gott nicht auf einen Schlag, sondern nur „lernend" bewältigen. Auf einen Schlag würde bedeuten, dass Gott Stärke zeigt und alles, was seiner Vollkommenheit nicht entspricht, zurücknimmt. Doch mit dieser Stärke würde sich Gott selbst treffen, denn was er machtvoll zerstörte, das stammte von ihm selbst. Daher ringt Gott mit sich, und er ringt sich dazu durch, schwach zu werden und leidenschaftlich an seinen Geschöpfen zu hängen. Er lernt sie zu lieben, und zwar bedingungslos, auch wenn sie nicht so sind, wie sie sein sollten. Das sichtbare Zeichen von Gottes bedingungsloser Liebe, von seiner Barmherzigkeit, das er nach der Sintflut aufrichtet, ist der (Regen-)Bogen in den Wolken.

Zum Lernprozess Gottes gehört auch, dass er aufgrund seiner nunmehr „illusionslosen Weltsicht" (Löning / Zenger, a. a. O., S. 171) den Schöpfungsauftrag an den Menschen neu regelt. In Gen 9,1–7 wiederholt Gott den Segen, den er in Gen 1,28 f. über die Menschen gesprochen hat, aber mit einem entscheidenden Unterschied: Jetzt wird der Faktor „Gewalt" für das Verhältnis von Mensch zu Tier bestimmend. „Furcht und Schrecken" vor dem Menschen soll über alle Tiere der Erde kommen, denn sie werden in seine „Hand gegeben" (Gen 9,2). Konkret wird dem Menschen zugebilligt, Tiere für seine Nahrung zu töten. Und doch erhält der Mensch keinen Freibrief für eine alles zerstörende Gewalt. Nach wie vor ist der Mensch Gottes Sachwalter auf der Erde, der seinen Beitrag zum Bestand der Schöpfung zu leisten hat. Wenn er hierzu Gewalt einsetzt, dann kann dies nur eine beschränkte, eine „verantwortete" Gewalt sein. In Gottes Segensworten kommt das dadurch zum Ausdruck, dass dem Menschen verboten wird, Fleisch „mit seiner Seele, seinem Blut" zu essen (Gen 9,4). Dieses Verbot hat einen doppelten Sinn:

vgl. Liedke, Im Bauch des Fisches, S. 143 ff.

1. Es zeigt dem Menschen an, dass Gott der Herr des Lebens der Tiere ist und bleibt. Der Mensch, der Tiere tötet, muss gegebenenfalls Gott Rechenschaft geben.
2. Der Mensch ist aufgefordert, die Lebenskraft der Schöpfung zu erhalten. Er muss das Blut, den Sitz des Lebens, an die Erde zurückgeben, damit sie an der Gewalt des Menschen keinen Schaden nimmt und sich regenerieren kann.

Auch die sich an die Segensworte anschließende Gottesrede (Gen 9,8 ff.), in der der Schöpfer versichert, nie wieder eine Flut kommen zu lassen, unterstreicht die Beschränkung der Gewalt. Der „Bund", den Gott aufrichtet, gilt

nicht nur den Menschen, sondern allen Lebewesen. Das *ganze* Lebenshaus ist umfasst vom Schutz des barmherzigen Gottes.
Die Schöpfungstheologie von Gen 1–9 legt dar, welches grundsätzliche Verhältnis zwischen Gott und der Welt besteht und wie sich dieses Verhältnis auf die innerweltlichen Bezüge, insbesondere auf die Beziehung Mensch – Natur, auswirkt. Von diesem Ansatz her ist es nahezu unvermeidlich, dass die Schöpfungserzählungen bereits auch die anderen Handlungsweisen in den Blick bringen, die für Gottes Verhalten gegenüber der Welt (und der Menschheit) kennzeichnend sind. Wenn Gott Schöpfer ist, dann ist er ebenfalls Erwähler, Richter und Retter.

Das Thema des **Erwählens** klingt schon in Gen 1 an. Gott erwählt innerhalb der Schöpfung den Menschen zu seinem Sachwalter. Der Mensch erhält als Ebenbild Gottes die Aufgabe, an der Stelle Gottes oder wie Gott zum Wohl der ganzen Schöpfung zu handeln.
Noch deutlicher tritt das Thema der Erwählung in der Sintfluterzählung Gen 6–9 hervor. Von Gottes Entschluss, die Menschen und alles übrige Leben auf der Erde zu vertilgen, wird Noah (mit seiner Familie) ausgenommen. Denn Noah entsprach (als einziger) Gottes Maßstab der Gerechtigkeit und hatte so Gnade gefunden vor den Augen des Herrn. Zu beachten bleibt hier wieder, dass die Erwählung auch *Verpflichtung* bedeutet. Noah muss im Auftrag Gottes eine Arche bauen, um außer sich selbst (und seiner Familie) die Tierwelt in ihrem Kernbestand zu retten.
Aufs engste verknüpft mit dem Thema der Erwählung ist in der Sintfluterzählung der Aspekt des **richtenden Gottes**. Gottes Sicht auf seine in die Zeit getretene Schöpfung ist zunächst bestimmt von seiner Idee, dass alles gut sein soll; daran richtet er seine Beziehung zur Welt aus. Infolge dieser Ausrichtung scheidet Gott die Schöpfungswirklichkeit in Gut und Böse und entscheidet, alles Böse zu vernichten. Gottes Gerechtigkeit kennt kein Erbarmen mit dem, was seinem Schöpfungsplan nicht entspricht; er lässt es in der Flut untergehen. Nur das kleine Lebenshaus „Arche“ lässt er überleben.
Wenn im Motiv der Arche neben dem richtenden Gott auch schon der **rettende Gott** in Erscheinung tritt, so muss man sehen, dass die Rettung hier Ausfluss der

Gerechtigkeit Gottes ist – was der „Norm" entspricht, bleibt verschont – und nicht seiner Gnade entspringt. Anders ist es nach der Sintflut. Jetzt erweist sich Gott als liebender Gott, der „eine Schwäche" (Löning / Zenger, a. a. O., S. 170) für seine Geschöpfe zeigt, an allem Geschaffenen hängt und nichts aufgeben will. Jetzt ist er **Retter** im eigentlichen Sinn, weil er in sich seine Gerechtigkeit zurückdrängt und seine Barmherzigkeit entscheiden lässt. Er richtet einen Bund auf mit der ganzen Schöpfung und versichert damit, dass die Sintflut für immer vergangen ist und er für alle Zukunft heilvoll auf seine Schöpfung zukommt.

Der Erwähler

vgl. z. B. H. D. Preuß, Theologie des Alten Testaments. Bd. I (Ch. Dohmen / F. Mußner, Nur die halbe Wahrheit, S. 111)

Es gibt Theologen, die den Erwählungsgedanken im Mittelpunkt der Theologie des Alten Testaments sehen. Mit ihm sei die innere Einheit des Alten Testaments, das für das Alte Testament und seinen Gott Typische, die Grunddimension des alttestamentlichen Glaubens erfasst. Gegenüber dieser Sicht muss man sich freilich vergegenwärtigen (wie das schon oben betont worden ist), dass die Theologie des Alten Testaments nicht in einem Punkt konzentriert werden kann, ohne das Alte Testament seines Reichtums zu berauben, d. h. ohne die theologische Vielstimmigkeit des Alten Testaments auf nur eine Stimme zurückzuführen. Unbeschadet dieses grundsätzlichen Einwands wird man dem Erwählungs-Ansatz aber zubilligen müssen, dass er einen der wichtigsten Gedanken des Alten Testaments zur Geltung bringt. Hinzufügen ist noch: Dieser Gedanke ist auch einer der schwierigsten!

vgl. S. 63, 68

vgl. H. Haag (Hrsg.), Bibellexikon, Art. „Erwählung"

Der hebräische Begriff für „erwählen" *bahar* wird im Alten Testament 92mal von Gott ausgesagt. In erster Linie bezieht sich die Erwählungaussage auf das ganze Volk Israel, sie kann aber auch Einzelpersonen betreffen. Soweit Einzelne als „Auserwählte" JHWHs gekennzeichnet werden, sind insbesondere zwei Gesichtspunkte von Bedeutung:

1. Die Erwählung Einzelner trägt ihren Sinn nicht in sich. Es geht nie darum, dass ein Einzelner aufgrund individueller bzw. persönlicher Vorzüge oder Eigenschaften gegenüber anderen Einzelnen von Gott ausgezeichnet würde. Sondern die Erwählung Einzelner weist immer über sich hinaus auf die Erwählung des Volkes Israel. Ein Einzelner wird auserwählt, weil er für die oder in

der Geschichte Israels mit Gott eine besondere Funktion wahrnehmen soll. So werden vor allem die Könige „Auserwählte“ JHWHs genannt. Anders als in Ägypten, wo die Pharaonen kraft Amtes (bzw. Geburt) als Göttersöhne angesehen wurden, sind die Könige Israels deshalb „Erhabene“, d.h. von Gott Erhobene, weil sie dem Heil des auserwählten Volkes dienen.

2. Gott erwählt die Einzelnen *frei,* da er nicht vorbestimmt oder festgelegt ist durch spezifische Merkmale der Personen. Die Freiheit der Erwählung Gottes wird noch dadurch betont, dass er oft – wider Erwarten – die Jüngsten oder Unansehnlichsten aussucht.

vgl. z.B. die Erwählung Davids (1 Sam 16,1–13)

Das Grundgeschehen der Erwählung Israels durch JHWH wird im Alten Testament als Gründungsgeschichte Israels erzählt. Die Textinterpretation muss den Zusammenhang beachten, dass die im Pentateuch dargelegte Urgeschichte Israels Gen 10–Dtn 34 mit der Urgeschichte von der Weltschöpfung Gen 1–9 einen Gesamtkomplex bildet. Gottes Schöpfungshandeln und Gottes geschichtliches Handeln legen sich gegenseitig aus. Für die Erwählung Israels ist der Sinn, der sich aus dem Verhältnis der beiden Urgeschichten ergibt, auf folgende Aussagen zuzuspitzen:

vgl. S. 69f., 79

1. Gottes Geschichte mit Israel, die bei Abraham einsetzt, gründet in Gottes Weltschöpfung. Konkret ist der Noah-Bund (Gen 9), den Gott mit allem Lebendigen schließt, Voraussetzung für den Abraham-Bund (Gen 17), in dem Gott seine Zuwendung zu Israel erstmals für alle Zukunft zusagt. Nur weil JHWH sich nach der Sintflut dazu „durchgerungen“ hat, der Welt, so unzulänglich sie ist, fortan und für immer in liebender Barmherzigkeit zu begegnen, ist es möglich geworden, dass er von seiner Seite aus mit einem Volk eine Heilsgeschichte beginnt, die auf Dauer gestellt ist, was auch geschehen mag.
2. Umgekehrt wird in Gen 10–Dtn 34 geschichtlich entfaltet, welches Motiv Gott bei der Weltschöpfung hatte. JHWH wollte, dass die Welt auch sein Lebenshaus sei. Die von Abraham bis Mose reichende Gründungsgeschichte Israels erzählt davon, wie JHWH sich unter den Bedingungen von Raum und Zeit durch seine Beziehung zu *einem* Volk der Welt eingestaltet hat und für die Menschen als wirklich anwesend erfahrbar wurde. Dieser Gedanke der geschichtlichen „Einwohnung“ Gottes im Volk Israel und dadurch vermittelt in der Welt – hebräisch Schekhina – wird in der Sinaierzäh-

zu den Schekhina-Traditionen Israels vgl. C. Thoma, Das Messiasprojekt, S. 82ff.

vgl. Ex 24,16 ff.

lung besonders prägnant zum Ausdruck gebracht. Danach gibt JHWH dem Mose „am siebten Tag" den Auftrag, ihm auf dem Sinai ein Heiligtum zu errichten, in dem er – der Befreiergott, der sein Volk aus dem Sklavenhaus Ägypten herausgeführt hat – inmitten seines Volkes Wohnung nehmen kann.

Die mit Abraham einsetzende Geschichte der besonderen Beziehung zwischen JHWH und Israel wird im Pentateuch als Liebesgeschichte gekennzeichnet. In diesem Verständnishorizont ist die Erwählung eine Liebeserklärung, die JHWH aus freier Initiative macht. Theologisch ist erkennbar, dass diese Initiative in Gottes Liebe zur gesamten Schöpfung wurzelt, aber warum Gott unter den Völkern *ein* Volk heraushebt und warum das auserwählte Volk gerade Israel ist, entzieht sich der Vernunft. Der Versuch, die Erwählung Israels in einem nationalistischen Sinn zu deuten, muss in jedem Fall abgewehrt werden. JHWH erwählt Israel nicht, weil es als Volk per se besser wäre als jede andere Nation. Hinzu kommt ein weiterer Gesichtspunkt: Selbst wenn Israel seine Erwählung „verdient" hätte, wäre sie nicht bedingungslos. Die Erwählung begründet einen Bund, der in der so genannten „Bundesformel" von JHWH so ausgedrückt wird:

Eine quasi-mytholgische Begründung wird in der rabbinischen Tradition – der 70 n. Chr. beginnenden Tradition der jüdischen Glaubens- und Gesetzeslehrer – gegeben: Gott habe die Tora – die später in den mosaischen Büchern notierten göttlichen Satzungen und Lebensregeln – zuerst allen Völkern angeboten. Jedes Volk habe aber seine Schwierigkeiten gegen die Tora angemeldet. Z. B. seien die Nachkommen Esaus nicht bereit gewesen, auf das Morden zu verzichten. Kaum aber sei Gott zu den Israeliten mit dem Angebot der Tora gekommen, hätten alle wie aus einem Mund gerufen: „Alles, was der Ewige gesagt hat, wollen wir tun und hören" (Ex 24,7). (s. C. Thoma, Das Messiasprojekt, S. 60, mit Belegstellen)

Ich will euer Gott sein und ihr sollt mein Volk sein (vgl. Dtn 26,16–19; Jer 31,33).

Diese Formel macht deutlich, dass in dem durch einen Entschluss Gottes gestifteten Bund Israel nur dann ein Partner, nur dann das „heilige" Volk ist, *wenn* es sich dem Anspruch des Sollens stellt und daraufhin verwirklicht. Die Würde, Volk Gottes zu sein, ist vorgegeben, aber sie bleibt nicht, ohne dass sie durch ein entsprechendes Tun eingelöst wird. Paradox fomuliert:

Israel ist das von Gott geliebte, sein auserwähltes Volk, doch es muss ständig neu dieses auserwählte Volk *werden*, indem es in seiner konkreten gesellschaftlichen und geschichtlichen Wirklichkeit JHWH sichtbar werden lässt.

Das „ihr sollt", das JHWH mit seiner Erwählung Israels verknüpft, darf nicht im Sinne eines auferlegten Jochs verstanden werden. Eine solche Auffassung ist zwar z. B. durch Dtn 6,13 nahegelegt. Der Satz „Deinen Gott sollst du fürchten und ihm dienen" scheint sich ganz im Horizont altorientalischer Religiosität zu bewegen, die gegenü-

vgl. E. Zenger, Am Fuß des Sinai, S. 134 f.

Beter mit Schutzgottheit vor dem großen Gott, der durch seine Attribute furchterregend erscheint (Babylonien, ca. 2100 v. Chr.)

ber göttlicher Willkür dem Menschen solche Verhaltenweisen angeraten sein lässt. Doch der vorgeschaltete Abschnitt Dtn 6,4–9 hat bereits klargestellt, dass das mit „Gott fürchten" und „Gott dienen" bezeichnete Verhalten *in Israel* heißt:

Gott als den Einzigen lieben.
Der vorgeschaltete Abschnitt Dtn 6,4–9 ist Teil des bekanntesten jüdischen Hauptgebets, das nach dem Anfangswort dieses Abschnitts „Schema" (= „Höre") benannt ist. Die beiden ersten Verse (Dtn 6,4 f.) lauten:

A Höre Israel!
B JHWH (ist) unser Gott.
JHWH (ist) einzig.
C Darum sollst du JHWH, deinen Gott, lieben
Mit deinem ganzen Herzen
Und mit deiner ganzen Seele
Und mit deiner ganzen Kraft!

Die beiden Verse sind programmatisch, weil sie innerhalb der Rede, die Mose am Sinai über Gottes Satzungen und Gebote hält, die Beziehung zwischen JHWH und Israel auf die Idee der Liebe konzentrieren. Für die Analyse ist es hilfreich, die drei Elemente dieser beiden Verse zu unterscheiden:

- A = Höraufruf
- B = hymnisches Gottesbekenntnis
- C = Aufforderung zur Gottesliebe

Dass der Höraufruf am Anfang steht, versteht sich. Die nähere Betrachtung erkennt aber genauso klar, dass die Elemente B und C in ihrer Abfolge nicht vertauschbar sind:

vgl. E. Zenger, a. a. O., S. 135 ff.

Die gemeinschafts- und volksbildende Wirkung, die von Israels exklusiver Gottesbeziehung ausgeht, ist Thema der berühmten Kinderunterweisung in Dtn 6,20–25 (s. unten).

vgl. z. B. das erste Lied der ägyptischen Liebesdichtung „Sprüche der großen Herzensfreude“:
„Die Eine, Geliebte, ohne ihresgleichen,
schöner als alle Welt.
Schau, sie ist wie der glänzende Neujahrsstern,
vor einem schönen Jahr.“
(E. Zenger, a. a. O., S. 140)

- Das hymnische Gottesbekenntnis (B) hat seinen „Sitz im Leben“ im Staunen darüber, dass JHWH Israel immerzu heilvoll zugewandt ist. Es bringt *in prägnantester Form* zum Ausdruck, was die von JHWH eröffnete Gottesbeziehung Israels auszeichnet: Durch sie ist Israel eine Gemeinschaft und schließlich ein Volk geworden („JHWH ist *unser* Gott“), und es ist eine Beziehung der Liebe („JHWH ist *einzig*“). Die Aussage, dass JHWH einzig ist, hat religionsgeschichtlich gewiss ihre Hauptbedeutung darin, jedes Bestreben, JHWH andere Götter zur Seite zu stellen, abzuwehren. Aber die altorientalische Lyrik belegt auch, dass „einzig“ ein Topos der Liebessprache ist, mit dem der/die Liebende die Unvergleichlichkeit der/des Geliebten preist und besingt.
- Israels Liebserklärung an JHWH, die im Bekenntnis „JHWH ist einzig“ mitklingt, ist die Spiegelung der Erfahrung, dass Gott Israel von Anfang an liebt. Die Aufforderung zur Gottesliebe (im Element C) ist dann die ausdrückliche Antwort auf diese Erfahrung. In der auf Liebe gegründeten oder aus Liebe erwachsenen Beziehung Gottes zu Israel kann sich Israel nur so verhalten, dass es der totalen Liebe Gottes total liebend entgegnet – „mit ganzem Herzen, mit ganzer Seele, mit ganzer Kraft“.

Im modernen Verständnis, für das Aspekte wie Subjektivität und Emotionalität bestimmend sind, könnte „Lieben mit ganzem Herzen …“ als höchste Intensität des Gefühls aufgefasst werden. Im Verständnis Israels ist aber nicht die Emotion entscheidend, sondern „Gott lieben“ bedeutet hier konkret: Gottes Satzungen und Gebote – die Tora* mit den 10 Geboten und ihren Konkretisierungen – zu halten. Es wäre freilich ein großes Missverständnis, wenn man diese Liebes-Antwort Israels im Sinne eines unterwürfigen Gehorsams interpretieren wollte, so als ob Israel Gottes Forderungen an sein Volk aus geschuldeter Liebe und aus Angst vor Liebesentzug Punkt für Punkt erfüllen würde. Die Gebote und Satzungen JHWHs bilden vielmehr die Matrix, die für Israel das von Gott in seiner Liebe gewollte Leben in Freiheit ermöglicht. Auf diesen Sinn zielt die Kinderkatechese ab, die Mose in Dtn 6,20 ff. den Israeliten im Namen Gottes einschärft:

> Wenn dich morgen dein Sohn fragt:
> Warum achtet ihr auf die Satzungen, die Gesetze und Rechtsvorschriften, auf die JHWH, unser Gott, euch verpflichtet hat,
> dann sollst du deinem Sohn antworten:
> Wir waren Sklaven des Pharao in Ägypten,

und JHWH hat uns mit starker Hand aus Ägypten herausgeführt ...

Durch den Exodus aus dem Sklavenhaus Ägypten hat sich JHWH als befreiender Gott erwiesen. In dem Freiheitsraum, den er seinem Volk anstelle pharaonischer Macht und Unterdrückung eröffnet hat, ist die Tora Wegweisung, nicht Einengung. *Wenn* die Tora gehalten wird, *dann* entsteht eine Gesellschaft, die wirklich bezeugt, dass JHWH ein heilvoll-liebender Gott ist. Denn diese Tora-bestimmte Gesellschaft gründet auf dem **Prinzip der Nächstenliebe**, das Solidarität und Freiheit beinhaltet. Im zugespitzten Sinn bedeutet die Tora für Israel:

Der Auszug der Israeliten aus Ägypten wird meist auf die Mitte des 13. Jh. v. Chr. datiert. In der Geschichte Ägyptens war der Auszug der Apiru (Hebräer) ein unbedeutendes Ereignis. Entgegen der biblischen Darstellung (vgl. Num) ist nicht ein ganzes Volk (mit einigen Millionen Menschen) der ägyptischen Sklaverei entflohen, sondern eine kleine Nomadengruppe von einigen hundert Personen.

In der auf der Tora fußenden Gesellschaftsordnung wird JHWH selbst sichtbar. Die durch Nächstenliebe geprägten Beziehungen der Menschen bilden Gottes Liebesbeziehung zu seinem Volk ab, sie bezeugen die Wahrheit und Wirksamkeit dieser Beziehung.

Dieser Gedanke, dass Israel durch seine gesellschaftliche Wirklichkeit „die spezifische Wirkweise des Exodus-Gottes in seinem Tun abbildet" (E. Zenger, a. a. O., S. 138), hat in der biblischen Redeweise in dem Bild seinen Ausdruck gefunden, dass Israel der „Sohn JHWHs" ist. Aber das ist eben eine relative, d.h. konditionale Aussage. Israel ist Sohn JHWHs, wenn es JHWH praktisch bezeugt, im Halten der Gesetze und der hieraus folgenden gottgemäßen gesellschaftlichen Verhältnisse.
Von der Tora her zeigt sich also der Kern der Erwählung oder Berufung Israels. Dic Tora ist das Medium, in dem Gottes Israel zugewandte Liebe und Israels antwortende Liebe ineinander verschränkt sind. Weil JHWH das Heil Israels will, gibt er seinem Volk am Sinai die Tora und belehrt es darüber. Die Tora nämlich ist der Weg zum Leben. Indem Israel bei dem Tora-Lehrer JHWH „in die Schule geht", Gottes Lehre annimmt und praktiziert, verwirklicht es seine Liebe zu Gott. In Israel nimmt die Tora Gestalt an in Form der Nächstenliebe und darin wird Israel ein Bild Gottes, der ihm seine Liebe geschenkt hat.

vgl. E. Zenger, a. a. O., S. 169

Die Vorstellung, dass JHWH Israel erwählt hat, um sich durch die Tora in der gesellschaftlichen Wirklichkeit *seines* Volkes dieser Welt einzubilden, scheint für einen „Erwählungsexklusivismus" zu sprechen. Danach wäre das Leben nach der Tora und das damit verknüpfte Heil allein Israel vorbehalten. Doch schon im ersten Buch des Alten

Testaments wird ein solcher Exklusivismus durchkreuzt und klargestellt, dass die Heilsgeschichte Israels mit der Geschichte aller Völker verknüpft ist. Gottes Verheißung an Abraham, den Erzvater Israels, betrifft ausdrücklich auch die ganze Menschheit:

> In dir sollen Segen erlangen alle Geschlechter der Erde (Gen 12,3b).

Im gleichen Sinn wird im Prophetenkanon die Vision verkündet, dass Israels Erwählung auf die Menschheit ausgerichtet ist:
Die Israel gegebene Tora soll schließlich – „in der Späte der Tage“ (= in ferner Zukunft) alle Völker in die Nähe JHWHs führen, so dass JHWH der Tora-Lehrer der Menschheit sein wird (Mich 4,1–5 par.; Jes 2,1–5). Jes 42,1.5 macht deutlich, dass die Erwählung Israels und die Universalität des Heils kein Widerspruch sind. Im Gegenteil! Israel ist – als „Knecht JHWHs“ – erwählt worden, damit die Tora, die Grundlage des Lebens in Gerechtigkeit und Frieden, von Israel aus an die Völker weitergegeben wird:

> Seht, das ist mein Knecht, den ich stütze,
> das ist mein Erwählter, an ihm finde ich Gefallen.
> Ich habe meinen Geist auf ihn gelegt,
> er bringt den Völkern das Recht …
> Auf seine Tora warten die Inseln.

Der Richter

vgl. z. B. das Buch des Freiburger Psychologie-Professors Franz Buggle „Denn sie wissen nicht, was sie glauben“, insbesondere Kap D, S. 68–94

Gegenüber dem Alten Testament wird in verschiedenen, vor allem populären Veröffentlichungen immer wieder der Vorwurf erhoben, sein Gott sei ein unbarmherzig-richtender, ein strafender und vernichtender Gott. Dieser Vorwurf wurde hier schon mehrfach als Klischee zurückgewiesen, das einer sachgemäßen Exegese nicht standhält und die Grundbotschaft des Alten Testaments geradezu verzerrt.
Die Zurückweisung des Vorwurfs darf jedoch nicht dazu führen, dass dem Fehlurteil vom gewalttätigen und zornigrichtenden Gott *einfach* der Aspekt des liebenden Gottes gegenübergestellt wird. Eine solch einseitige Entgegensetzung wäre genauso ein Fehlurteil:

- Zwar wird eine vorurteilsfreie Bibelauslegung mit Sicherheit feststellen, dass im Alten Testament der Gott der Liebe und Barmherzigkeit verkündet wird – Beispiele dafür sind in diesem Buch schon zahlreich gegeben worden.

Vertreibung aus dem Paradies

– Aber eine vorurteilsfreie Bibelauslegung kann auch nicht übersehen, dass neben dem barmherzigen Gott spannungsreich der Gott der Gerechtigkeit steht.

Beide Wirkweisen oder Wirkattribute Gottes gehören im Gottesbild des Alten Testaments offenkundig unauflöslich zusammen, ohne dass sie problemlos miteinander versöhnt werden könnten. Die nähere Betrachtung zeigt aber doch, dass die beiden Aspekte, so gegensätzlich sie auch sind, letztlich in eine Einheit gebracht werden.
Die Überlegungen hier orientieren sich an drei Gesichtspunkten:

1. Israel teilt mit den anderen Religionen des Alten Orients die Auffassung, dass das Handeln der Menschen die Gottheit nicht unberührt lässt, sondern dass sie dazu „Stellung nimmt" und ihre „Stellungnahme" Folgen für die Menschen hat. Wenn dafür der Begriff „richten" gebraucht wird, assoziiert das heutige Verständnis zuerst „Furcht vor der Strafe Gottes oder der Götter". Dabei war die Vorstellung der Gottheit als Richter in Israel, zum Teil auch in den anderen altorientalischen Religionen, vor allem von Hoffnung bestimmt.

„In Mesopotamien kannte man Schamasch als den ‚großen Richter des Himmels und der Erde', der den Königen gerechte Vorschriften machte und deren Einhaltung überwachte. Auch die Ägypter waren davon überzeugt, dass Ordnung und Recht von den Göttern beschützt wurden. Charakteristisch ist ihr Glaube an ein individuelles oder besonderes Gericht nach dem Tode ..." (H. Haag [Hrsg.], Bibellexikon, S. 559 f.).

Der Glaube an JHWHs richtendes Handeln enthielt wesentlich den Gedanken, dass der Gott Israels ungerechte oder das Leben beschränkende Verhältnisse „zurechtbringt".

vgl. J. Werbick, Bilder sind Wege, 163 u. ö.

Diese Erwartung eines „heilmachenden“ Richtens JHWHs hat ihre weltliche Entsprechung im Richtersein israelitischer Führergestalten.

Die Richter sind „berufene Helfer Gottes“ (C. Westermann). Vgl. Ri 2,14–16: Wenn die Israeliten von Feinden ausgeraubt wurden und in ihrer Not zum Herrn schrien, „ließ der Herr Richter erstehen, die sie aus der Hand jener Räuber erretteten“.

- In der vorköniglichen Zeit der Landnahme (ca. 1200–1025 v. Chr.) sind die „Richter“ genannten Personen (wie Debora oder Simson) nicht eigentlich die Recht Sprechenden, vielmehr sind sie die das Rechte Durchsetzenden; sie sind charismatische Gestalten, die die Sippen und Stämme Israels in der kriegerischen Auseinandersetzung mit den Land Besitzenden zum Sieg führen und dann, wenn der äußere Frieden gesichert ist, als Regierende die „gute Ordnung“ im Inneren gewährleisten.
- Dieselbe Ausrichtung hat das Richten des Königs in der Zeit danach. Auch hier soll es das Wohl und das Gedeihen des Volkes – den Schalom – bewirken. Das gelingt aber nur, wenn der König sein richtendes Handeln nicht auf eigener Machtvollkommenheit begründet, sondern sich an der Weisung JHWHs orientiert. In diesem Sinne erbittet König Salomo von JHWH:

Das hebr. Wort „schalom“ – oft mit „Frieden“ übersetzt – hat einen so reichen Inhalt, dass es nur schwer in einer anderen Sprache wiederzugeben ist. In der Septuaginta – der ältesten Übersetzung des Alten Testaments in die griechische Sprache – finden sich mehr als 25 verschiedene Wiedergaben von „schalom“.

> So gib deinem Diener ein hörendes Herz,
> dein Volk zu richten,
> den Unterschied von Gut und Böse zu unterscheiden,
> denn wer vermöchte dies dein gewaltiges Volk zu richten?
> (1 Kön 3,9)

Die Vorstellung, dass JHWHs Richten (und in Entsprechung dazu auch das Richten israelitischer Herrscher/innen) „heilvoll zurechtbringt“, hat freilich eine Kehrseite, die nicht zu übersehen ist.

JHWHs heilvolles Richten ist ja keineswegs indifferent, sondern es ist der Gerechtigkeit verpflichtet.

indifferent (lat.) = gleichgültig, unentschieden

Der Maßstab der Gerechtigkeit bedeutet, dass Verhältnisse, die von selbstsüchtigen oder machthungrigen Menschen zu Lasten anderer Menschen aufgerichtet wurden, zerbrochen werden. Das Unrecht erhält keinen Bestand, wenn JHWH das, was recht und gerecht ist, durchsetzt. Die Kehrseite von Gottes richtenden Handeln ist also ganz deutlich die:

Wenn JHWH heilvoll richtet, dann rückt er die Verhältnisse zurecht zugunsten der Armen, Unterdrückten und Ausgebeuteten, aber das Zurechtrücken ist *auf der anderen Seite* für die Machthaber und Rechtsbrecher das Gericht Gottes.

Das Heil, das der richtende Gott für die Menschen bewirkt, bedeutet also auch Unheil. Auf diesen Gesichtspunkt ist später noch genauer einzugehen. Hier soll noch auf einen anderen Aspekt aufmerksam gemacht werden:

s. S. 91 ff.

Nicht immer geht es ja so aus, dass der heilvoll richtende Gott die Verhältnisse so zurechtrückt, dass derjenige, der sich recht verhält, auch gute Lebensmöglichkeiten erhält. Spr 12,21 behauptet zwar:

> Kein Unheil gibt es, das Gerechte trifft,
> die Frevler aber sind des Unglücks voll.

Aber die Wirklichkeit zeigt doch in vielen Fällen etwas anderes. Wie ist es,

> wenn Gerechte erleiden, was Frevlern zukommt, und wenn Frevler das erhalten, was Gerechten zusteht (Koh 8,14)?

Diese Frage macht die Dramatik des Buches Hiob aus. Eine schlüssige Antwort auf diese Frage gibt es nicht.

zu Hiob und dem so genannten Theodizee-Problem s. S. 155 ff.

2. Dass Gott Richter ist, lässt jene hoffen, die durch das unrechte Verhalten anderer Menschen bedrückt sind und Not leiden. Im Vertrauen auf JHWHs Gerechtigkeit können sie Gott als gleichsam „letzte Instanz" anrufen, damit er in seinem Richten und Zurechtbringen ihr Lebensrecht durchsetzt. Dagegen müssen die Unterdrücker und Rechtsbrecher den richtenden Gott fürchten. Wenn JHWH als Richter denen recht tut, die durch andere Unrecht erlitten haben, dann muss sich dies für die Ungerechten unheilvoll und zerstörend auswirken.
   Herkömmlich wird das Unheil, das die Ungerechten trifft, als Strafe Gottes verstanden. Zum Begriff der Strafe gehört, dass ein Verhalten, das gegen vorgegebene Gebote oder Gesetze verstößt, von der übergeordneten Autorität geahndet wird. Um ihr Strafen zu rechtfertigen, kann die Autorität
   - als objektiven oder materialen Grund die Regelwidrigkeit – das einem bestimmten Gebot oder Gesetz zuwiderlaufende Handeln – anführen,
   - als subjektiven oder formalen Grund den Ungehorsam des gegenüber der höheren Instanz zum Gehorsam Verpflichteten.

   Die Art und Größe der verhängten Strafe ist nicht einfach in das Belieben der strafenden Macht gestellt, sondern hängt auch vom „Strafrecht" oder von Kriterien der Gerechtigkeit ab. Aber immer hat die strafende Autorität *von sich aus* einen Ermessensspielraum, härter

zur Korrektur dieses Verständnisses s. S. 90 f.

oder nachgiebiger auf Fehlverhalten zu reagieren (oder die Strafe sogar ganz zu erlassen).

Inzwischen wird freilich gegen das Verständnis des Unheils als göttlicher Strafe Einspruch erhoben. In einer neuen Untersuchung wird gesagt, dass die hebräische Bibel – das Alte Testament – bezogen auf Gott „kein einziges Wort für Strafe, strafen, bestrafen, straffrei, Strafgericht u. ä. kennt" (Limbeck, a. a. O., S. 4). Diese Aussage klingt kaum glaubhaft, wenn man von der Sprache der verbreitetsten Bibelübersetzungen – der Luther- und der Einheitsübersetzung – ausgeht. Da lesen wir etwa:

Gott ist ein gerechter Richter,
ein Gott, der täglich strafen kann (Ps 7,12 EÜ).

Oder:

Gott rief das Feuer, um damit zu strafen (Am 7,4 LU).

Von diesen beiden Beispielen her – die durch weitere Belege aus der Einheits- und Lutherübersetzung zahlreich vermehrt werden könnten – scheint es eindeutig so zu sein, dass das Alte Testament vom Strafen Gottes redet. Die erwähnte neue Untersuchung legt aber dar, dass überall dort, wo wir in den Übersetzungen vom Strafe androhenden oder vom bestrafenden Gott lesen können, das Textverständnis der Übersetzer nicht den Sinn des Urtextes trifft. Was aber ist der Sinn?

Grundsätzlich ist zu erkennen, dass im Denken Israels Fehlverhalten nicht folgenlos bleibt. Wer Verkehrtes tut, muss damit rechnen, dass sich dies in seinem eigenen Leben negativ auswirkt. Doch diese negative Wirkung wird eben nicht als autoritativ verfügte Strafe aufgefasst, sondern als Un-Heil, das die Un-Tat von selbst mit sich zieht. Aus der Verfehlung ergibt sich die *entsprechende* heillose Konsequenz:

vgl. M. Limbeck, a. a. O., Kap. II

vgl. M. Limbeck, a. a. O., S. 6 ff.

Der Frevler verfängt sich in der eigenen Schuld,
die Stricke seiner Sünden halten ihn fest.
Er stirbt aus Mangel an Zucht,
wegen seiner großen Torheit stürzt er ins Verderben (Spr 5,22 f.).

In diese grundsätzliche Auffassung des Zusammenhangs zwischen Un-Tat und unheilvoller Konsequenz ist auch das in den Übersetzungen so genannte „Strafen" Gottes einzuordnen. An den Stellen, wo es heißt, Gott lasse einen Täter „nicht ungestraft" (vgl. z. B. Ex 20,7; Ex 34,6 EÜ), sagt der hebräische Urtext bei einer wortgetreuen Übersetzung tatsächlich:

Gott entlässt den, der sich vergangen hat, nicht aus der Haftung; Gott sorgt dafür, dass der Täter die der Untat entsprechenden Folgen zu tragen hat.

vgl. M. Limbeck, a. a. O., S. 5

Diese Aussage gilt natürlich nicht nur für das Verhalten Einzelner, sondern auch für Vergehen des Kollektivs.

Wenn Gott es dem Menschen nicht erlaubt, sich den Folgen seines Fehlverhaltens zu entziehen, so scheint hier vor allem Gottes Gerechtigkeit angesprochen. Gott besteht auf der von ihm geschaffenen Ordnung, zu der auch der Konnex von Un-Tat und Un-Heil gehört. Freilich gibt es außer der Gerechtigkeit für JHWH noch ein zweites Motiv, Menschen, die sich vergangen haben, Unheil erfahren zu lassen. Dieses Motiv wird insbesondere in den Gerichtsworten der Propheten deutlich.

Konnex (lat.) = Verbindung, Verflechtung

Mit Blick auf die prophetischen Gerichtsworte sei aber zuerst noch eine andere Überlegung angestellt: Da das Unheil von den Propheten ausdrücklich als Gericht Gottes benannt wird, könnte man meinen, dass wenigstens hier von Gottes Strafe – analog der menschlichen Strafjustiz – die Rede sei. Aber auch hier geht es um den Sinn, dass menschliche Verkehrtheit *entsprechende* negative Folgen nach sich ziehen muss. Allerdings: Gottes Reaktion auf menschliches Vergehen erhält in der prophetischen Gerichtspredigt einen anderen Akzent. Während Gottes Anteil am Unheil sonst oft so verstanden wird, dass Gott es dem Täter nicht erlässt, die aufgrund innerweltlicher Gesetzmäßigkeit selbstverständliche Folge seines Fehlverhaltens zu tragen, wird das Unheil hier als direkte (aber keineswegs beliebige oder willkürliche) Folge göttlichen Eingreifens gedeutet. Gott selbst führt – aufgrund seiner Macht – die Katastrophe oder das Verhängnis herbei.

vgl. z. B. Zef 1,12

Dabei fällt auf, dass sich das von den Propheten angekündigte Gericht keineswegs auf Israel beschränkt, sondern auch fremde Völker betrifft – und das nicht nur, wenn sie sich an Israel vergangen haben. Theologisch bedeutet das:

vgl. Am 1,6–8; 2,1–3; Nah 2,13 f. u. a.

JHWH ist ein Gott, der nicht nur auf das Verhalten seines auserwählten Volkes sieht und reagiert, sondern auch als Richter eine **universale Ausrichtung** hat.

Bezüglich der fremden Völker ist im selben Zusammenhang (des göttlichen Gerichts) noch ein Zweites bemerkenswert: Die Propheten vermitteln Israel die Botschaft

vgl. Am 6,14; Jes 5,26; 7,18; Jer 4,6.11–13 u. a.

(und werden mit dieser Botschaft wohl auch ernst genommen), dass JHWH fremden Völkern gebieten kann, um richtend Unheil über sein Volk zu bringen. Konkret konnten die Propheten gemäß dieser Überzeugung von außen kommende politisch-militärische Ereignisse als JHWHs Reaktion auf das Verhalten seines auserwählten Volkes verkündigen. Bei diesem letzten Aspekt des über fremde Völker gebietenden JHWH kommt das Attribut der göttlichen Allmacht in den Blick. Aber man muss sehen, dass die göttliche Omnipotenz, die hier zunächst durchaus bedrohlich wirkt, durch das oben angesprochene zweite Motiv göttlichen Richtens einen gemäßigten, sogar milden Charakter erhält. Davon ist nun zu reden.

zum Thema der göttlichen Allmacht s. S. 159ff.; 164ff.

Schon im bisher Dargelegten war eine Grundüberzeugung impliziert*, in der die prophetische Gerichtspredigt wurzelt. Diese Grundüberzeugung lautet:

Die gängigen Bibelübersetzungen verdecken diese Grundüberzeugung, weil sie das entscheidende hebräische Wort „paqad" (= genau beobachten, sich eingehend um etwas kümmern) fast immer im Blick auf die Auswirkung des göttlichen Sichkümmerns wiedergeben – mit „heimsuchen", „abrechnen", „bestrafen" (vgl. M. Limbeck, a. a. O., S. 16).

> JHWH lässt das Verhalten der Menschen nicht unberührt, sondern er ist ein Gott, der das Tun der Menschen genau beobachtet, sich darum kümmert und danach fragt. Dies gilt natürlich in besonderer Weise für sein Volk Israel.

Das angezeigte Motiv kommt zum Vorschein, wenn wir fragen: In welcher Absicht und mit welchem Ziel kümmert sich Gott um das Verhalten der Menschen und namentlich seines Volkes? Die prophetischen Texte lassen keinen Zweifel daran, dass für Gott hier klar ein Motiv im Vordergrund steht:

> Gott will nicht, dass Israel durch verfehltes und verkehrtes Handeln Wege geht, die tatsächlich sowohl den Einzelnen als auch das Kollektiv in die Irre, d. h. ins Verderben führen. Gott leistet **Widerstand** gegen das Fehlverhalten, weil er ein **wohlwollender Gott** ist, der den Menschen ein Leben in Fülle schenken will. Wenn JHWH den Menschen Unheil zufügt, dann ist es aus dieser seiner Motivation zu verstehen. Durch die von ihm herbeigeführte Ausweglosigkeit soll Israel erkennen: **JHWH allein ist es, der das Leben schenkt und erhält.**

Ein ausdrucksvoller Beleg für dieses dem Unheil durch Unheil widerstehende Wohlwollen JHWHs ist

Hos 2,8 f., wo Gott über seine untreue Geliebte Israel spricht: *vgl. Jer 2,19*

Darum versperre ich jetzt ihren Weg mit Dornen
und maure ihr einen Steinwall,
dass sie ihre Pfade nicht mehr findet.
Drängt sie dann ihren Liebhabern nach,
kann sie sie nicht erreichen,
sucht sie, ohne sie zu finden.
Dann wird sie sagen:
‚Ich will wieder zurück zu meinem ersten Mann,
denn damals ging es mir besser als jetzt.'

3. Die Überzeugung, dass JHWH im Grunde wohl will, wenn er Unheil zulässt oder Unheil zufügt, wird im Alten Testament auch mit Vokabeln aus dem Bereich der Erziehung ausgesprochen. Berühmt ist das Sprichwort Spr 3,12:

Wen JHWH liebt, züchtigt er
Wie ein Vater den Sohn, an dem er Gefallen hat.

Unser gegenwärtiges Verständnis lehnt es ab, Vaterliebe mit Züchtigung zu verbinden. Es erscheint uns im Gegenteil sogar gerade als Zeichen mangelnder Liebe, wenn ein Vater sein Kind züchtigt. So gesehen haben wir heute Schwierigkeiten, dieses Sprichwort zu verstehen. Wir müssen die Verständnisbarriere dadurch abbauen, dass wir uns in den damaligen Verständnishorizont hineinbegeben:

- Maßgeblich war die Vorstellung, dass die Züchtigung wie kein anderes Erziehungsmittel das Kind davon abhalten kann, töricht zu handeln und damit die wahren Möglichkeiten des Lebens zu verlieren.
- Denn, so der Gedanke, der Schmerz der körperlichen Züchtigung verhilft dem Verstand zur Einsicht, den richtigen Weg zu erkennen.

In Spr 22,15 und 23,13 f. kommt dieser Verständnishorizont klar zur Sprache.:

Haftet Torheit im Herzen des Knaben –
der Stock der Züchtigung entfernt sie von ihm …
[Daher:] Halte nicht fern vom Knaben die Zucht;
wenn du ihn schlägst mit der Rute, wird er nicht sterben.
Du schlägst ihn [zwar] mit der Rute,
doch sein Leben rettest du vor der Unterwelt.

Das oben zitierte Sprichwort und andere alttestamentliche Aussagen über Gottes Züchtigung sind hier – in der positiven Bewertung des „schlagenden" Vaters – zu verorten. Die Botschaft lautet dann:

Weil Gott die Menschen wie ein Vater liebt, züchtigt er sie – damit die Betroffenen zur richtigen Erkenntnis gelangen und auf den heilvollen Weg zurückkehren.

vgl. S. 76ff.

Freilich darf nicht unterschlagen werden, dass es im Alten Testament auch Stellen gibt, wo Gottes Gericht keinen Ansatz von Wohlwollen – im Sinne heilvoller Erziehung – zeigt. Eine solche Stelle, die wohl herausragende Stelle, ist die Sintfluterzählung.

- Gott beschließt angesichts der „Bosheit der Menschen", alles Leben von der Oberfläche der Erde auszutilgen (vgl. Gen 6,5 ff.).
- Und Gott handelt so! Nur Noahs Familie und die in die Arche aufgenommenen Tiere bleiben verschont.

Es lässt sich nichts beschönigen: Für die, die vernichtet werden, bleibt keine Möglichkeit der Besserung offen; sie werden ausgelöscht, ohne dass sie von Gott eine Chance der Umkehr erhalten. Aber es ist entscheidend, dass JHWHs Vernichtungs-Wort (und sein entsprechendes Handeln) in der Sintfluterzählung nicht sein letztes Wort ist. Von der altorientalischen Sintflut-Mythologie her, in die die biblische Erzählung eingebunden ist, erscheint JHWHs letztes Wort als die mütterliche Seite Gottes.

Das Gilgamesch-Epos ist benannt nach seinem Helden Gilgamesch. Dieses großartige Werk der Keilschrift-Literatur, entstanden vermutlich kurz nach 2000 v. Chr., wurde 1872 durch den Amerikaner George Smith erstmals veröffentlicht, nachdem er es auf zwölf Tontafeln entdeckt hatte. Die Tontafeln waren in der Bibliothek des assyrischen Königs Assurbanipal gefunden worden, der im 7. Jh. v. Chr. in Ninive regiert hatte.

In der Sintflut-Erzählung des Gilgamesch-Epos ist der Hauptinitiant der Sintflut der Sturm- und Staatsgott Enlil, ein Eiferer und Kämpfer. Er setzt sich in der Versammlung der Götter und Göttinnen mit seinem Vernichtungswillen durch. Aber als die große Muttergöttin Ischtar, die auch die Schöpferin der Menschen ist, die zerstörerischen Folgen der Flut sieht, da bricht sie in laute Klage aus und sie interveniert gegen den Verursacher der Flut. Enlil wird auf ihre Veranlassung vom Dankopfer des geretteten Gilgamesch ausgeschlossen.

vgl. H. Schüngel-Straumann, Denn Gott bin ich, S. 29–32; O. Keel, Jahwe in der Rolle der Muttergottheit, S. 90

Im alttestamentlichen Kontext ist JHWH zuerst Enlil, dann Ischtar. Die gegensätzlichen Aspekte der beiden Gottheiten vereinigt er in einer Person; die Vermittlung des Gegensatzes vollzieht sich in einem – allerdings nicht nachvollziehbaren – Wandlungsprozess. Aus dem rigorosen JHWH-Enlil, der ohne Rücksicht Leben auslöscht, wird JHWH-Ischtar, die Leben um jeden Preis retten will. Die mütterliche JHWH bekennt sich hinfort zur (notfalls alles duldenden) Barmherzigkeit:

Und JHWH … sprach …:
Ich will hinfort nicht mehr
die Erde um der Menschen willen verfluchen;

denn das Trachten des menschlichen Herzens
ist böse von Jugend auf.
Und ich will hinfort nicht mehr
alles Lebendige schlagen, wie ich getan habe (Gen 8,21).

Der Retter

Das vorige Kapitel hat gezeigt, dass Gottes Richten im Alten Testament nicht unter dem Aspekt der Strafe aufzufassen ist. Das bedeutet jedoch nicht, dass Gottes Handeln, wenn es sich an der Gerechtigkeit ausrichtet, für den Menschen nicht schmerzhaft oder sogar unheilvoll sein könnte.

JHWH,
- der den Menschen die negativen Folgen ihres Fehlverhaltens nicht erlässt,
- der die Menschen mit harter Hand züchtigt,
- der sogar, falls die Menschen zu verderbt sind, um sich ändern zu können, bis zu ihrer Vernichtung geht (vgl. Gen 6–9),

erscheint durchaus bedrohlich.

Allerdings: Dieser Botschaft von der auf Gerechtigkeit gegründeten bedrohlichen Seite Gottes steht im selben Kontext des Richtens die andere Botschaft von der auf Barmherzigkeit gegründeten hoffnungsvollen Seite Gottes gegenüber. Die Interpretation sollte nicht die eine gegen die andere Seite ausspielen; denn erstens hat jede Seite an ihrem Ort ihre Bedeutung und zweitens gehört die Ambivalenz* unerlässlich zum komplexen Verständnis des göttlichen Richtens. Und doch muss man erkennen, dass in der theologischen Spitzenaussage über den Richter Gott der spannungsvolle Gegensatz zugunsten einer Einheit aufgelöst wird, in der die Hoffnung auf die Liebe Gottes letztlich den Vorrang erhält:

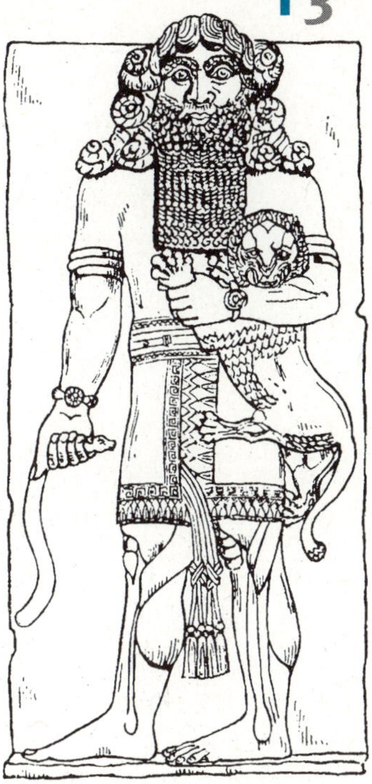

Gilgamesch mit Wurfholz und Löwen

> In Gen 8,21f. (vgl. 9,11ff.), Jon 4,10f. und Hos 11,1–11 wagt es das Alte Testament zu bekennen, „dass im ‚entscheidenden Fall' die Gerechtigkeit zurückstehen muss, weil das ‚eigentliche' Wirken Gottes reine Barmherzigkeit ist" (Zenger, Das Erste Testament, S. 72f.).

vgl. außer der oben bereits genannten Literatur auch H. Schüngel-Straumann, Weibliche Dimensionen, in: Wacker/Zenger (Hrsg.), a. a. O., S. 49–81; H.-W. Jüngling, Bemerkungen, in: Wacker/Zenger (Hrsg.), a. a. O., S. 82–105

Dabei ist es aufschlussreich – und mit Blick auf das aus feministischer Sicht zu korrigierende patriarchal bestimmte Gottesbild gar nicht zu überschätzen –, dass in Gen 8,21f. implizit* und in Hos 11,1–11 explizit* JHWHs

Wirkweise der Barmherzigkeit mit dem Bild der Mutter verknüpft ist. Das soll im letzten Kapitel über den Gott des Alten Testaments noch aufgegriffen und behandelt werden.

Die Vorstellung, Gott lasse im entscheidenden Fall – wenn für die Menschen (und Tiere) das Leben auf dem Spiel steht – Gnade („Barmherzigkeit") vor Recht („Gerechtigkeit") ergehen, wird im Alten Testament auch mit dem Ausdruck gefasst: JHWH ist der „Retter" der Menschen. Aus dem vielstimmigen Bekenntnis zum „Retter" JHWH seien zwei tragende Stimmen herausgegriffen:

1. Nach der Erzählung vom brennenden Dornbusch (Ex 3) enthält der JHWH-Name selbst schon die Botschaft, dass der Gott Israels – der Gott Abrahams, Isaaks und Jakobs – ein rettender Gott ist. Um die theologische Aussage dieser Erzählung im vollen Umfang zu verstehen, muss man sich vergegenwärtigen, welche Bedeutung der Name einer Person im semitisch-orientalischen Denken hat (a) und in welcher Situation die „Hauptdarsteller" – Mose und JHWH – „kommunizieren" (b):
   a) Heute ist – jedenfalls in unserer europäischen Kultur – der Name eines Menschen bedeutungslos. Die ursprüngliche Bedeutung eines Namens hat keinen Bezug mehr zu der Person, die ihn trägt.
      – „Felicitas" kann eine heißen, auch wenn ihre Geburt von den Eltern als schwere Belastung empfunden wurde und die familiären Verhältnisse keineswegs ein *glückliches* Leben verheißen …
      – Und der Mann namens „Müller" wird beruflich alles sein, aber kein Müller.

      Im Fall des Vornamens haben die Eltern z. B. nach dem Kriterium des Wohlklangs oder der biblischen Herkunft – völlig unabhängig von der Bedeutung – gewählt, die Zuteilung des Nachnamens ist rechtlich geregelt und entzieht sich daher von vornherein der Entscheidung der Eltern.

      Aus anderen Zeiten und Kulturen wissen wir aber, dass der Name exklusiv oder spezifisch einer Person zukommt, weil bzw. insofern er über sie eine Aussage macht.

      Von Indianerstämmen ist bekannt, dass der Name (für den Mann) von zwei Brennpunkten des Lebens her bestimmt ist: der Geburt und der Initiation in die Erwachsenen-Gesellschaft.

Initiation (lat.) = (durch bestimmte Bräuche geregelte) Aufnahme eines Neulings in eine Standes- oder Altersgemeinschaft, bes. die Einführung der Jugendlichen in den Kreis der Männer oder Frauen bei Naturvölkern

- Die Namensgebung nach der Geburt charakterisiert die Person durch die Verbindung mit einem besonderen Ereignis, das zur Zeit der Geburt stattfand.
- Die Namensgebung bei der Initiation des Jugendlichen charakterisiert die Person durch Eigenschaften oder Erfahrungen, die ihre Befähigung für die Erwachsenengesellschaft – das Mannsein – aufzeigen.

Als Beispiel kann der Name des historischen Häuptlings „Büffelkind Langspeer" dienen: „Büffelkind" wurde er genannt, weil am Tag seiner Geburt nach der Winterzeit erstmals wieder die Büffelherde gesichtet wurde; den Namen „Langspeer" erhielt er, weil er mit dieser Waffe besonders gut umzugehen wusste.

vgl. Klett-Lesehefte „Häuptling Büffelkind Langspeer erzählt sein Leben", Stuttgart 1980

Im Alten Israel war der Name einer Person auf ähnliche Weise mit ihrem/r Träger/in verbunden. Auch hier bezeichnete er das Merkmal eines Menschen, das für sein Wesen kennzeichnend oder bestimmend war. So bedeutet etwa der Name des Stammvaters der Israeliten – Jakob – nach volksetymologischer Auffassung: „weil seine Hand die Ferse (seines Bruders) Esau hielt" (vgl. Gen 25,24.26; 27,36). Damit wird hier zum Ausdruck gebracht, dass Jakobs Charakter davon geprägt ist, sich – und sei es mit List und Tücke – zu behaupten.

s. S. 47 ff.

b) Der situative Zusammenhang, in dem Gott Mose erscheint und sich zu Gehör bringt, wird geprägt von der schlimmen Lage der Israeliten in Ägypten. Mose selbst ist aus Ägypten geflohen, weil er einen Aufseher erschlagen hatte und die Vergeltung des Pharaos fürchten musste. Er hütet nun in Midian (auf der Sinaihalbinsel) die Schafe seines Schwiegervaters Jetro. Als er einmal die Herde beim Berg Horeb weidet, wird er von Gott angerufen und erhält den Auftrag, nach Ägypten zurückzukehren und Gottes Volk, die Israeliten, in die Freiheit zu führen.

Gott gibt sich Mose als „Gott der Väter", d. h. der Vorfahren Israels, zu erkennen. Diesen Gott kennt Mose aus den überlieferten Erzählungen seines Volkes. Um sich als Gesandter Gottes vor den Israeliten ausweisen zu können, möchte Mose aber mehr von diesem Gott wissen; er fragt ihn daher nach dem Eigennamen. Die Frage gründet eben in der Auffassung, dass der Name einer Person immer etwas über deren Wesen aussagt, d.h. zum Vorschein bringt, wer und wie jemand ist:

- Bezüglich der Gottheit zeigt mir ihr Name, wenn er bekannt ist, inwieweit ich ihr vertrauen und was ich von ihr erwarten kann.
- Gleichzeitig ermöglicht die Kenntnis des Namens eine engere Beziehung zur Gottheit, weil ich sie nun persönlich anrufen kann.

kryptisch (gr.) = geheimnisvoll, den Sinn verbergend

Gott verweigert Mose die Antwort nicht, aber sie ist seltsam und klingt geradezu kryptisch. Gott nennt nicht einfach den Namen JHWH, sondern er spielt mit den Konsonanten dieses Namens und bildet seine Aussage mit dem Verb *hjh* in der ersten Person.
Die Übersetzung des Wortspiels *ähjäh ascher ähjäh* (Ex 3,14) bereitet Schwierigkeiten.

vgl. z. B. Hamp/Stenzel/Kürzinger (Hrsg.), Die Hl. Schrift; Arenhovel/Deissler/Vögtle, Die Bibel

Einige gängige Bibelausgaben übertragen hier:

Ich bin, der ich bin.

Diese Version ist beeinflusst durch die Septuaginta, die Ex 3,14 griechisch übersetzt mit *ego eimi ho oon* = Ich bin der Seiende. In der Philosophie des spätantiken und mittelalterlichen Christentums wurde die Septuaginta-Übersetzung noch zugespitzt und lautete, wieder griechisch: *Ego eimi ego* = Ich bin ich.

vgl. zum Folgenden H. Schüngel-Straumann, Denn Gott bin ich, S. 94ff.

Die griechischen Übersetzungen und in deren Gefolge die deutsche Übertragung „Ich bin, der ich bin“ bringen nach Auffassung der heutigen Bibelwissenschaft das ursprünglich Gemeinte nur ungenügend zur Sprache. Immerhin wird deutlich, dass JHWH in seiner Antwort zurückhaltend ist. Aber der Sinn dieser Zurückhaltung erschließt sich nicht. Er zeigt sich erst, wenn das im Wortspiel verwendete Verb *hjh* als Verb der Bewegung (mit der Bedeutung „werden“, „wirksam sein“) aufgefasst wird. Die Übertragung „Ich bin, der ich bin“ ist viel **zu statisch** gedacht – jedenfalls insofern, als Gott hier rein selbstbezüglich – ohne Wirkung nach außen – erscheint. Das Verb *hjh* bringt aber gerade Gottes **Dynamik,** die in die Welt und insbesondere in die Geschichte der Menschen hineinwirkt, zum Ausdruck. Im Kontext der Erzählung ist diese Dynamik als heilvoll-rettende zu begreifen. Eine angemessene – richtige – Übertragung lautet:

Ich bin da und werde immer (für euch) da sein.

Danach liegt der Sinn von Gottes Zurückhaltung darin, dass er mit dem, was er von sich offenbart, den Menschen keine Macht und Verfügungsgewalt über sich geben, sondern vielmehr eine **Beziehung** zu den Menschen – und namentlich den Israeliten – begründen will. Die Bedeutung des Gottesnamens JHWH enthält in dem Wortspiel „ähjäh ascher ähjäh" nichts, was Gott an und für sich kennzeichnet. Stattdessen beinhaltet sie, welches Verhältnis Gott zu den Menschen hat, vor die Mose mit seiner Botschaft treten soll. Indem Gott sich als JHWH zu erkennen gibt, sagt er Mose und den Israeliten zu:

Ich bin der **helfende** und **heilvolle** Gott, der für euch **jetzt** und in **Zukunft** da ist, so wie ich schon in der **Vergangenheit** da war.

vgl. A. Deisslers Übertragung des JHWH-Namens: „Ich bin da und werde da sein als dein helfender und heilvoller Gott, was auch geschehe" (A. D., Die Grundbotschaft des Alten Testaments, S. 51)

Diese hilfreiche Hinordnung JHWHs zu seinem Volk wird in Ex 3,15 verstärkt:

Das ist mein Name für immer,
und so will ich angerufen sein
von Geschlecht zu Geschlecht.

Gott steht zu der Zusage, die sein Name JHWH beinhaltet. Doch er will angerufen sein. Ähnlich den Kindern, die in der Not nach ihren Eltern rufen, sollen sich die Israeliten vertrauensvoll an ihn wenden. Und er wird wie die Eltern bestätigen: „Habt keine Angst, ich bin doch da."

2. Die Hoffnung auf den rettenden Gott ist in den Spätschriften des Alten Testaments, das sind vor allem die so genannten Weisheitsbücher, eindrucksvoll verknüpft mit der Metapher des Vaters. Bevor der Blick auf diesen speziellen Zusammenhang gerichtet wird, sind einige grundsätzliche Bemerkungen zur Gottesbezeichnung „Vater" im Frühjudentum* (in das die Spätschriften des Alten Testaments hineingehören) nötig.
In einer bahnbrechenden Arbeit hat Angelika Strotmann nachgewiesen, dass sich die frühjüdischen Aussagen zur Vaterschaft Gottes nicht in das zweipolige Schema pressen lassen: Gehorsam verlangende, absolut beherrschende Autorität einerseits, Güte, Barmherzigkeit und Fürsorge andererseits. Gegen dieses Schema sind – aufgrund der Analyse und Interpretation ein-

A. Strotmann, „Mein Vater bist du!"

schlägiger Textstellen im frühjüdischen Schrifttum – zwei Einwände zu erheben:

a) Die Zweipoligkeit wird bei weitem nicht der Vielfalt der Motive gerecht, die im Kontext des frühjüdischen Glaubens mit der Vaterschaft Gottes verbunden sind.
b) Mit der zweipoligen Kennzeichnung der Vaterschaft Gottes wird der Aspekt der „Gehorsam fordernden Autorität" auf *dieselbe Ebene* gestellt wie der Aspekt der „Barmherzigkeit und Güte".

a. a. O., S. 360

Konnotation (lat.) = Inhalt oder Vorstellung, die die Grundbedeutung eines Worts begleitet (z. B. wird bei „Mond" assoziiert: „Nacht", „Sterne" usw.)

Ad a) A. Strotmann zeigt in ihrer Untersuchung, dass die Metapher vom Vater-Gott in den frühjüdischen Schriften eine Fülle von Konnotationen hat:

> „Erziehung, Erbarmen, Vergebung, Treue, Verlässlichkeit, Fürsorge, Verantwortung, Liebe, Güte, Freude, Zuwendung, Nähe, Schutz, Hilfe, Rettung, machtvolles Eingreifen zugunsten der Menschen, absolute Schöpfermacht, Anteilhabe an Gottes Macht, Herrlichkeit und Erkenntnis"

Vokativ (lat.) = Fall (Kasus) der Anrede (z. B. [O] Mutter, *[ich möchte nicht den Tisch abräumen])*

Dabei, so lautet das Ergebnis, spielt es so gut wie keine Rolle, in welcher sprachlichen Form die Vaterschaft Gottes ausgesprochen wird. Das heißt: Ob die Vaterbezeichnung Gottes mit Attributen versehen oder mit anderen Gottesbezeichnungen verknüpft ist, ob der Gottesname „Vater" im Nominativ oder im Vokativ steht, ob Gott im Gebet oder in einem Mahnspruch Vater genannt wird – lässt kaum Rückschlüsse auf den Inhalt zu. Anders als bei der sprachlichen Form haben dagegen die Adressaten der Vaterschaft Gottes eine recht große inhaltliche Bedeutung. Die Aspekte sind unterschiedlich, je nachdem, ob Gottes Vaterschaft dem Volk Israel und jedem einzelnen Israeliten, den Armen und in Not Geratenen, den Gerechten, allen Menschen, allen Geschöpfen oder der ganzen Schöpfung gilt.

vgl. A. Strotmann, a. a. O., S. 378

Ad b) Es sind nur ganz wenige Stellen in den untersuchten frühjüdischen Schriften, bei denen entsprechende Konnotationen dem Aspekt der verfügenden und beherrschenden Autorität des göttlichen Vaters die Priorität geben. Das ist beispielsweise dort der Fall, wo im Bild des Vaters Gottes „absolute Schöpfermacht" herausgestrichen wird. An den anderen Stellen ist die Autorität des göttlichen Vaters selbstverständlich nicht vollständig ausgeblendet; dies zeigen insbesondere die Texte, die Gottes Handeln als väterliche Erziehung zur Sprache bringen. Aber: Selbst dort, wo Gott gegen menschliches Fehlverhalten mit harter Hand züchtigend vorgeht, steht nicht die machtvoll herrschende Autorität Gottes im Vordergrund. Vielmehr erweist die Interpretation:

Auch im Mittelpunkt dieser Texte über den streng erziehenden Vater Gott steht überall die **Barmherzigkeit und Liebe Gottes**. Der Glaube an die Vaterschaft Gottes vermittelt die Grundüberzeugung, dass die Beziehung zwischen Gott und Mensch, insbesondere zwischen Gott und seinem Volk Israel, in jeder Situation positiv gerichtet und heilvoll ist, auch dann, wenn der Mensch sich „ver-geht".

Es liegt auf der Hand, dass die Kernbedeutung der Barmherzigkeit, die das Bild von der Vaterschaft Gottes bestimmt, sich gerade auch in dem Vertrauen oder der Hoffnung auf die Rettungstat des väterlich liebenden Gottes ausspricht. An einem Beispiel aus Jesus Sirach soll die mit der Vatervorstellung verknüpfte Konnotation des Retters verdeutlicht werden:

Jes Sir gehört zur Gattung der Weisheitsliteratur. Entstanden ist das Buch um 180 v. Chr. In den jüdischen Kanon ist es nicht aufgenommen worden, wohl aber in das „christliche Alte Testament".

Fünfmal spricht das Buch Sirach von der Vaterschaft Gottes. Zwei Stellen gehören mit ihrem Umfeld zur Gattung der Weisheitssprüche, drei Stellen sind nicht Spruchweisheit, sondern Teile von Gebeten, genauer: Teile individueller Klagelieder. Aus der zweiten Gruppe soll Jes Sir 51,6–12 näher betrachtet werden. Der Text lautet (nach der Übersetzung von Hamp / Stenzel / Kürzinger):

Schon war ich nahe dem Tode,
und mein Leben am Rande der Unterwelt tief.
Ich wandte mich ringsum und fand keinen Helfer,
ich spähte nach Beistand, doch keiner war hier.
Da gedachte ich der Barmherzigkeit des Herrn
und seiner Huld seit ewigen Zeiten.
Er rettet ja alle, die Schutz bei ihm suchen,
und erlöst sie von jeglichem Übel.
So erhob ich vom Boden her meine Stimme,
von den Toren der Unterwelt schrie ich.
Ich rief: „O Herr, mein Vater bist du,
mein Gott und mein rettender Held.
Verlaß mich nicht am Tage der Drangsal,
am Tag der Vernichtung und Wirrnis!
...

Da hörte der Herr auf mein Rufen
und antwortete auf mein Flehen.
Er hat mich befreit von jeglichem Übel
und gerettet am Tage der Drangsal.

Die ursprüngliche Situation des Beters ist hier dadurch gekennzeichnet, dass er in Todesnot vergeblich nach einem Helfer und Beistand sucht. Da gedenkt er der „Barmherzigkeit" Gottes und „seiner Huld seit ewigen Zeiten". Das durch Erinnerung aktualisierte Vertrauen auf die barmherzige Hilfe Gottes ist zum einen sicher in persönlichen Erfahrungen des Beters begründet, zum anderen wurzelt es in der fundamentalen Glaubensüberzeugung Israels, dass Gott als Schöpfer seinen Geschöpfen von jeher liebend zugewandt ist. Dieser zweite Aspekt wird ausgedrückt in der Wendung „seiner Huld seit ewigen Zeiten". Gott liebt alles Geschaffene von Anfang an und für immer – so lässt sich die Vertrauen erweckende Grundüberzeugung modern-theologisch paraphrasieren –, weil Gott sich im Schöpfungsakt selbst als Liebe verwirklicht hat. Das Schöpfungsmotiv speziell auf den Menschen bezogen bedeutet:

zu diesem theologischen Gedanken vgl. S. 176–178

Indem der Mensch – und in der Situation des vorliegenden Gebets namentlich dieser Beter – glaubt, aus der Liebe Gottes geschaffen zu sein, sieht er sich von Gott her in ein Verhältnis hineingenommen, das der Beziehung der Eltern zum Kind sehr ähnlich ist: So wie – im idealen Fall – das in Zeugung und Geburt von den Eltern hervorgebrachte Kind ein Geschöpf der Liebe ist und als solches von den Eltern liebevoll behandelt wird, so ist jeder einzelne Mensch, der als endliches Wesen auch nicht sein könnte, „ermöglicht" von Gottes unendlicher Liebe und als „gewirktes" Geschöpf von Gott wirklich geliebt.

Von ihrer Seite her entwickelt die aus Liebe gezeugte oder geschaffene Person ein Vertrauensverhältnis, das um so fundamentaler sein wird, je mehr sie die liebende und sorgende Präsenz der Eltern – bzw. analog: Gottes – in ihrem Leben erfährt. Auf der Grundlage dieses Vertrauens kann in Not und Bedrängnis das Kind zu den Eltern, der Beter zu Gott (gleich wie zu einem Vater oder einer Mutter) rufen, in der guten Zuversicht, dass sie zu helfen bereit sind. Für den Beter enthält die Erinnerung daran, von Gott geschaffen zu sein, freilich noch einen weiteren Aspekt des Vertrauens (der in der Eltern-Kind-Beziehung nur bedingt vorhanden ist): Als Schöpfer ist Gott nicht nur zur Rettung bereit, sondern auch fähig. (Wer Menschen schaffen kann, hat auch die Macht und Stärke, ihnen jederzeit und überall zu helfen.) Auf diesen Aspekt spricht der Beter eigens an, wenn er Gott als „mein rettender Held“ apostrophiert.

zum Aspekt der „Mächtigkeit“ Gottes vgl. S. 158 ff.; 168

3.3 Neues Testament

Wie das Gottesbild des Alten Testaments ist auch das Gottesbild des Neuen Testaments voller Spannungen und keineswegs einheitlich oder harmonisch ausgeglichen. Für das Neue Testament ist diese Feststellung vor allem auf zwei Gründe zu beziehen:

1. Schon die Gottesauffassung Jesu ist nicht widerspruchslos auf einen Nenner zu bringen. Franz Alts Aussage, Jesus habe eine „kinderleichte Theologie ... gelehrt“, weil er Gott ausschließlich als „mütterlich-liebenden Vater“ verkündigt habe, gehört zu den populären Irrtümern. Nur die interessengeleitete Erkenntnis kann beispielsweise übersehen, dass Jesus nicht allein vom Gott des Erbarmens, sondern auch vom Gott des Gerichts spricht.

vgl. F. Alt, Jesus – der erste neue Mann, S. 100 f., S. 120 und Klappentext

2. Wenn wir von der Gottesauffassung Jesu reden und diese kennzeichnen, dann handelt es sich um eine „Rekonstruktion“. Eine wegweisende Erkenntnis der neutestamentlichen Bibelwissenschaft war ja die, dass die Evangelien das Leben und die Lehre Jesu nicht einfach authentisch darbieten, sondern im Licht der österlichen und nachösterlichen Gotteserfahrungen, d.h. geprägt durch theologische Reflexionen und Erkenntnisse, die auf diesen Erfahrungen fußen. Das Gottesbild Jesu muss gleichsam hinter der nachösterlich gefärbten Darstellung sichtbar gemacht werden; es bedarf bestimmter exegetischer Verfahren, um zwischen nachösterlicher Auslegung und der so genannten „ipsissima vox“ Jesu zu unterscheiden bzw. im nachösterlich reflektierten Text Jesu eigenes Reden (und Handeln) zu finden.
   Die theologische Reflexion aufgrund der Osterereignisse und der Gotteserfahrungen der ur- und frühchristlichen Gemeinden wirkt sich aber nicht nur so aus, dass Leben und Lehre des „historischen“ Jesus in ihrem

ipsissima vox (lat.), wörtl. „ureigene Stimme oder Rede Jesu“ = echte Jesus-Worte
(Ein in dieser Hinsicht radikaler Bibelkritiker wie R. Bultmann ließ nur etwa 70 Jesus-Worte der Evangelien als authentisch gelten; vgl. sein Buch „Geschichte der synoptischen Tradition“.)

Die theologisch entscheidende Frage lautet in diesem Zusammenhang nach wie vor, „mit welchem Recht" (W. Kasper, Jesus der Christus, S. 26) aus dem „verkündenden", dem historischen Jesus der „verkündete Jesus, d. h. der Christus des Glaubens, geworden ist. Dieser Frage ist erstmals fundamental der katholische Tübinger Dogmatiker J. R. Geiselmann (in seinem Buch „Jesus der Christus", 1951) nachgegangen.

Licht verkündet wird. Vielmehr bringt sie auch einen entscheidenden Einschnitt dergestalt, dass jetzt aus dem „verkündenden" Jesus der „verkündigte" Jesus wird. Aus der nachösterlichen Perspektive ist Jesus nicht mehr nur der Gesandte Gottes, der den Menschen in Wort und Tat dessen Botschaft überbringt, sondern er wird selbst Gegenstand der Theologie. Die Anhänger Jesu denken jetzt darüber nach, in welchem Sinn von ihm selbst als Gott zu reden ist.

3.3.1 Der Gott Jesu

Vgl. dazu F. Alt, Jesus – der erste neue Mann, wo auch H. Wolff und Ch. Mulack ausführlich zu Wort kommen; aufschlussreich für Alts Verhältnis zu den beiden ist S. 69f.

In der wissenschaftlich fundierten Theologie – zu unterscheiden von populären Varianten à la Hanna Wolff, Franz Alt oder Christa Mulack – wird heute niemand bestreiten, dass Jesus als Jude „in der Kontinuität der Glaubensgeschichte seines Volkes (stand)" (H. Vorgrimler, Theologische Gotteslehre, 59). Genauso wenig wird hier bestritten, dass Jesus *innerhalb* des alttestamentlichen und frühjüdischen Glaubens eigene Akzente setzte und dabei mit *bestimmten* zeitgenössischen religiös-theologischen Anschauungen zusammenprallte. Strittig sind dann allerdings die Antworten auf folgende Fragen:

- In welchen Punkten hat Jesus sich im Horizont des überlieferten und zu seiner Zeit gültigen Glaubens profiliert?
- Hat Jesus nicht doch – obwohl er in der Kontinuität des israelitischen Glaubens stand – religiöse Vorstellungen des Judentums, gerade auch die das Gottesbild betreffenden, gesprengt?

J. Jeremias, Kennzeichen der ipsissima vox Jesu, 1954; ders., Abba. Studien zur neutestamentlichen Theologie, 1966

Bezüglich dieser Fragen ist zunächst eines zu klären: Seit J. Jeremias 1954 und 1966 in der so genannten Abba-These seine Einsichten zur Gottesanrede Jesu vorgelegt hat, ist für das Gottesbild Jesu immer wieder folgende Behauptung aufgestellt worden:

> Es wäre für jüdisches Empfinden unerbietig und darum undenkbar gewesen, Gott wie Jesus familiär mit „mein Vater" oder gar mit „Abba" = „Papa" anzureden. Es war neu und unerhört, dass Jesus es gewagt hat, mit Gott so zu reden, wie das Kind mit seinem Vater redet, „so schlicht, so innig, so geborgen" (Jeremias, Abba, S. 63). Im „Abba" oder „mein Vater" der Gottesanrede Jesu enthüllt sich das Herzstück seines

Gottesverhältnisses: kindlich auf die bergende, helfende und erbarmende Liebe Gottes zu vertrauen. Durch seine Verkündigung einer intim-familiären Beziehung zwischen Gott und Mensch hat Jesus nicht nur vorhandene Vorstellungen des Judentums überboten, sondern er ist – in der Einzigartigkeit des von ihm verkündeten Vaterglaubens – aus dem gängigen Vorstellungsrahmen herausgetreten.

Diese Behauptung kann aber nicht unwidersprochen bleiben. Die wichtigsten – und inzwischen durch die Forschung gut begründeten – Gegenthesen lauten:

vgl. zum Folgenden vor allem A. Strotmann, „Mein Vater bist du!"; s. auch S. 99 ff.

1. Es mag sein, dass Jesu Gottesanrede „Abba" tatsächlich einmalig (singulär) war und wir hier die ureigene Stimme (ipsissima vox) Jesu hören. Immerhin ist im frühjüdischen Schrifttum kein Beleg für diese Gottesbezeichnung bekannt. Aber es wäre fahrlässig zu übersehen, dass das Frühjudentum und das rabbinische Schrifttum sehr wohl die Gottesanrede „mein Vater" kennen, ganz abgesehen von zahlreichen anderen Wendungen, in denen die Gottesbezeichnung „Vater" vorkommt. Ob der formale Unterschied zwischen „Abba" und „mein Vater" inhaltlich wirklich so bedeutend ist – das ist doch sehr die Frage!

vgl. G. Hasenhüttl, Einführung in die Gotteslehre, S. 47 (Anm.)

2. Die Frage, was die Gottesanreden „Abba" und „mein Vater" inhaltlich bedeuten, kann nicht abstrakt, sondern nur aus dem Kontext ihrer Verwendung beantwortet werden. Angelika Strotmann hat in ihrer aus dem jeweiligen Textzusammenhang entwickelten Analyse für die frühjüdischen Schriften gezeigt, dass beim Gebrauch der Gottesanrede „mein Vater" dieselben Konnotationen vorherrschen, die mit Jesu Gottesanrede „Abba" verbunden werden: „Erbarmen, Treue, Verlässlichkeit, Hilfe, affektive Liebe, Fürsorge etc." (A. Strotmann, a. a. O., S. 379). Weiter hat sie gezeigt, dass diese Konnotationen auch dann dominieren, wenn die Vaterbezeichnung Gottes eine andere sprachliche Form hat. Zusammengefasst heißt der Befund: Auch wenn Jesu Gottesanrede „Abba" singulär gewesen sein sollte – der Inhalt, den er hierin ausdrückt, war es nicht!

Gott kann z. B. indirekt als Vater bezeichnet werden, indem der Mensch – jeder oder ein bestimmter – sein Sohn genannt wird. Vgl. Jes Sir 4,10: „Sei wie ein Vater für die Waisenkinder, vertritt des Gatten Stelle bei den Witwen! Dann wird dich Gott als seinen Sohn bezeichnen, dir gnädig sein und dich erretten vor der Grube."

3. Dieser Befund wird noch verstärkt, wenn in die Untersuchung außer den frühjüdischen Schriften auch die Stellen der hebräischen Bibel, die von der Vaterschaft Gottes sprechen, einbezogen werden. Nach Marchel enthalten nur zwei oder drei Texte im Alten Testament

die Konnotation „Herrschaft und Macht des göttlichen Vaters“, an allen übrigen Stellen ist der Titel „Vater“ Ausdruck der Liebe und Güte (Abba, 49).

Man wird sich also in Zukunft hüten müssen, die Einmaligkeit von Jesu Gottesbeziehung und Jesu Gottesverkündigung aus seiner Abba-Anrede und den hierin enthaltenen Konnotationen erschließen zu wollen. Mit diesem „Cave“ – Vorsicht! – ist aber nicht bestritten, dass Jesu Gottesbild in besonderer Weise von der frühjüdisch und rabbinisch belegbaren Vorstellung der Vaterschaft Gottes geprägt ist und dass bei ihm demgegenüber andere Vorstellungen – etwa die Vorstellung von Gott als dem „allmächtigen Herrn“ – in den Hintergrund treten.

Im hellenistischen Frühjudentum war die Gottesbezeichnung „allmächtiger Herr“ – gr. „pantokrator“ oder „kyrios pantokrator“ – erstaunlich häufig. Psychologisch erscheint die Begründung plausibel, dass so die eigene politische Ohnmacht und das Gefühl, der griechischen und römischen Kultur unterlegen zu sein, durch eine religiöse „Allmachtsphantasie“ „kompensiert“ werden konnte.

Wenn die „Abba-These“ hier zurückgewiesen wird, heißt das nicht, dass nicht in einem anderen Punkt der Gottesbotschaft Jesu Einmaligkeit gefunden werden kann. Um der Frage nachzugehen, ob Jesus Neues und, wenn ja, was er Neues für den Gottesglauben gebracht hat, ist es sinnvoll, den Blick auf den (in der Forschung unbestrittenen) Kern seiner Botschaft zu richten: die Verkündigung der Gottesherrschaft in Wort und Tat.

Jesu Verkündigung der Gottesherrschaft

vgl. dazu J. Jeremias, Neutestamentliche Theologie, 1. Teil, S. 99 f.

Die „Gottesherrschaft“ ist das Zentralwort Jesu. Das bezeugen die synoptischen Evangelien und die Logienquelle in völliger Übereinstimmung.

Die synoptischen Evangelien sind Mt, Mk und Lk, die wegen ihrer starken Ähnlichkeit zusammen zu betrachten sind. Bestimmte Bibelausgaben drucken zum genauen Vergleich die Evangelien nicht hintereinander, sondern nebeneinander in Spalten ab; solche Ausgaben werden als „Synopsen“ (gr. synoptein = zusammensehen) bezeichnet. Laut „Zwei-Quellen-Theorie“, die die große Übereinstimmung, aber auch die Unterschiede zwischen den ersten drei Evangelien zu erklären versucht, haben Mt und Lk neben Mk eine zweite schriftliche Quelle benützt. Diese Quelle wird Logien- oder Redequelle (abgekürzt Q = Quelle) genannt, da sie hauptsächlich Worte (= Logien) Jesu überliefert.

In der Logienquelle erscheint der Begriff in der ersten öffentlichen Rede Jesu gleich im ersten Satz („Selig sind die Armen, denn ihnen gehört die Gottesherrschaft, Lk 6,20 = Mt 5,3). Und bei dem ältesten Synoptiker, bei Markus, wird Jesu „Frohbotschaft“, als er mit ihr erstmals an die Öffentlichkeit tritt, ebenso mit dem Wort „Gottesherrschaft“ verknüpft („Erfüllt ist die Zeit, und genaht hat sich die Herrschaft Gottes, kehrt um und glaubt an das Evangelium“, Mk 1,14 f.).

Es ist hermeneutisch* klar, dass Jesu Verkündigung der „Gottesherrschaft“ im Horizont jüdischer Vorstellungen, der „alttestamentlichen“ und vor allem der frühjüdischen, zu verstehen ist. Ein besonderer Bezugspunkt innerhalb dieses Denk- und Glaubenshorizonts war für Jesus die Predigt seines Zeitgenossen Johannes, genannt der Täufer. Es gibt sogar guten Grund zu der Annahme, dass Jesus (bevor er selbst an die Öffentlichkeit trat) ein Anhänger und vielleicht sogar Schüler des Täufers war.

so J. Becker, Jesus von Nazaret; anders dagegen J. Gnilka, Jesus von Nazaret, S. 84 f.

Die Frage ist dann die von Rezeption* und Diskontinuität. Inwieweit schloss sich Jesus an vorgegebene Vorstellungen und Inhalte an, inwieweit wich er von ihnen ab?

Rezeption (lat.) = hier: Aufnahme, Übernahme vorhandener Gedanken und Vorstellungen

Im Folgenden wird Jesu Verkündigung der Gottesherrschaft unter fünf Aspekten charakterisiert. Die Charakterisierung gibt zugleich – teils implizit*, teils explizit* – Aufschluss über das Gottesbild Jesu. Vielleicht mag es verwundern, dass der erste Aspekt die Gerichtspredigt betrifft. Aber gerade dieser Punkt darf nicht außer Acht gelassen werden, wenn Jesu Aussagen über die nahende Gottesherrschaft im „systematischen" Zusammenhang erscheinen sollen. Es versteht sich, dass bei allen Aspekten auch die Frage nach Rezeption und Diskontinuität mit behandelt wird.

Diskontinuität (lat.) = Fehlen des Zusammenhangs, Bruch mit bis dahin gültigen Vorstellungen, Regeln usw.

1. Jesu Gerichtspredigt als Voraussetzung seiner Verkündigung der Gottesherrschaft

   Es ist ein Trend unserer Zeit, vor allem in der populären Jesusliteratur, Jesu Gerichtsbotschaft zu entschärfen oder ganz zu verdrängen. Bei dem Versuch, Jesus humanistisch, feministisch oder psychologisch zu aktualisieren, wirkt diese Botschaft störend. Viel lieber stellt man hier eine durch nichts getrübte Heilsbotschaft Jesu dem (angeblich so bedrohenden und bedrückenden) Gott des Alten Testaments, der ein Gott des Zorns sei, gegenüber.

   zum Folgenden vgl. J. Becker, Jesus von Nazaret, S. 59

   vgl. S. 62; 103 f.

   Einem solchen Trend ist aus verschiedenen Gründen zu widersprechen. Von entscheidendem Gewicht ist die Beobachtung, dass „die Gerichtsbotschaft ... bei den Synoptikern quantitativ und qualitativ fest mit Jesu Verkündigung verwoben (ist)" (Becker, a. a. O., S. 59). Ein kritischer Vergleich der bei Mt und Lk überlieferten Gerichtsaussagen des Täufers mit der Gerichtspredigt Jesu lässt recht klar erkennen, dass hier eine weit reichende Übereinstimmung gegeben ist. Dies kann kaum verwundern, wenn man die in allen Evangelien bezeugte Taufe Jesu durch Johannes mit gutem Grund für historisch hält und in diesem Zusammenhang „mit einer längeren Verweildauer Jesu beim Täufer" (a. a. O., S. 62) rechnet.

   Wie der Täufer zeigt sich Jesus davon überzeugt, dass Israel sein Heil, das ihm aus dem Abrahamsbund, aus der göttlichen Erwählung zuwuchs, „verbraucht" hat:

vgl. Mt 3,9: „... und bildet euch nicht ein sagen zu dürfen: Wir haben Abraham zum Vater."

Ganz Israel ist Gottes Gericht verfallen, das in naher Zeit kommen wird. Die Berufung auf den Väterbund ist vergeblich, die Hoffnung, dass Gott sich „um Abrahams, Isaaks und Jakobs willen" ein weiteres Mal des Volkes erbarmen werde, trägt nicht mehr. Die einzige Heilschance mitten in der Gerichtsverfallenheit Israels ist eine **neue** Zuwendung Gottes, der die Menschen (nicht durch Erwählung, sondern) allein durch „Umkehr" teilhaftig werden können.

epigonal (gr.) = nachahmend, nachgemacht

Obwohl Jesu Gerichtsbotschaft in Aussagen des Täufers verwurzelt ist, ist sie nicht rein epigonal, sondern Jesus hat ihr durch Differenzierungen und vor allem durch eine andere Gewichtung (im Rahmen seiner Gesamtverkündigung) eine neue Gestalt gegeben.

Otto Dix, Die Taufe Jesu

- Beim Täufer ist die Gerichtspredigt seine ganze Botschaft. In erschreckenden Bildern kündigt er Gottes Gericht als Vernichtungsgericht an. Es steht unmittelbar bevor, es wird im allernächsten Augenblick geschehen („Schon ist die Axt den Bäumen an die Wurzel gelegt …“, Mt 3,10 par.). Ganz Israel in seinem gegenwärtigen Bestand ist ihm anheimgegeben, nur die wenigen, die sich taufen lassen, können der Vernichtung entkommen.

„Ihr Natternbrut! Wer hat euch gelehrt dem kommenden Zorn zu entfliehen? … Jeder Baum nun, der nicht gute Frucht bringt, wird herausgehauen und ins Feuer geworfen“ (Mt 3,7–10; vgl. Mt 3,11f.).

- Bei Jesus wird Gottes Gericht über Israel keineswegs bagatellisiert. Sein „Wehe“ über die galiläischen Städte ist bedrohlich genug. Und doch fällt auf, dass er die Furcht erregende Täuferrede vom „kommenden Zorn“ Gottes und vom Vernichtungsfeuer vermieden hat. Auch die akute Naherwartung des Täufers ist bei ihm abgeschwächt. Das Gericht bleibt zeitlich nahe, aber die Gegenwart hat noch eine Dimension in die Zukunft hinein, die den Menschen eine Heilsperspektive eröffnet. Im Sinne dieser Heilsperspektive kann Jesus von einem doppelten Gerichtsausgang reden. Mit Johannes ist Jesus zwar überzeugt, dass ganz Israel unausweichlich unter dem Gericht Gottes steht; aber anders als der Täufer verkündet er, dass Gott über die Endgültigkeit der Verlorenheit noch nicht das letzte Wort gesprochen hat.

„Wehe dir Chorazin! Wehe dir Bethseida! Denn wären in Tyrus und Sidon [lasterhafte heidnische Städte] die Wunder geschehen, die bei euch geschahen, sie hätten längst in Sack und Asche sitzend sich bekehrt. /Doch Tyrus und Sidon wird es erträglicher ergehen beim Gericht als euch. /Und du, Kapharnaum, wirst du wohl ‚bis in den Himmel erhoben werden? Bis in die Unterwelt wirst du geschleudert werden‘ (Is 14,13–15)“ (Lk 10,13–15).

Hier – in der Aussage vom doppelten Gerichtsausgang – zeigt sich, dass Jesus die Gerichtspredigt des Täufers nicht nur in Nuancen verändert, sondern umstrukturiert und neu gewichtet hat. Begründet ist die Um- und Neugestaltung Jesu in einer Grundgewissheit, die die Zuspitzung der johanneischen Gerichtspredigt aufhebt und die Botschaft des Täufers einschränkt. Diese Grundgewissheit Jesu beinhaltet, dass Gott die Verlorenheit Israels jetzt noch vor dem kommenden Gericht zum Heil wenden will, weil er in seinem eigentlichen Werk und Wesen ein Gott der Güte ist. Damit verbunden ist das Selbstverständnis Jesu, dass er dazu berufen sei, in der Situation der Gerichtsverfallenheit Gott als den endgültigen Retter auszurufen und Gottes heilsschaffendes Wirken den sonst Verlorenen zu vermitteln. Beides –Jesu Grundgewissheit und Jesu Selbstverständnis – wird entfaltet im Zentralwort seiner Verkündigung – in der Rede von der „(Königs-)Herrschaft Gottes“.

2. Die nahende Gottesherrschaft und ihr Verhältnis zur Gegenwart Jesu

Die Forschung hat schon lange erkannt, dass Jesu zeitliche Aussagen über die Gottesherrschaft eine eigentümliche Spannung aufweisen.

- Auf der einen Seite verkündet Jesus laut Mk 1,5:
  a) Erfüllt ist die Zeit
  b) und nahe herbeigekommen ist die Gottesherrschaft.
- Auf der anderen Seite sagt Jesus nach Lk 11,20 par.:
  a) Wenn ich mit dem Finger Gottes die Dämonen austreibe,
  b) ist Gottesherrschaft bei euch angekommen.

zu a) ist gedanklich zu ergänzen: „und das tue ich ja!“

Die Spannung zwischen „Schon da“ und „Noch nicht da“ der Gottesherrschaft kann nicht ignoriert werden, aber es wäre eine Fehlinterpretation, in ihr einen Widerspruch sehen zu wollen. Die Polarität der Spannung löst sich, wenn für Jesu zeitliches Verständnis der Gottesherrschaft zwei entscheidende Punkte beachtet werden:

Zäsur (lat.) = Einschnitt

a) Die bedeutungsvolle Zäsur* im endgültigen Heilswirken Gottes liegt nicht zwischen Jetzt und Dann, sondern zwischen Einst und Jetzt. Die Gegenwart ist nicht im Kontinuum mit der Vergangenheit zu begreifen, vielmehr ist sie integriert in die Zukunft der ankommenden Gottesherrschaft. Für Jesus ist die Gottesherrschaft als Heilsvollendung eine futurische Größe; aber sie beginnt sich jetzt schon durchzusetzen, so dass die Gegenwart als Anfang der sich verwirklichenden Endherrschaft Gottes einen „qualitativen Neuanfang“ (Becker, a. a. O., S. 131), d.h. die Heilswende bedeutet.

b) Die Gottesherrschaft bricht nicht einfach herein, sondern sie entfaltet sich in zeitlicher Erstreckung – von der Heilswende bis zur Endvollendung. Sie ist eine dynamische Größe, in der Einstiegs- und Endsituation recht unmittelbar verbunden sind.

Mit der Vorstellung, dass die endgültige Gottesherrschaft nicht in einem Nu kommt, bewegte sich Jesus ganz im israelitischen Verständnishorizont. Trotz des auffälligen Variantenreichtums, in dem die Errichtung des letzten Heilszustands in der Prophetie und im Frühjudentum* ausgemalt wurde, lassen die Topik und Symbolik doch immer die Auffassung eines zeitlich gedehnten – geschichtlichen – Verlaufs der Endereignisse

Topik (gr.) = hier: System fester Denk- und Ausdrucksformen (Formeln, Wendungen, Metaphern) und bestimmter Anordnungs- und Darbietungsweisen (Stil)

erkennen. Die Ereignisfolge erscheint dabei durch eine zielgerichtete Dynamik bestimmt: Sobald Gott von sich her die Geschichte zur Endzeit „wendet“, setzt sich seine uneingeschränkte Alleinherrschaft (über Schöpfung und Geschichte) vom Anfang bis zur Vollendung unaufhaltsam und unwiderstehlich durch. Jesus bringt diese Entwicklungsdynamik der Gottesherrschaft aussagekräftig in seinen „Wachstumsgleichnissen“ zur Sprache; nicht zufällig sind jeweils der Anfang und das Ende der Entwicklung besonders hervorgehoben.

vgl. Gleichnis vom Senfkorn (Mk 4,30–32 parr.), Gleichnis vom Sauerteig (Mt 13,33 par.), Gleichnis von der selbstwachsenden Saat (Mk 4,26–29), Gleichnis von Saat und Ernte (Mk 4,3–8 parr.)

Neu jedoch ist der andere Punkt in Jesu zeitlichem Verständnis der Gottesherrschaft: dass nämlich die Jetzt-Zeit schon zur Endzeit gehört, weil sich von jetzt an die endgültige Gottesherrschaft durchzusetzen beginnt. Soweit die Forschung die Schriftzeugnisse Israels und speziell des Frühjudentums überblickt, war vor Jesus die Erwartung kommender Gottesherrschaft immer so ausgelegt worden, dass auf sie zu warten und zu hoffen sei. Jesus dagegen sagt, dass die Hoffnung jetzt in Erfüllung geht; die Gegenwart sei die Zeit der Heilswende, mit der der Anfang vom Ende beginne.

Diese relativierende Formulierung ist nötig. Schon oft glaubte die Forschung, für Jesus Eigentümlichkeiten in Wort und Tat reklamieren zu können, bis neue Erkenntnisse über das Judentum sie eines Besseren belehrten (vgl. zur Abba-Anrede S. 104ff.)

Verschiedene Bildworte Jesu belegen ganz eindeutig, dass er die Gegenwart als qualitativen und endgültigen Neuanfang begreift, dem gegenüber die Vergangenheit „abständig und alt“ (Becker, a. a. O., S. 131) ist. Sehr eindrücklich ist das Wort vom „neuen Wein“, der nicht in alte Schläuche gegossen werden darf, weil er sie sonst zerrisse (Mk 2,22 par.).

vgl. außerdem Mk 2,19; Mt 9,37 par.; Mk 13,28f.; Mk 2,21

3. Der schöpfungstheologische Ansatz in Jesu Verkündigung der Gottesherrschaft

Jesus ist wie der Täufer der Ansicht, dass Israel sein ihm von Gott im Bundesschluss zugesagtes Heil restlos verbraucht hat. Anders als der Täufer spitzt er aber seine Botschaft nicht auf die Gerichtsansage zu. Im Mittelpunkt seiner Verkündigung steht vielmehr die Grundgewissheit, dass Israel mit der nahenden, im Jetzt schon angebrochenen Gottesherrschaft eine neue Heilschance erhält. Wie ist diese Grundgewissheit bei Jesus begründet?

vgl. dazu S. 107ff.

So viel ist klar: Wenn in den Augen Jesu Israel seine Erwählung gewissermaßen „verspielt“ hat, kann er die Ansage neuen Heils, das sich in der andrängenden Gottesherrschaft ereignet, nicht mehr heilsgeschichtlich motivieren. Der in Israels Theologie vorherrschende „heilsgeschichtlich-partikulare Ansatz“, der von der

PsSal = Psalmen Salomos: eine Sammlung von 18 Psalmen, Salomo zugeschrieben, hebräisch abgefasst; nicht in den Kanon des Alten Testaments aufgenommen

Achse „der Gott Israels und sein Volk" ausgeht (vgl. Becker, a. a. O., S. 156), war für Jesus nicht mehr tragfähig. Im Grunde konnte er nicht mehr mit PsSal 9,8 ff. beten:

Du bist Gott, und wir sind dein Volk, dem du deine Liebe geschenkt hast ... Erbarme dich ... Denn du hast Abrahams Samen vor allen Vätern ausgewählt ...

vgl. S. 69 f.

In Israels Theologie gab es jedoch noch einen zweiten Ansatz, der zwar oft in den Hintergrund gerückt wurde, aber nie vergessen war: den schöpfungstheologischen. Unter systematischem Gesichtspunkt schließen der heilsgeschichtliche und der schöpfungstheologische Ansatz einander weder aus noch stehen sie in echter Konkurenz zueinander, sondern sie bilden eine organische Einheit. Die Schöpfung ist die Grundlage der Heilsgeschichte, die Heilsgeschichte die Verwirklichung der Schöpfung. Im konkreten Fall der israelitischen Theologie bestand allerdings eine erhebliche Spannung zwischen der prinzipiell universalen Ausrichtung der Schöpfungsaussagen und der einschränkenden Perspektive der heilsgeschichtlichen Erwählung; doch wurde diese Spannung an theologischen „Spitzen-Stellen" der hebräischen Bibel zugunsten der Universalität des göttlichen Heilswillens aufgebrochen.

vgl. z. B. Mi 4,1–5

Vorausgesetzt, dass Jesu Ansicht über die Heilsgeschichte hier richtig gekennzeichnet wurde, muss sich zeigen lasssen, dass er seine Botschaft der nahenden Gottesherrschaft auf der Basis des schöpfungstheologischen Ansatzes verkündet. Und tatsächlich ergibt die kritische Analyse und Interpretation der synoptischen Quellen, dass Jesu Verkündigung der Gottesherrschaft durch Schöpfungsaussagen und -aspekte bestimmt ist. Dagegen spielen in seiner Reich-Gottes-Botschaft heilsgeschichtliche Motive (z. B. Jerusalem, Tempel, davidisches Königtum, religiöse und politische Wiederherstellung Israels, Messias) so gut wie keine Rolle.

vgl. dazu J. Becker, a. a. O., S. 155 ff.

Besonders nachdrücklich bringt Jesus das Schöpfungsthema in seiner Rede von der unnötigen Sorge (Mt 6,25–34 par.) zur Sprache. Er fordert seine Hörer und Hörerinnen auf, mit Blick auf die Raben und die Anemonen zu erkennen, wer Gott ist und wie er zur Welt steht. Er ist der Schöpfer, der sich um seine Geschöpfe kümmert und ihnen das, was sie brauchen, in Überfülle zuteil werden lässt. Der Zielpunkt der jesuanischen Rede besteht dann in der Folgerung, die der Mensch im Bewusstsein seines „Werts" zu ziehen hat:

„Macht euch nicht Sorge für euer Leben ... Seht auf die Vögel des Himmels! Sie säen nicht, sie ernten nicht, sie sammeln nicht in die Scheunen, und euer himmlischer Vater ernährt sie. Seid ihr nicht viel wertvoller als sie? ... Betrachtet die Lilien des Feldes, wie sie wachsen! Sie arbeiten nicht und spinnen nicht, und doch sage ich euch: Selbst Salomo in all seiner Pracht war nicht gekleidet wie eine von ihnen." (Mt 6,25–29)

Wenn Gott schon das Leben der Vögel und der Blumen sicher stellt und ihnen reichlich gibt, um wie viel mehr wird dann der Mensch auf Gottes Fürsorge vertrauen dürfen.

„Lilien auf dem Felde“

Völlig passend und für die Zuhörer/innen verständlich nennt Jesus Gott an dieser Stelle „Euren Vater“.
Letztlich knüpft Jesu Heilsbotschaft bei der Schöpfungstheologie von Gen 1–9 an. Die alles entscheidende Aussage war hier, dass Gott das Maß seiner Gerechtigkeit korrigiert und die Welt und die Menschheit nicht mehr dem Vernichtungsgericht unterziehen will, weil er als Schöpfer von seinen Geschöpfen nicht lassen kann. Die rettende Barmherzigkeit Gottes hängt nicht ab von einem bestimmten Verhalten der Menschen, sondern sie ist ungeschuldet in dem Sinn, dass sie allein aus Gottes Selbstbestimmung zur Schöpfung erwächst. Diesen Gott der Güte, der sich in seiner heilvollen Zuwendung zur Welt nicht aufhalten lässt durch das Fehlverhalten der Menschen, verkündet Jesus.

4. Die „Qualität“der Gottesherrschaft
Der scharfen zeitlichen Zäsur*, die Jesus zwischen der Vergangenheit und seiner Gegenwart (als Beginn der Heilszeit) setzt, entspricht nicht gleichermaßen eine Zäsur zwischen der alten und der neuen (von Gottes Herrschaft bestimmten) Wirklichkeit. In der Vorstellung des Frühjudentums, die Jesus teilt, verwirklicht sich das Endheil in Kontinuität mit der bestehenden Wirklichkeit, die wohl verändert, aber keineswegs als ganze revidiert werden wird. Ihre besondere Qualität erhält die endgültige Gottesherrschaft nicht durch die völlige Verwandlung, schon gar nicht durch den Abbruch und die Neuschöpfung der Welt, sondern durch Gottes heilvolles Wirken in dieser Welt, deren Grundlagen ja von Gott gut geschaffen wurden.

Von dieser Vorstellung gab es auch Ausnahmen; z. B. spricht 1 QH (Hodajot = Dankpsalmen aus der 1. Höhle von Qumran) 3,29 ff. von einem Verbrennungstod aller Schöpfung.

Im Frühjudentum außergewöhnlich, aber nicht ohne Parallelen ist es allerdings, dass Jesus das Heil der von Gott gewirkten Vollendungswirklichkeit ganz an der Schöpfung und Gottes Schöpfermacht ausrichtet und nicht Bezug nimmt auf typisch heilsgeschichtliche Hoffnungen Israels, z. B. die Zionstradition.

Eine Parallele bietet z. B. (der nicht kanonische) äthHen (äthiopische Henoch) 1,8: „Den Gerechten wird er Frieden schaffen, /und die Auserwählten wird er behüten, /und Gnade wird über ihnen walten, /und sie werden alle zu Gott gehören, und es wird ihnen wohlergehen, / und sie werden gesegnet werden, und das Licht Gottes wird ihnen leuchten.“

Das Wesen des endzeitlichen Heils zeigt sich, wenn man auf die Bereiche blickt, innerhalb derer Jesus den Menschen seiner Zeit die nahende Gottesherrschaft in Wort und Tat vermittelt hat: auf seine Gleichnisreden, auf seine Mahlgemeinschaften und auf seine Wundertaten. Es besteht darin, dass die Schöpfung von ihren Störungen und Einschränkungen befreit wird. Dies gilt besonders für die Geschöpflichkeit des Menschen; er soll in seiner Ganzheit, in der Vielfalt seines Lebens zur Integrität gelangen und durch die unmittelbare Nähe zu Gott „vollendet“ werden.

- Heilwerden oder Integrität des Menschen bedeutet zunächst Gesundheit. Entsprechend der damaligen Vorstellung, die Krankheit als Werk des Satans oder der Dämonen ansah, entmachtet Jesus Satan (Lk 10,18) und treibt die Dämonen aus (Lk 11,20), um so mit der körperlich-seelischen Gesundung der Menschen einen Baustein der Gottesherrschaft aufzurichten.
- Aber auch alle sonstigen Mangelsituationen, die den Menschen bedrücken – Armut, Hunger, Dürre, Verwüstung ... – werden ein Ende haben. Wer jetzt noch weinen muss, wird in der Gottesherrschaft – weil hier der Anlass des Weinens ins Gegenteil verkehrt ist – lachen können (vgl. Lk 6,20 f. par.).
- Schließlich wird auch die Sozialität des Menschen verändert werden. Ganz besonders wird die Ausgrenzung von Menschen – wegen ihres Berufs, ihrer Gruppenzugehörigkeit oder aus einem anderen Grund – keine Geltung mehr haben. Dies macht Jesus nicht zuletzt durch seine Gastmähler deutlich.

Otto Dix, Die Blindenheilung

5. Rettung der Verlorenen

Gott ist „ein gnädiger und barmherziger Gott, langmütig und reich an Huld" (Jon 4,2.10 f.); er ist ein Gott der Vergebung (Neh 9,17): Diese Überzeugung gehört zum Fundament des israelitischen Glaubens. Auch Jesu Verkündigung der nahenden heilschaffenden Gottesherrschaft gründet hierauf. Ihre besondere Gestalt erhält die Botschaft Jesu aber dadurch, dass er Gottes letztes errettendes Eingreifen nicht bundestheologisch motiviert.

vgl. zum Folgenden J. Becker, a. a. O., S. 168 ff.

vgl. S. 95 f.

Bundestheologisch gesehen ist für Jesus Israel am Ende. Es hat sein Gottesverhältnis so zerstört, dass es gegenüber Gott weder eine noch „unverbrauchte" Heilszusage noch seine schon zu Genüge erlittenen Leiden „in die Waagschale werfen" kann. Nach dem Maß der göttlichen Gerechtigkeit ist in den Augen Jesu ganz Israel Gottes Gericht verfallen und verloren.

Warum kann Jesus dann den Menschen gleichwohl die frohe Kunde bringen, dass Gott Israel nicht verloren gibt, sondern durch die Aufrichtung seiner Herrschaft vor dem drohenden Endgericht retten will? Sie ist möglich, weil im Gottesverständnis Jesu Gott souverän, nicht geschuldet zu seiner Schöpfung hält – als königlicher Lebensgewährer und gnädiger Erbarmer.

Gottes endzeitliches rettendes Handeln hat Jesus den Menschen wohl nirgends so verständlich und einprägsam vor Augen gestellt wie in den drei Gleichnissen, die in Lk 15 überliefert sind. Hier wird veranschaulicht, wodurch die Heilswende bestimmt ist: Gott selbst hat die Initiative ergriffen und sucht von sich aus das verlorene Israel.

Die ersten beiden Gleichnisse vom verlorenen Schaf (Lk 15,4 f.) und von der verlorenen Drachme (Lk 15,8 f.) gehören enger zusammen, das dritte Gleichnis vom „verlorenen Sohn" (Lk 15,11–32) bringt zusätzliche Aspekte.

Bei den ersten beiden Gleichnissen ist auffällig, dass sie ganz auf den Besitzer, der etwas verloren hat und sucht, konzentriert sind. Die Perspektive des jeweils verlorenen Eigentums – wie es verloren ging und wie bzw. wo es wiedergefunden wurde – ist bedeutungslos. Im Vordergrund steht die Handlungsweise des Besitzers: Er sucht so lange, bis er gefunden hat – und dann freut er sich.

Das „Gleichnis vom verlorenen Sohn" erscheint inzwischen auch oft unter der Bezeichnung „das Gleichnis vom barmherzigen Vater".

Die Vorgänge, die Jesus hier erzählt, sind völlig durch die Erfahrungswelt seiner Zuhörer/innen abgedeckt. Von daher werden sich alle mit dem Verhalten der Eigentümer identifizieren können.

„Indem sie aber zu solcher Rede Jesu Ja sagen, sind sie mit der Gottesherrschaft, die Jesus selbst vertritt, schon in Beziehung gekommen: Denn sie verstehen: Gott hat sich nach ihnen auf die Suche gemacht, sie gerade gefunden und freut sich über die erfolgreiche Suche" (Becker, a. a. O., S. 175).

abbreviativ (lat.) = abgekürzt

Das dritte Gleichnis vom „verlorenen Sohn" teilt mit den ersten beiden die Grundbotschaft, dass in der heilsam auf den Menschen zukommenden Gottesherrschaft aus Verlorenen Gerettete werden. Doch unterscheidet es sich in der Form schon deutlich dadurch, dass hier – anders als in der abbreviativen Darbietung der beiden ersten Gleichnisse – wirklich eine Geschichte erzählt wird. Inhaltlich bedeutungsvoll ist sicher, dass die Erzählung in weiten Teilen aus der Perspektive des Verlorenen gestaltet ist. Und dennoch wird man den entscheidenden Punkt auch hier darin finden, dass der Vater von sich aus den „verlorenen Sohn" sucht, d.h. auf ihn zugeht, bevor dieser seine Schuld bekannt hat.

6. Jesu Zuordnung zur Gottesherrschaft
Jesus sagt den Menschen zu, dass Gott in seinem Erbarmen jetzt und endgültig auf sie zukommt, um sie aus ihrer Verlorenheit zu retten. Wie der König im Gleichnis Mt 18,24–27 ist Gott bereit, den Menschen ihre Riesenschuld großzügig und vollständig zu erlassen. Diese Botschaft Jesu von Gottes gnädiger Barmherzigkeit hat jedoch nichts zu tun mit dem Klischee vom „lieben Gott", der über jedes, auch das schlechteste Verhalten der Menschen „den Mantel seines Erbarmens breitet". Gottes Heilsangebot im Zeichen des Gerichts erfolgt zwar tatsächlich ohne Vorbedingung; aber wenn dieses Heilsangebot (als bedingungslose Zuwendung der göttlichen Liebe) eröffnet ist, sind die Menschen zu einem entsprechenden Verhalten aufgefordert. Oder der Gerichtsausgang wird sie ins Verderben führen.
Die Spannung zwischen Heilswende und der Möglichkeit folgenden Unheils (die in der gegenwärtigen populären Jesus-Literatur ignoriert wird) spiegelt sich in Jesu Zuordnung zur Gottesherrschaft wider.

J. Jeremias formuliert dazu prägnant: „An der Gnade soll die Umkehr entstehen" (vgl. Neutestamentliche Theologie, 1, S. 155). Zum selben Sachverhalt legt R. Schnackenburg dar: „Jesus verlangt die Umkehr grundsätzlich als Bedingung dafür, am Reiche Gottes und seinen Gütern teilzuhaben. Besser gesagt: Sie ist die menschliche Antwort auf Gottes großes Heilsangebot. Diese Antwort sollte ... spontan und großmütig erfolgen ..." (Christliche Existenz nach dem Neuen Testament, S. 42).

Es ist (bibelkritisch gut begründet) davon auszugehen, dass Jesus sich selbst in keinem „christologischen Sinn“ vestanden hat: weder als Messias noch als Menschensohn noch als Sohn Gottes. (Der historische) Jesus ist wohl am treffendsten – auch seinem eigenen Selbstverständnis nach – als Prophet der Endzeit zu kennzeichnen. Im Rahmen des frühjüdischen Prophetismus ist er dadurch herausgehoben, dass er die Endzeit nicht als von der Jetzt-Zeit getrennte, wenn auch vielleicht schon ganz nahe Zukunft verkündet, sondern

- dass er den endzeitlichen Herrschaftsantritt Gottes in der Gegenwart beginnen lässt

und

- dass er diesen Beginn der endgültigen Gottesherrschaft und ihre Durchsetzungskraft mit seiner Person und seinem Wirken verbindet.

Statt den Menschen die kommende heilvolle Gottesherrschaft bloß anzusagen, ist Jesus Heilsmittler, der die endzeitliche Nähe Gottes jetzt schon durch Wort und Tat für die Menschen verwirklicht und vergegenwärtigt:

- Indem Jesus in seinen Gleichnisreden Gottes Handeln in menschlichen, oft alltäglichen Lebensvollzügen zur Sprache bringt und damit für die Zuhörer/innen identifizierbar macht,
- indem er oft und gern fröhliche Mahlgemeinschaft hält und daran gerade die teilnehmen lässt, die ihrer „Sünden“ wegen vom offziellen Judentum seiner Tage lieber ausgegrenzt wurden,
- indem er sich Kranken nähert und sie durch „Therapie“ (vgl. z. B. Mk 1,29–31 parr.) oder Exorzismus (vgl. z. B. Mk 1,21–28 parr.) heilt,

vgl. z. B. Lk 5,27 ff.; 7,36 ff.; 14,7 ff.; 19,1 ff.

erfahren die beteiligten Menschen, wie und dass sich ihre Welt heilvoll verändert und die Gottesherrschaft sich durchsetzt.

Die heilsmittlerische Funktion, in der Jesus der Gottesherrschaft zum Durchbruch verhilft und die Menschen in die Dynamik der endzeitlichen Vollendung hineinnimmt, hat zwangsläufig auch eine negative – unheilvolle – Kehrseite. Wer nicht auf Jesus hört und sich sich nicht von seinem Wirken ergreifen lässt, der bleibt gerichtsverfallen und ist verloren. Dabei ist zu beachten, dass die „Ablehnung“ Jesu auf grundsätzlich zwei verschiedene Weisen möglich ist:

vgl. Mt, 11,20ff.; 12,1ff.; 16,1ff.; 21,33ff.; 23,37ff. u. ö.

- Im einen Fall wird die Botschaft Jesu von vornherein abgelehnt; die Spannweite reicht hier von der passiven Form des Desinteresses über die noch eher passive Form der Reserve bis hin zur höchst aktiven Form der Anfeindung.
- Im anderen Fall geht es um den Zusammenhang von Heilserfahrung und nicht entsprechender Reaktion. Ausgehend von dem bereits angeführten Gleichnis Mt 18,24ff. ist ganz deutlich, dass der Mensch, der durch die Vermittlung Jesu Gottes errettende Tätigkeit (der ankommenden Gottesherrschaft) erfahren hat, der gottgewirkten Veränderung dieser Welt nachzukommen und am Maßstab der göttlichen Barmherzigkeit sein Verhalten „umzukehren" hat. Die ausbleibende Umkehr kommt der Ablehung von Jesu Botschaft gleich.

Im einen wie im anderen Fall wird der vernichtende Gerichtsausgang unausweichlich sein. Diesbezüglich sagt Jesus zu denen, die sich seiner Botschaft verweigern, in aller Klarheit:

> Ihr aber werdet (nicht am endgültigen Heilsmahl teilnehmen, sondern) hinausgeworfen,
> da wird Heulen und Zähneknirschen sein (Mt 8,11f. par.).

3.3.2 Nachösterliche Gotteserfahrungen

Das christologische Bekenntnis lautet in der kürzesten Form: Jesus ist der Christus (= der von den Propheten verheißene Messias = der Gesalbte = der endgültige Gesandte Gottes).

Die nachösterlichen Erfahrungen haben zuerst im christologischen Bekenntnis und sodann auch im Bekenntnis zum Geist Gottes ihren Niederschlag gefunden.

Die Auferweckung Jesu und die Anfänge der Christologie

Ganz am Anfang steht hier der Glaube an eine Großtat Gottes – JHWHs –, der Jesus nicht im Tod belassen hat. Darauf folgen erste Reflexionen über die einmalige Bedeutung Jesu, die im Horizont der jüdischen Messias-Vorstellung entfaltet werden. Schon sehr spekulativ sind dann die Überlegungen, die auf einer dritten Stufe folgen: sie betreffen die Frage nach der Präexistenz des Mensch gewordenen Gottessohnes.

a) Das christologische Bekenntnis zum Messias und Gottessohn
   In Folge der Osterereignisse wurden die Botschaft und die Person Jesu in einem neuen Licht gesehen. Zuvor hatte der schmähliche Tod Jesu seine Anhänger in eine

Auferstehung

tiefe Krise gestürzt. Sein Anspruch, in seinem Wirken die Heilswende herbeizuführen und Anteil zu geben an der angebrochenen Gottesherrschaft, erschien durch seine Hinrichtung am Kreuz desavouiert. War er nicht als ein von Gott Verfluchter vor aller Welt bloßgestellt worden? Der jüdische Mensch musste fast zwangsläufig diesen Satz aus der hebräischen Bibel assoziieren: „Verflucht ist, wer am Pfahl hängt" (Dtn 21,23).
Was war aber dann geschehen, dass die Jünger, die nach Jesu Tod zuerst einmal in ihre Heimat geflohen waren, nach Jerusalem zurückkehrten, eine Gemeinde gründeten und öffentlich von Jesus predigten? Wir können die Ereignisse, die dies bewirkten, in keinem naturwissenschaftlichen Sinn fassen. Der Inhalt der Ostererfahrungen kommt aber in den neutestamentlichen Zeugnissen klar zum Ausdruck. In der ältesten Form lautet er: „Gott hat Jesus aus den Toten auferweckt (und als Lebenden zur Erscheinung gebracht)" (vgl. Röm 4,24; Gal 1,1; Röm 10,9; 1 Kor 6,14). Bei diesem Bekenntnis geht es vorrangig noch nicht um eine Sonderstellung

„Die Ostergeschichten selbst, die Geschichten von den Erscheinungen Jesu, versuchen nun das Unausdrückbare auszudrücken, ins Bild zu setzen, was hier geschehen ist. Es ist ein Geschehnis vom Jenseitigen her. Aber letztlich ist es ein Geschehnis, das wir nur im Glauben ... übernehmen können ..." (J. Gnilka, Jesus von Nazaret, S. 328).

vgl. H. Vorgrimler, Gotteslehre, S. 82

Jesu, sondern es ist zunächst ein Bekenntnis zur Tat Gottes – JHWHs – an Jesus. Es streicht heraus, dass JHWH in seiner Güte und Mächtigkeit Jesus – wie vor ihm schon andere Gerechte und Märtyrer – nicht im Tod beließ, sondern im Tod zugleich zur Auferstehung, d.h. zur immerwährenden Restitution im Bereich Gottes führte.

Restitution (lat.) = Wiederherstellung

Dieses Bekenntnis zur Tat JHWHs an Jesus wirft dann aber in einem zweiten Schritt von selbst die Frage nach der Bedeutung und Stellung Jesu auf. Die weitere Bekenntnis-Formulierung konzentrierte sich jetzt darauf zu zeigen, dass JHWH an Jesus so handelte, weil die Worte und Taten Jesu innerhalb der Heilsgeschichte Israels nicht nur außergewöhnlich, sondern sogar einmalig waren.

vgl. Vorgrimler, a. a. O., S. 63

Bei den Versuchen, die „Hoheit" Jesu auszusagen, bewegte sich die Urgemeinde natürlich im jüdischen Denkhorizont. Das ist aber nicht so zu verstehen, dass die Urgemeinde rein rezeptiv* in der Theologie Israels geläufige Vorstellungen auf Jesus angewandt hätte. Bekannte Begriffe, die sie aufnahm, füllte sie zum Teil mit neuen Inhalten oder verknüpfte sie originell miteinander.

Der erste Begriff, den die Urgemeinde innerhalb des überlieferen jüdischen Vorstellungshorizonts geeignet fand, um Jesu „einzigartige und engültige Funktion" (Vorgrimler, a. a. O., S. 63) auszudrücken, war der Begriff „Messias". Das ist einerseits einleuchtend, andererseits ist es schwer nachzuvollziehen.

Adaption (lat.) = hier: Übertragung

zu den alttestamentlichen Wurzeln vgl. G. Theißen/A. Merz, der historische Jesus, S. 462ff.

die folgende Aufgliederung nach Theißen/Merz, a. a. O., S. 463

- Einleuchtend ist die Adaption des Messias-Begriffs auf Jesus, weil die Merkmale, die diesen Begriff von seinen alttestamentlichen Wurzeln her zur neutestamentlichen Zeit auszeichneten, auf Jesu Botschaft und auf die von Gott in Jesus vollzogene Bestätigung passten. So unterschiedlich die Messiaserwartungen im Frühjudentum konkret gestaltet waren, so waren doch immer drei Aspekte vorhanden, die für die Idee des Messias zutrafen:
  1. Der Messias leitet einen endzeitlichen Zustand ein, der die Welt und die Menschheit über alles Bisherige hinausführt.
  2. Er hat soteriologische* Funktion, d.h., er bringt Israel (und durch Israel oft der ganzen Welt) Heil.
  3. Er ragt durch seine besondere Nähe zu Gott über alle anderen Menschen hinaus.

– Schwer nachvollziehbar erscheint die Adaption des Messias-Begriffs auf Jesus aber deshalb, weil in einem entscheidenden Punkt der „historische Jesus" der damaligen Messias-Idee völlig widersprach: Dieser Punkt ist die Kreuzigung Jesu. In vorneutestamentlicher Zeit gibt es keinen einzigen Beleg dafür, dass die Rettergestalt des Messias mit einem Leiden und Sterben zusammengedacht worden wäre.

Die Verständnisschwierigkeiten, die aus der Anwendung des Messias-Titels auf einen Gekreuzigten entstanden, wurden vom Urchristentum dadurch behoben oder zu beheben versucht, dass die alttestamentlichen Aussagen über einen leidenden, von Gott geretteten und erhöhten Gerechten (vgl. Weish 2; Jes 53) mit den messianischen Vostellungen verknüpft wurden. Nicht geklärt ist damit freilich die Frage, warum die Urgemeinde (bzw. das Urchristentum) überhaupt diese Verständnisschwierigkeiten in Kauf genommen und nicht lieber von vornherein auf die Adaption der Messias-Idee verzichtet hat. Am leichtesten wäre die Antwort, wenn bereits der historische Jesus sich als Messias verstanden und den Messias-Titel ausdrücklich – zumindest im Jüngerkreis – für sich beansprucht hätte. Doch gerade dies wird von der großen Mehrheit der Bibelwissenschaftler ausgeschlossen.

vgl. H. Vorgrimler, a. a. O., S. 64

vgl. beispielhaft J. Becker, Jesus von Nazaret, S. 234 ff.

Zusammen mit der Messias-Idee gewann in der Urgemeinde eine zweite Bezeichnung Jesu an Bedeutung: „Sohn Gottes". Die Verknüpfung beider Begriffe war durch die Tradition vorgegeben.
Grundsätzlich konnten im Judentum und im Alten Testament alle die „Sohn Gottes" (bzw. „Söhne Gottes") genannt werden, die in einer besonders engen Beziehung zu JHWH standen und damit seine Repräsentanten in dieser Welt waren: das Volk Israel im Ganzen, Engel oder Einzelgestalten wie der Patriarch Joseph. Im Rahmen dieser Grundbedeutung, aber mit spezifischem (politischem) Interesse wurde der Begriff auf den König angewandt:

Als die Königsdynastie – das Haus David – eine göttliche Legitimation suchte, wurde sie in der Prophezeiung gefunden, der Sohn Davids werde von Gott als Sohn angenommen werden (Sam 7,14; auch Ps 89); dem gleichen Zweck diente die Aussage, der König werde bei der Inthronisation zum Sohn eingesetzt (Ps 2,7) (Vorgrimler, a. a. O., S. 63).

Die Verknüpfung von „davidischem Sohn Gottes" und „Messias" erfolgte dann nach dem Untergang des Königtums, als das Judentum seiner religiösen und politischen Unterdrückung das Bild der Königszeit als vermeintlicher Idealzeit entgegenstellte und der Hoffnung auf eine (endzeitliche) „Wiederherstellung" des Hauses David Ausdruck verlieh. Nicht immer, aber oft wurde mit der Hoffnung der Restitution die Vorstellung einer Rettergestalt aus dem Geschlecht Davids verbunden, der königliche, hohenpriesterliche oder prophetische Attribute zugeschrieben werden konnten. Unabhängig davon, welche Attribute im Vordergrund standen, war den davidischen Retter-Gestalten – sprich: Söhnen Gottes – eines gemeinsam: „dass sie zu ihrem Amt gesalbt werden mussten, daher die Bezeichnung ‚maschiach', der Gesalbte, woraus ‚Messias' wurde, griechisch ‚Christos'" (Vorgrimler, a. a. O., S. 64).
Das erste greifbare christliche Zeugnis, in dem im Sinne der Tradition die gleichzeitige Anwendung des davidischen Messias- und Sohn-Gottes-Begriffs auf Jesus greifbar ist, liegt in der (vermutlich) vorpaulinischen Formel in Röm 1,3 f. vor:

> Jesus [Christus], der geboren ist aus dem Samen Davids (dem Fleisch nach), der eingesetzt wurde zum Sohn Gottes (dem Geist der Heiligkeit nach) seit der Auferweckung von den Toten

Präexistenz (lat.) = Dasein /Vorhandensein /Leben vor dem Eintritt in die Welt

b) Die Entstehung der Präexistenzchristologie
Gegenüber den ersten Versuchen, unter dem unmitttelbaren Eindruck der Ostererfahrung die einzigartige Bedeutung Jesu und den Sinn seines Leidens und Sterbens im Vorstellungshorizont des davidischen Messias / Sohnes Gottes darzustellen, bedeutet die Präexistenzchristologie einen entscheidend neuen Ansatz, von dem aus sich eine genuin christliche, vom Judentum unterschiedene trinitarische Gottesauffassung auszubilden begann.
Die Präexistenzchristologie enthält den Grundgedanken, dass Jesus Christus vor seiner geschichtlichen Existenz im Menschen Jesus von Nazareth in Gott als Gottes Sohn, Logos oder Weisheit existierte. Entsprechende Aussagen finden sich bereits im Neuen Testament in großer Zahl. Eine berühmte Stelle ist der vorpaulinische Christushymnus Phil 2,6–11, wo die göttliche und die irdische Existenz Jesu Christi in Form

von zwei gegenläufigen Bewegungen zu einem dramatischen Geschehen verbunden sind; es heißt dort:

> Jesus Christus,
> der in der **Daseinsweise Gottes** war,
> nahm die **irdische Daseinsweise eines Knechtes** an (d.h., er wurde Mensch bis zum Äußersten, bis hin zum Tod am Kreuz)
> und wurde deshalb von Gott zum **Herrn über alle Mächte** erhöht.

Die Vorstellung der Präexistenz entstand vermutlich schon in der Jerusalemer Urgemeinde, auch wenn auf den ersten Blick die hellenistisch*-jüdische Prägung dieser Vorstellung dagegen zu sprechen scheint. Zur Jerusalemer Urgemeinde gehörten von Anfang an nicht nur palästinensische, sondern auch hellenistische Judenchristen (vgl. z.B. Apg 6,1 ff.). Für die Gruppe der griechischsprachigen und von griechischem Denken geprägten Judenchristen lag es theologisch-christologisch nahe, aus der hellenistisch-jüdischen Weisheitsliteratur und Religionsphilosophie Spekulationen über die bei Gott existierende personifizierte Sophia (Weisheit) und den göttlichen Logos aufzugreifen und auf Jesus zu übertragen.

In der hellenistisch-jüdischen Weisheitsspekulation wird die Sophia in der Regel als weibliche göttliche Figur – als „Frau Weisheit" aufgefasst (vgl. Ib 20. 28; Spr 1–9; Sir 24,1f.; Weish 7,21–26). Der hellenistisch-jüdische Philosoph Philo von Alexandrien (um 20 v. Chr.–50 n. Chr.) denkt sie jedoch „männlich" und nennt sie „Vater"; zugleich überträgt er die ursprünglichen, biblischen Attribute der Sophia auf den (auch grammatikalisch) männlichen göttlichen Logos, der bei ihm zur zentralen Vermittlungsgestalt zwischen Himmel und Erde wird. (vgl. S. Schroer, Die göttliche Weisheit, in: Wacker/Zenger, a. a. O., S. 179f.)

c) Die Gottheit Jesu nach dem Neuen Testament

Wenn es im Christus-Hymnus Phil 2,6 heißt, dass Jesus Christus präexistent in der Daseinsweise (morphe) Gottes war, ist damit die Frage nach seiner Gottheit gestellt. Andere Stellen im Neuen Testament enthalten ein explizites Bekenntnis zur Gottheit Jesu. Die Betrachtung der betreffenden Stellen (die sich vor allem im paulinischen und johanneischen Schrifttum finden) führt zu dem wichtigen Ergebnis, dass das Bekenntnis zur Gottheit Jesu nicht dem Bekenntnis zum Gott Jesus gleichzusetzen ist. Dieses Ergebnis soll kurz, aber nachvollziehbar anhand einer der theologiegeschichtlich folgenreichsten Stellen des Neuen Testaments – Joh 1,1 – erläutert werden. Die Stelle gliedert sich in drei fundamentale Aussagen:

1. a) Im Anfang war das Wort (ho logos),
1. b) und das Wort (ho logos) war bei dem Gott,
1. c) und Gott war das Wort (ho logos).

In Vers 1. a) wird unvermittelt vom Logos gesprochen, ohne dass gesagt würde, wer dieser Logos ist. Aber spätestens durch den folgenden Kontext (vgl. Joh 1,14) weiß der Hörer/Leser, dass mit „ho logos" Jesus Christus vor seiner geschichtlichen Existenz gemeint ist.

Vers 1. b) ordnet die zeitlich bestimmte Daseinsweise des Logos „räumlich“ ein: Im Anfang war der Logos bei dem Gott. Es ist augenfällig, dass von Gott mit Artikel, also von dem Gott, die Rede ist. Für den judenchristlichen Hörer / Leser war natürlich völlig klar, was er hier zu verstehen hatte: Der Gott war JHWH; der Logos war bei JHWH.
Der Vers 1. c) scheint dann bei flüchtiger Betrachtung den Logos mit JHWH in eins zu setzen: „und Gott war der Logos“. Vom griechischen Text ausgehend ist aber entscheidend, dass es nicht heißt: *ho theos* (der Gott) war der Logos, sondern: *theos* (Gott) war der Logos. Grammatikalisch gesehen ist das artikellose „Gott“ hier nicht Subjekt, sondern Prädikat. Die in diesem Sinn angemessene Übersetzung von Vers 1. c) muss daher lauten:

Und göttlich, von Gottes Art war der Logos.

Eine solche Ausnahme scheint Joh 20,28 zu sein, wo der gläubig gewordene Thomas zu dem auferstandenen Jesus sagt: „Mein Herr und mein Gott“ (gr. ho kyrios mou kai ho *theos mou). Doch ist hier der Artikel (ho) mit dem Nominativ (theos) für den Vokativ gebraucht. Er besagt nicht, dass der Auferstandene* der *Gott ist, wohl aber ein Wesen göttlicher Art (vgl. J. Schneider, Das Evangelium nach Johannes, S. 324).*

Diese exemplarische Analyse wird durch das ganze Neue Testament bestätigt. Die Bezeichnung „ho theos“ gebraucht es (von wenigen, jedoch umstrittenen Ausnahmen abgesehen) immer nur für JHWH, den Gott Israels und den Vater Jesu. Er allein ist Gott – der Gott. Jesus dagegen wird „theos“ immer nur artikellos zugeschrieben; er ist göttlich als Bild (Röm 8,29 u. ö.), Erscheinung (1 Tim 3,16 u. ö.) und Offenbarung (1 Joh 1,1 f.) JHWHs, des einzigen Gottes.

Der Geist Gottes im neutestamentlichen Zeugnis

Die neutestamentliche Rede vom Geist Gottes knüpft bei den alttestamentlich-jüdischen Auffassungen an, wobei insbesondere die Geistaussagen der Weisheitsspekulation des hellenistischen* Judentums zur Geltung kamen.
Das hebräische Wort für Geist heißt „ruach“. Ursprünglich oder eigentlich bedeutet „ruach“ Wind, Hauch, Atem. Für den Israeliten sind der Atem, der als Lebenshauch betrachtet wird, und der Wind geheimnisvolle und gewaltige Kräfte. Diese ursprünglichen Bedeutungen schwingen mit, wenn alttestamentlich bzw. vorneutestamentlich von der „ruach“ Gottes – gemeinhin übersetzt mit „Geist Gottes“ – gesprochen wird:

– Der Geist Gottes ist psychisch wirksame Kraft, die in auserwählten Menschen „außergewöhnliche, wunder-

bare, aber vorübergehende Erscheinungen von Macht, Heldenmut und prophetischer Verzückung bewirkt" (H. Haag [Hrsg.], Bibellexikon, S. 538).
- Der Geist Gottes ist Lebens- und Schöpfungskraft, aus der alles Lebendige entstanden ist und ohne die kein Lebewesen Bestand hat.

Im Neuen Testament ist die Vorstellung des Geistes Gottes (als zwischen Gott und der Welt vermittelnde „begeisternde" und belebende Kraft) in der ältesten Traditions- bzw. Glaubensschicht auf die Person Jesu bezogen. Es ist der Geist Gottes, der aus der Sichtweise der synoptischen Evangelien, aber auch der vorpaulinischen Tradition in den „Schlüsselsituationen" des Lebens Jesu die „Gottessohnschaft" Jesu wirkt oder stiftet:
- bei seiner physischen Entstehung (Lk 1,35; Mt 1,18–20)
- bei seiner Taufe im Jordan (Mk 1,10 f. parr.)
- bei seiner Auferweckung (Röm 1,4).

vgl. zum Folgenden S. Schroer, Der Geist, die Weisheit und die Taube, S. 197 ff.

Die synoptische Erzählung von der Taufe Jesu hat das Interesse der feministisch-kritischen Bibelauslegung gefunden. Im Mittelpunkt steht die Frage, warum – trotz redaktioneller Akzentuierungen bei den Evangelisten – das zentrale Bild vom Geist als Taube nicht angetastet wird. Die Untersuchung der Frage führt zu aufschlussreichen und theologisch wegweisenden Erkenntnissen:
1. Die Taube war der Botenvogel der altorientalischen Liebesgöttinnen.
2. Es gibt im Judentum aber keinen Beleg dafür, dass Gottes Geist erotisch aufgefasst und mit dem Motiv der Taube verbunden worden wäre.
3. Anders ist es dagegen mit der Weisheit, der sophia, Gottes.
   a) Sie wird in der jüdisch-hellenistischen Weisheitsspekulation nicht nur als himmlische Figur dargestellt, sondern ihr wird auch eine erstaunliche Vielfalt sexueller Bilder zugeordnet: Mutter, Ehefrau, Geliebte, Jungfrau und Braut (vgl. Jb 20. 28; Spr 1–9; Sir 24,1 f.; Weish 7,21–26).
   b) Bei dem jüdisch-hellenistischen Philosophen Philo von Alexandrien wird die personifizierte göttliche Weisheit ausdrücklich mit der Turteltaube verglichen.
4. Es ist im Frühjudentum und im Neuen Testament nachweisbar, dass der Geist Gottes und die Weisheit Gottes

Philo(n) von Alexandria (um 20 v. Chr.–50 n. Chr.), auch Philo(n) Judäus, jüdisch-hellenistischer Philosoph; kam in der ägyptischen Stadt Alexandria in einer wohlhabenden jüdischen Aristokratenfamilie zur Welt; lernte sowohl die Schriften des Alten Testaments (nach dem

griechischen Septuaginta-Text; Ph. konnte kein Hebräisch) als auch die Werke der griechischen Literatur und Philosophie kennen; versuchte eine theologisch-philosophische Synthese von alttestamentlichen Vorstellungen und griechischen Philosophemen des Pythagoreismus, Platonismus und der Stoa; seine Gedanken über Gottes Transzendenz und die göttlichen Mittlerwesen (Sophia und Logos) hatten großen Einfluss auf die frühchristliche Theologie.

vgl. S. 123

vgl. H. Vorgrimler, Theologische Gotteslehre, S. 72–74

austauschbare Begriffe sind. Die Austauschbarkeit war sachlich begründet, aber sie war auch deshalb leicht zu vollziehen, weil beide Begriffe im Hebräischen weiblichen Geschlechts sind.

5. Aufgrund der Erkenntnisse 1–4 liegt die Annahme sehr nahe, dass in der Erzählung von der Herabkunft des Geistes in Taubengestalt eine ursprüngliche „Sophia-Christologie“ verborgen ist. Ihr Inhalt ist damit zu kennzeichnen, dass Jesus
   a) die Funktion innehat, die göttliche Sophia authentisch zu offenbaren

   oder viel stärker noch
   b) mit der göttlichen weiblichen Sophia identisch ist – als Gottes Offenbarungsmittlerin und Erlöserin der Menschen.

Im Joh-Ev und bei Paulus ist eine andere ebenfalls alte Tradition greifbar, in der das Verhältnis zwischen dem Geist Gottes und Jesus gerade umgekehrt ist. Wenn in der synoptischen Tradition der Geist Gottes von oben Jesu Gottessohnschaft bewirkt und damit Jesu Offenbarungs- und Heilswirken begründet, so erscheinen hier Jesu Wirken und insbesonder seine Auferweckung gewissermaßen von unten her als Grundlage und Bedingung dafür, dass Gottes

Geist unter und in den Gläubigen als „anderer Beistand“ wirken und sie in „neue Geschöpfe“verwandeln kann. Im Horizont dieser Vorstellung wird vor allem bei Johannes nicht nur zwischen Jesu Aktivität und der Aktivität des Geistes unterschieden, sondern der Geist sozusagen auch „personifiziert“:

> Er „ist ‚neben‘ Jesus ein eigener Zeuge, der einführt, lehrt, erinnert usw. und der auch eine andere ‚Richtung‘ einschlägt als der göttliche Logos / Sohn: dieser geht von Gott aus, der Geist / Paraklet führt zu Gott zurück“ (Vorgrimler, a. a. O., S. 73).

Mit dieser spezifischen Bestimmung des Geistes war die trinitätstheologische* Problematik – die Frage, wie die Dreiheit von Vater, Sohn und Geist noch als Einheit zu denken sei – grundgelegt und der Theologie in den folgenden Jahrhunderten zur Lösung aufgegeben.

4 Die geschichtliche Entfaltung der christlichen Gotteslehre

Das christliche Gottesbild erhielt in den ersten fünf Jahrhunderten seine für lange Zeit entscheidenden – und für eine dogmatisch orientierte Theologie bis heute gültigen – Prägungen. Es wäre allerdings ein Irrtum zu meinen, dass das Werden des Gottesbilds im frühen Christentum organisch verlaufen sei. In einem solchen (organologischen) Verständnis wären die wegweisenden, beinahe schon ultimativen Bekenntisformeln der Konzilien von Nikaia (325), Konstantinopel (381) und Chalcedon (451) gewissermaßen die Blüte einer sich aus der neutestamentlichen Wurzel Schritt für Schritt entfaltenden Lehrentwicklung gewesen. Tatsächlich war die Lehrentwicklung bestimmt von mehr oder weniger heftigen Auseinandersetzungen, und die Auffassungen, die sich gegen andere durchsetzten, hatten Mängel teils durch Einseitigkeit, teils durch Nachgiebigkeit in der Rezeption* von allzu Unvereinbarem.

Das Konzil von Nikaia (1. ökumenisches Konzil) stellte gegen den Arianismus (s. S. 135 f.) die Gottheit des Sohnes (Jesus Christus) und dessen Wesensgleichheit mit dem Vater fest.

Das Konzil von Konstantinopel (2. ökumenisches Konzil) wandte sich gegen alle, die die Gottheit des Hl. Geistes bestritten, und übernahm bzw. bestätigte ein schon vorhandenes Glaubensbekenntnis, das heute in der römisch-katholischen und byzantinischen Eucharistiefeier als nizäo-konstantinopolitanisches Glaubensbekenntnis gebetet wird.

Das Konzil von Chalcedon (4. ökumenisches Konzil) brachte die Gottheit und Menschheit Jesu Christi – in teilweise spannungsvollen Formulierungen – auf den Begriff.

Es muss hier von vornherein darauf verzichtet werden, die vielen Schichten und Verwicklungen der frühen theologischen Prozesse auch nur ansatzweise nachzuvollziehen. Stattdessen sollen Grundstrukturen und Haupttendenzen sichtbar gemacht werden, so dass das komplexe Ganze trotz der Kürze der Darstellung im Überblick erscheint.

Wenn gesagt wurde, dass das Werden des Gottesbildes sich in der Auseinandersetzung vollzog, so sind – im Sinne eines fundamentalen Verständnisses – zwei Felder der Auseinandersetzung zu unterscheiden:

- In dem einen Feld erarbeitete die frühchristliche Theologie in der Begegnung mit der griechischen Philosophie die Grundzüge einer Lehre von dem Wesen und den Eigenschaften Gottes.
- In dem anderen Feld wurde auf innerkirchlichem Boden durch den Streit um die rechtgläubige Auffassung der biblischen Gotteserfahrungen die Trinitätslehre* entwickelt.

Im zweiten Feld – der kirchlichen Deutung der biblischen Gotteserfahrungen – hatte die theologische Diskussion (die teilweise in unnachgiebige, rechthaberische Kontroversen abglitt, in denen die eine Seite nicht mehr auf die andere hörte) drei Brennpunkte. Es ging

1. um das Problem des Subordinationismus
2. um das Problem des Monarchianismus
3. um das Problem des Tritheismus.

Diese drei Probleme sollten durch die konziliaren Verlautbarungen vom 4.–7. Jahrhundert ein für allemal gelöst werden. Tatsächlich sind sie – von der Sache oder der Logik her – mit jeder trinitätstheologischen* Spekulation unausweichlich verknüpft, so dass sie bis heute die theologische Auseinandersetzung um die richtige Interpretation der Dreieinigkeit Gottes prägen.

vgl. dazu S. 172ff.

4.1 Distanznahme und Rezeption in der Begegnung mit der griechischen Philosophie

Als das Christentum in der Spätantike zunehmend an Größe und Einfluss gewann und als geistig-kultureller Faktor nicht mehr zu ignorieren war, wurde es von Vetretern des gebildeten Hellenismus* massiv angegriffen. Der Hauptvorwurf lautete, dass die christliche Lehre eine Dummheit – ein „Blödsinn“ – sondergleichen sei. Diese Invektive begründeten die „heidnischen“ Intellektuellen vor allem damit, dass die christliche Verkündigung eines Mensch gewordenen und dann noch am Kreuz gestorbenen Gottes der Einsicht der Vernunft völlig widerspräche. Nach dem Maßstab griechischen Denkens lauteten die vernünftigen Aussagen über Gott:

Invektive (lat.) = Schmährede

> Vor allem glaube daran, dass die Gottheit ein unvergängliches und seliges Wesen ist ..., und hänge ihr nichts an, was ihrer Unvergänglichkeit zuwiderläuft oder was mit ihrer Seligkeit unvereinbar ist ... (Epikur, Brief an Menoikeus)
>
> Gott ist gut, schön, glücklich und in schönster und bester Lage. Wenn er jedoch zu den Menschen herabkäme, so müsste er sich verändern, und zwar vom Guten zum Schlechten, vom Schönen zum Hässlichen, vom Glück zum Unglück, von der besten Verfassung zur schlimmsten. Wer nun würde eine solche Veränderung wählen? (Kelsos, Der wahre Logos, IV,14)

Epikur (341–270 v. Chr.), gr. Philosoph, gründete in Athen die Schule der „Philosophen vom Garten“. Sein Hauptgedanke lautet: Ein freudvolles Leben gelingt allein durch die Vernunft, die Maß hält und richtig abwägt zwischen dem, was man verlangen, und dem, was man meiden soll.

Kelsos (2. Jh. v. Chr.), platonischer Philosoph, verfaßte 178 die Schrift „Der wahre Logos“ (Alethes Logos), in der er die althergebrachte griechische Philosophie und Bildung der neuen Lehre des Christentums entgegenstellte. Sonst ist von seinem Leben nichts bekannt.

Die christlichen Lehrer und Schriftsteller des 2. und 3. Jahrhunderts entgegneten der Kritik des gebildeten „Heidentums“ auf zweifache Weise:

1. Im Sinne einer Antikritik verwiesen sie darauf, dass sich in der griechischen Mythologie ja durchaus Motive und Vorstellungen fänden, die sich von den inkriminierten

Apologet (gr.), wörtl.: Verteidiger, hier: frühchristlicher Theologe des 2. (und 3.) Jh., der das Christentum gegen die Kritik des Heidentums verteidigte

vgl. insbes. Röm 3,14: „Adam, der Typos – Vorabbildung – des Zukünftigen [mit und in Christus sich Ereignenden] ist"

vgl. W. Beierwaltes, Griechische Metaphysik und christliche Theologie, Vorlesungsmitschrift 1975/76

Zitate von Justin und Klemens nach W. Beierwaltes, a. a. O.

Klemens von Alexandria (um 140/150–215), gr. Theologe, Philosoph und früher Kirchenvater; übernahm einige Zeit nach seiner Bekehrung vom Heidentum die Leitung der „Schule des geistigen Wissens" in Alexandria und machte sie zu einer berühmten Einrichtung; sein Denken war geprägt durch den Platonismus und die Lehre des jüdisch-hellenistischen Philosophen Philo von Alexandria (s. S. 125 f.); gilt als Begründer der „alexandrinischen Theologie".

christlichen nicht wesentlich unterschieden. So hielt z.B. einer der ersten (und zugleich einer der bedeutendsten) Apologeten, Justinus (2. Jh.), dem heidnischen Einwand, die Kreuzigung Jesu schließe seine Gottessohnschaft aus, entgegen: Auch von verschiedenen Zeussöhnen würden unterschiedliche „Arten des Todesleidens" erzählt und darum dürfe Jesus wegen seines Todes nicht geringer geschätzt werden (Apologia 22,3f.).

2. Die andere Weise der Entgegnung war bestimmt durch das „typologische" Denkmodell. Dieses Denkmodell war in der christlichen Theologie erstmals von Paulus gebraucht worden, um den Zusammenhang zwischen alttestamentlichen Ereignissen und dem mit Jesus Christus begonnenen Heilsgeschehen als ein Verhältnis von Vorausdarstellung und überlegener oder erfüllender Entsprechung zu kennzeichnen. Im gleichen Denkmodell bemühten sich die frühchristlichen Apologeten gegenüber den gebildeten Heiden um den Nachweis, dass die Gottesaussagen griechischen Denkens und die christliche Rede von Gott von Grund auf ähnlich und übereinstimmend seien, weil die griechische Metaphysik eine immanente Tendenz zur christlichen Offenbarung habe. In terminologischer Formulierung lautet der Gedanke der Apologeten:

Die christliche Theologie – als reflektierte Interpretation des biblischen Zeugnisses – entfaltet den in der griechischen Philosophie **vorgebildeten** Gottesbegriff und ist darin die **Wahrheit** (aletheia) des griechischen **„typos"** (der philosophischen Vorabbildung).

Überzeugt von der Richtigkeit dieser Verhältnisbestimmung, die die griechische Philosophie auf die christliche Theologie hin „finalisierte", konnte Justin sagen:

> Alles, was bei den Griechen (über Gott) Gutes und Wichtiges gesagt wurde, das gehört auch uns Christen.

Oder Klemens von Alexandrien:

> Die gesamte griechische Philosophie ist ein Weg zum Christentum, etwa in der Art, dass sie pädagogisch geführt werde auf Christus hin.

Diese typologisch begründete Apologetik hatte ihre größte Wirkung freilich nicht in der direkten Auseinandersetzung mit den „heidnischen Intellektuellen", sondern in der theologischen und näherhin dogmatischen Entwicklung des frühchristlichen Glaubens. Wenn nach dem Verständnis der Apologeten die griechische Metaphysik die (nicht nur zufällige, sondern von Gottes Vorsehung gewollte) Vorabbildung der christlichen Wahrheit war, dann hatte die Theologie das Recht und war sogar dazu aufgefordert, genuine Aussagen der biblischen Offenbarung durch „vorausgedachte" philosophische Gedanken erst verstehbar zu machen.

Christus als „Philosoph"

Tatsächlich hat die christliche Theologie der ersten Jahrhunderte außer der philosophischen Terminologie auch philosophische Problemstellungen, die Methode der Philosophie und Ergebnisse philosophischen Denkens übernommen. Doch wäre es falsch, den angesprochenen Zusammenhang zwischen dem typologischen Denkmodell und der Übernahme griechischer Philosophie in die Theologie kausal verstehen zu wollen. Der Grund für die Aufnahme des philosophischen Gottesbegriffs bestand in einer kommunikativen Notwendigkeit, die zu jeder Zeit auf Gültigkeit drängt:

Das Wort der Offenbarung muss immerzu im jeweils aktuellen, das Denken prägenden Verständnis- und Erkenntnishorizont ausgelegt werden, sofern der Sinn der Offenbarung überhaupt mitteilbar oder akzeptabel gemacht werden soll.

Im Kontext dieser kommunikativ oder hermeneutisch* notwendigen Aufnahme von Philosophemen in die frühchristliche Theologie konnte das typologische Denkmodell beschleunigend oder auch legitimierend wirken. Aber es war – nochmals gesagt – nicht die Ursache selbst.

Philosophem (gr.) = philosophischer Gedanke; Ergebnis philosophischen Nachdenkens

Obwohl die frühchristliche Rezeption der griechischen Metaphysik sachlich bedingt war – ohne sie wäre das Christentum in dieser Zeit gar nicht kommunikabel gewesen und hätte sich nicht einmal selbst verstanden –, darf die Problematik dieser Rezeption keinesfalls übersehen werden; das um so weniger, als sich die Problematik bis heute in der Theologie auswirkt.

Besonders schwer wiegend wird die Problematik von dem evangelischen Theologen Adolf von Harnack beurteilt. Er sieht in der Rezeption griechischen Denkens eine Überfremdung des Christentums, durch die es seine Echtheit verloren habe. *(vgl. dazu S. 145)*

Die Problemanzeige kommt in dem hermeneutischen Grundsatz zum Ausdruck, dass die Übernahme oder Umformung philosophischer Begriffe und Gedanken durch die Theologie nie eine bloß formale Applikation ist. Vielmehr bringt die Verschiedenheit der aufnehmenden Theologie und der aufgenommenen Philosophie eine neue Denkgestalt hervor, in der das Wort der Offenbarung bis-

weilen bis in seine Substanz hinein verändert oder gar zerstört wird.
Die Konkretion dieser grundsätzlichen Problemanzeige wird in Kap. 6 erfolgen.

4.2 Die Entwicklung der Trinitätstheologie*

vgl. zum Folgenden H. Vorgrimler, Theologische Gotteslehre, S. 62ff.; 88f.

vgl. S. 120ff.

vgl. S. 104–106

„Dynamis" (gr.) = Vermögen, Kraft, Stärke, Macht

Wenn sich in neutestamentlicher Zeit die christlichen Gemeinden zu ihrem Gott bekannten, sprachen sie von keinem anderen als JHWH, dem einen und einzigen Gott des Alten Testaments. Dieser Gott hatte nach ihrem Glauben Jesus als Retter in die Welt gesandt. Im Horizont jüdischer Messiasvorstellungen griff das früheste Christentum die messianische Bezeichnung „Sohn Gottes" auf, um so die einmalige Geltung Jesu zum Ausdruck zu bringen. Aus dem Beziehungsbegriff „Sohn" ergab es sich von selbst, JHWH „seinen" Vater – den Vater Jesu – zu nennen. Aber auch in der Beziehung zu den Menschen wurde der einzige Gott als „Vater" – als „unser Vater" angesprochen. So hatte schon Jesus (hierin von der Gottesvorstellung des späten Judentums keineswegs abweichend, sondern ihr folgend) seine Anhänger zu beten gelehrt, und die frühen Christen sahen sich in dieser Anrede Gottes noch bestärkt, weil sie glauben konnten, durch die Vermittlung Jesu in seine innige Beziehung zu seinem Vater hineingenommen zu sein. Die Erfahrung der neutestamentlichen Zeit, dass die „Dynamis" Gottes und Jesu auch nach Jesu Tod als einheitstiftende, glaubensfördernde und das ethische Verhalten unterstützende Kraft gegenwärtig blieb, wurde als Wirkung des Geistes Gottes (und Jesu) aufgefasst und so bezeichnet.

vgl. 1 Kor 3,23; 15,28; Joh 14,28

Die Dreidimensionalität Gottes, die im Neuen Testament mit den Prädikaten „Vater", „Sohn" und „Geist" sprachlich gefasst wurde, brachte das Bekenntnis zum einen und einzigen Gott nicht in Schwierigkeiten. Ho theos – der Gott – war JHWH, der Vater: Er ist „größer" als der Sohn und der Geist. Sohn und Geist sind die „Vermittler", durch die der Vater zum Heil der Menschen in die Welt hineinwirkt und gegenwärtig ist.

„Schema" (hebr. = ‚höre!'): steht neben dem „Achtzehngebet" im Mittelpunkt der jüdischen Liturgie, es ist sozusagen der Kern des „jüdischen Glaubensbekenntnisses".

Weil das jüdische „Schema" – Höre Israel, Gott, unser Gott, ist einzig – im Zusammenhang des Neuen Testaments unangefochten war, konnten „die Drei" in triadischen Formeln einfach nebeneinander gestellt werden, ohne dass das Verhältnis „der Drei“ zueinander auch nur im Ansatz reflektiert worden wäre. Zwei Zitate können dies verdeutlichen:

> Die Gnade des Herrn Jesus Christus und die Liebe Gottes und die Gemeinschaft des heiligen Geistes sei mit euch allen (2 Kor 13,13).
> Darum gehet hin und machet alle Völker zu Jüngern und taufet sie auf den Namen des Vaters und des Sohnes und des heiligen Geistes (Mt 28,19).

Die Auffassung W. Kaspers, dass in Mt 28,19 Vater, Sohn und Geist „völlig ‚gleichberechtigt'“ nebeneinandergestellt sind (Der Gott Jesu Christi, S. 299), ist fragwürdig. Sie trifft wohl nur dann zu, wenn man sich auf die rein sprachliche Form bezieht. Hermeneutisch ist aber davon auszugehen, dass das damalige Verständnis trotz sprachlicher Gleichstellung immer die einzigartige Stellung des Vaters mitgehört oder mitgedacht hat.

Das systematisch, d. h. theologisch nicht entfaltete Nebeneinander von Vater, Sohn und Geist konnte jedoch auf Dauer vor dem Denken keinen Bestand haben. Die Vernunft drängte auf explizite* Klarheit. Verwickelt wurde der trinitätstheologische Klärungsprozess dadurch, dass jeder Lösungsversuch – wegen der prinzipiellen Unfasslichkeit der bedachten „Sache“ – die Gefahr des Irrtums in sich barg und Widerspruch herausforderte.

4.2.1 Das Problem des Subordinatianismus

Die frühen Christen bekannten sich bis zur Mitte des 2. Jahrhunderts spontan zu den drei Dimensionen der neutestamentlichen Gotteserfahrung, ohne hierbei ein durch Denken zu lösendes Problem zu sehen. Literarische Zeugnisse aus der 2. Hälfte des 2. Jahrhunderts lassen aber erkennen, dass es – wohl zunehmend – ein Bedürfnis geworden war, über die Beziehung von Sohn und Geist zu dem einen Gott nachzudenken.
Die ersten trinitätstheologischen Gehversuche waren subordinatianistisch geprägt:

> Subordinatianismus heißt im Zusammenhang der Trinitätslehre: Sohn und Geist sind dem Vater (der **ho** theos, **der** Gott, ist) so untergeordnet („subordiniert“), dass das wirkliche Gottsein der Zwei, ihre Gott-Gleichheit, in Frage gestellt ist. Sie werden als Mittelwesen zwischen Gott Vater und den Menschen (bzw. der Welt) vorgestellt, in ihrem Sein bestimmt durch ihre heilsökonomischen Funktionen.

Der frühe Subordinatianismus war mit bedingt einerseits durch Unterordnungswendungen des Neuen Testaments, andererseits durch das philosophische Gottesdenken namentlich des mittleren Platonismus.

Gnadenstuhl

„Wenn ihr [die Apostel] mich liebt, werdet ihr meine Gebote halten, und ich werde den Vater bitten und er wird euch einen anderen Beistand geben, damit er immerfort bei euch bleibe, den Geist der Wahrheit ...“ (Joh 14,15–17)

Mittlerer Platonismus: philosophiegeschichtlich die Fortführung der Lehre Platos im 1./2. Jh. nach Chr.; starke Betonung der absoluten Transzendenz des ersten Prinzips und Annahme einer Reihe von Mittlerwesen zwischen dem ersten Prinzip und der Welt; Hauptvertreter: Plutarch (um 46–120 n. Chr.)*

1. Die Unterordnungswendungen des Neuen Testaments, die explizit ein „Mehr“ oder „Größer“ des Vaters aussprechen, betreffen sein Verhältnis zu Jesus Christus (seinem Sohn). Sie finden sich vor allem bei Paulus und Johannes. Dagegen kommt die Unterordnung des Geistes indirekt zum Ausdruck, sie ergibt sich aus der Interpretation. Wenn z. B. in Joh 14,15–17 Jesus nach seiner Auferstehung sagt, er werde den Vater bitten, den Geist als „anderen Beistand“ zu geben, dann steht der Geist mit Jesus auf einer Stufe und im Kontext des Johannes-Evangeliums unter dem Vater.
2. Im mittleren Platonismus des 2. Jahrhunderts wird (im Unterschied etwa zur Stoa, die einen kosmisch-materiellen All-Gott denkt) Gott als absolut unkörperlich, raum- und zeitlos aufgefasst. Er versteht Gott – hierin Platons Aussagen über die erste „Idee des Guten“ aufgreifend und weiterführend – als die „Einheit“ (Monas) und „Einsheit“ (Henas) schlechthin, jenseits nicht nur des Endlichen, sondern „jenseits des Seins“ (vgl. Plato, Politeia 509 b) überhaupt. Gott, der aufgrund solcher

Bestimmung unendlich über die Welt erhöht oder hinaus ist, wird vom mittleren Platonismus gleichwohl mit der Welt verbunden begriffen. Das ist möglich, weil Vermittler ins Spiel gebracht werden, die in der Welt wirksam werden können, ohne dass Gott – der nichts von allem und damit die absolute Fülle ist – etwas von seinem Über-Sein verliert. Die Vermittler sind die „Kräfte" Gottes, seine „Macht", seine „Güte" und seine göttliche „Vernunft" (Logos).

Der „Apologet" Justin und seine Schule nahmen den Gottesbegriff des mittleren Platonismus zum Maß und reflektierten von daher fast zwangsläufig das Verhältnis von Vater, Sohn und Geist subordinatianistisch. So lehrte Justins Schüler Tatian:

vgl. S. 130f.

> Der göttliche Logos ging aus dem Willen des einfachen Gottes hervor als erstgeborenenes Werk des Vaters vor aller Schöpfung; er hat sein Wesen vom Vater durch Teilhabe, ähnlich wie ein neues Licht an einer Fackel entzündet wird. Der Heilige Geist ist zweifach untergeordnet, dem Vater, aus dem er hervorging, und dem Sohn, dem er als Bote diente. (Vorgrimler, a. a. O., S. 90).

Die theologiegeschichtlich entscheidende Auseinandersetzung um den Subordinatianismus wurde dann zu Anfang des 4. Jahrhunderts geführt. Dabei ging es spezifisch um das Verhältnis von Vater und Logos/Sohn. Es war also im Grunde ein christologischer Streit; aber darin eingeschlossen waren auch Konsequenzen für das Verständnis der Trias Vater, Sohn und Geist.

Der „Vorkämpfer" aufseiten der subordinatianistischen Deutung des Vater-Sohn-Verhältnisses war Arius. Auch seine „Gotteslehre" war von Platon und dem Platonismus bestimmt. Weil er Gott in diesem philosophischen Verständnishorizont als das höchste Eine in absolut unzugänglicher Transzendenz dachte – unaussprechlich, ungeworden und unveränderlich –, musste ihm die Vermittlung dieses einen absolut Höchsten mit der endlichen Welt des Gewordenen und Vielfältigen als das theologische Grundproblem erscheinen. Seine Lösung fand Arius darin, dass er Platos mythische Rede vom weltschaffenden „Handwerker" – vom „Demiurgen" – aufgriff.

Arius (um 260–336), Priester an der Baukalis-Kirche zu Alexandrien; strenger Asket und hinreißender Prediger, der beim Volk großes Ansehen genoss; wurde wegen seiner Lehre als Häretiker aus der kirchlichen Gemeinschaft von Alexandria ausgeschlossen, später – nach dem Konzil von Nikaia (325) – vom Kaiser selbst „als schlimmster Feind des wahren Glaubens" aus der Kirche verbannt.

vgl. Plato, Timaios, S. 28 c ff.

Nach Plato ist der Demiurg nicht das erste Prinzip und der Urheber des absoluten Anfangs, er ist nicht mit der Idee schlechthin (die das Gute selbst ist) identisch. Vielmehr ist er die Wirklichkeit nach oder unter der absoluten Transzendenz, die die Welt nach dem Paradigma der „Ideen" schafft und gestaltet.

Ganz ähnlich lehrte Arius, dass der Sohn oder Logos in seinem Wesen zwischen dem wahren Gott – dem Vater – und der Welt steht und durch sein „Zwischensein" bei der Schöpfung und in der Heilsgeschichte der Mittler war. Der Logos sei nicht ewig vom Vater gezeugt, sondern der Vater habe ihn in der Zeit (bzw. mit der Zeit) aus dem Nichts als erstes Geschöpf geschaffen. Daher ist die Sohnschaft des Logos nach Arius nicht substantiell. Vielmehr habe der Vater den Logos als Sohn „adoptiert", weil der Logos sich – Mensch geworden – im Leben Jesu zunehmend ethisch vervollkommnet und dem Sein Gottes angenähert habe.

vgl. H. Vorgrimler, a. a. O., S. 94

Es versteht sich, dass von Arius und seinen Schülern alle Aussagen des Neuen Testaments systematisch hervorgehoben wurden, die Jesus Christus – den Sohn – dem Vater unterordneten.

4.2.2 Das Problem des Monarchianismus

zum Folgenden vgl. G. Hasenhüttl, Einführung in die Gotteslehre, S. 78ff.

Der Monarchianismus hat mit dem Subordinatianismus das Anliegen gemeinsam, die Einheit, Einsheit und absolute Transzendenz Gottes zu wahren. Sein Lösungsweg führt aber in die entgegengesetzte Richtung. Die Subordinatianisten wollten die Transzendenz des einen Gottes sichern, indem sie den Sohn und den Geist als „Zwischenwesen" dem Vater „substantiell" unterordneten. Der Monarchianismus dagegen hebt jede Eigenwirklichkeit von Sohn und Geist auf; er vertritt die absolute Identität Gottes mit sich selbst, die allein schon durch die Beziehung zu einem „zweitrangigen" göttlichen Logos und zu einem „zweitrangigen" göttlichen Geist zerstört würde.

Die Strömung des Monarchianismus kam aus jenen christlichen Kreisen, die sich – trotz der Trennung von Judentum und Christentum – nach wie vor dem Judentum eng verbunden fühlten und den Monotheismus* des Alten Testaments auf jeden Fall retten wollten. „Wir halten die Alleinherrschaft Gottes hoch" – monarchiam tenemus –, lautete der Wahlspruch.

So markiert der nordafrikanische Kirchenschriftsteller Tertullian (um 160–222) – der erste uns bekannte lateinische *Theologe – die Position seiner Gegner, die er in „Gegen Praxeas" (Aversus Praxean, um 213 verfasst) bekämpft.*

Von den verschiedenen Denkmöglichkeiten, die dem monarchianischen Grundsatz der beziehungslosen Identität Gottes rein theoretisch entsprechen, wurden im 3. und 4. Jahrhundert die argumentativ überzeugendsten entfaltet. Hier wird nur *die* Denkgestalt des Monarchianismus weiter behandelt, die in der Theologiegeschichte die größte Wirkung hatte: der so genannte Modalismus.

Nach dieser Lehre sind Sohn und Geist ausschließlich Erscheinungsweisen, Erscheinungs**modi** des einen Gottes. Sie wurde besonders von **Sabellius** vertreten. Soweit das aufgrund der Quellenlage noch zu sagen ist, lehrte Sabellius „die Vorstellung von einer heilsgeschichtlichen Folge der Manifestationen Gottes" (Hasenhüttl, a. a. O., S. 79). Demgemäß wird Gott in der Welt und Geschichte sukzessiv unter drei „Masken" (prosopa) wirksam:
- In der Schöpfung offenbart sich Gott – die Gottheit – durch die „Maske" des Vaters.
- In der Menschwerdung nimmt derselbe Gott – dieselbe Gottheit – die „Maske" des Sohnes an.
- In der „Heiligung der Seelen" schließlich wirkt der eine Gott von Christi Himmelfahrt bis zum Ende der Zeit als Heiliger Geist.

Sabellius, christlicher Theologe der 1. Hälfte des 3. Jh.; geprägt von der alexandrinischen Theologie; kam 217 nach Rom; wurde von Papst Calixtus I. exkommuniziert

Matthäus Greuter, Aeternitas

Da im Verständnis des Sabellius die Masken (Erscheinungsmodi) Gottes vergänglich – kontingent – sind, gibt es in Gott keine Dreiheit im Sinne der Ewigkeit. Dreifaltig ist er im Grunde nur „für uns", in der zeitlichen Ordnung der „Heilsökonomie". Im Horizont der Ewigkeit ist Gott, die Gottheit, die absolut differenzlose Einheit.
Mit dem Monarchianismus in Gestalt des „modalistischen Sabellianismus" setzte sich besonders heftig, aber argumentativ der lateinische Kirchenlehrer Tertullian auseinander. In seiner Streitschrift „Adversus Praxean" operiert er, um seine trinitätstheologische Auffassung darzulegen, mit zwei philosophischen Begriffen, die in der Dogmenentwicklung eine herausragende Bedeutung gewinnen sollten. Er sprach von der „una substantia" (der einen Substanz) und den „tres personae" (den drei Personen) Gottes. Das entscheidende Verdienst Tertullains war aber nicht, dass er diese Begriffe in die trinitätstheologische Diskussion eingeführt hätte. Gerade der griechische Begriff für Person – prosopon – wurde ja bereits von den Modalisten gebraucht. Entscheidend war vielmehr, dass er die Begriffe „substantia" und „persona" im Kontext ihrer trinitätstheologischen Verwendung präzisiert hat.

Die Forschung ist sich noch immer unklar, ob Tertullian mit „Praxeas" eine historische Person dieses oder eines anderen Namens oder allgemein die monarchianische Tendenz angreifen wollte (vgl. B. J. Hilberath, Der dreieinige Gott, S. 95).

In „Adversus Praxean" zitiert Tertullian, bevor er die Argumentation gegen den Monarchianismus beginnt, als damalige Glaubensregel (regula fidei) der Kirche:

> Wir glauben zwar den einzigen Gott,
> jedoch unter der Aufteilung, die wir Ökonomie [d. i. das heilsgeschichtliche Wirken Gottes] nennen (Adversus Praxean 2, S. 1).

Das Wort „Aufteilung“ – dispensatio – bezeichnet in aller Klarheit den Konfliktpunkt:

vgl. B. J. Hilberath, Der dreieinige Gott, S. 96

Während „Praxeas“ meinte, die Einzigkeit Gottes könne nur durch die Identifikation von Vater, Sohn und Geist benannt werden, sieht Tertullian die rechtgläubige Alternative darin, Gott als relative Einheit im Unterschied zu denken.

Die äußerst schwierige Reflexion, wie von Gott die Einheit und zugleich die Dreiheit auszusagen sei, entfaltet Tertullian dann – vor allem im philosophisch-sytematischen Teil seiner Argumentation – anhand der Begriffe „substantia“ und „persona“:

- Einheit und Einsheit ist Gott der Substanz nach. Im Gott-Sein und in der Macht des Gott-Seins sind Vater, Sohn und Geist ununterschieden selbig und dieselben.
- Aber Vater, Sohn und Geist sind auch „jeweils ein anderer“. Um jedes „tritheistische“ Missverständnis abzuwehren, präzisiert Tertullian sofort und sagt: Sie sind anders „distinctione, non separatione“ – nicht durch Trennung, sondern durch Unterscheidung. Die Unterscheidung ist eine dreifache „Aufteilung“, die in Gott aus der Substanz des Vaters hervorgeht und die sich heilsgeschichtlich als Wirklichkeit des Vaters, des Sohnes und des Geistes offenbart. Aufgrund des Selbstands, der jeder der drei sich nach außen manifestierenden Wirklichkeiten Gottes zukommt, erweist sich „Person“ als angemessener Begriff für die drei „Existenzen“ Gottes. Person nämlich bezeichnet eine Sache (res), die aufgrund der ihr eigenen, sie von anderen unterscheidenden Wirklichkeit mit einem Namen (nomen) benannt werden kann.

Trinitas

Gegen voreilige Einwände, die bei Tertullians Person-Begriff im Aspekt des „Selbstands“ die Gefahr des Tritheismus erkennen, ist festzuhalten:

Obwohl Tertullian gegenüber dem Monarchianismus um den Nachweis bemüht ist, dass Sohn und Geist „distinkt (d. h. als eigenständige Wirklichkeiten) existieren“, relativiert er die Distinktionen immer wieder: Er lässt – unüberhörbar – anklingen, dass die Personen Gottes nur deswegen unterschieden werden können, weil sie in ein Beziehungsgefüge eingebunden sind. Einen unterscheidbaren Anderen – eine Person – gibt es nur im Vergleich zu einem Anderen – zu einer anderen Person.

vgl. B. J. Hilberath, a. a. O., S. 109

So gesehen sind Selbstand und Relation keine Alternativen für Tertullian. Die angemessene Umschreibung des von ihm verwandten Person-Begriffs lautet vielmehr: „Selbstand in Relation“.

4.2.3 Das Problem des Tritheismus

Die Auseinandersetzung, die in der frühen Kirche vom Standpunkt der „Orthodoxie“ aus mit der subordinatianistischen und der monarchianischen Tendenz geführt wurde, erfuhr im Konzil von Nikaia (325) eine erste dogmatisch richtungsweisende Weichenstellung. Obwohl das Konzil explizit „nur“ das Verhältnis von Vater und Sohn behandelte, implizierte das Lehrdokument Aussagen über die Trinität insgesamt. Der entscheidende Passus lautet:

zum Konzil von Nikaia s. S. 128

Wir glauben an ... Jesus Christus, Sohn Gottes, als Einziggeborener gezeugt vom Vater, das heißt aus der Wesenheit des Vaters, Gott von Gott, Licht vom Licht, wahrer Gott vom wahren Gott, gezeugt nicht geschaffen, wesenseins (homousios) mit dem Vater (DS 125 = NR 155).

- Gegen den Subordinatianismus wird hier festgestellt, dass der Sohn (und implizit der Geist) seiner Gottheit nach nicht unter dem Vater steht, sondern mit ihm eines und gleichen Wesens ist. Begründet wird die Wesenseinheit „genetisch“: der Sohn (und der Geist) entspringt/en „aus der Wesenheit des Vaters“.
- Gegen den Monarchinanismus bringt das „genetische“ Verständnis der Gottheit in den Blick, dass der Vater und der Sohn (und implizit der Geist) nicht bloße Erscheinungsweisen (-modi) einer Gottheit, sondern dis-

Sancta Trinitas

tinkte Eigenwirklichkeiten sind. Aufgrund ihrer inneren Beziehungen zueinander ist der eine nicht der andere, sondern der eine und der andere (und der dritte) sind „individuell“ unterschieden.

s. S. 137f.

Das Konzilsdokument war freilich – auch wenn die vorgelegte Deutung einen anderen Eindruck erweckt – begrifflich noch keineswegs zufriedenstellend und bot Ansatzpunkte für Missverständnisse. Die terminologisch klare Unterscheidung zwischen Gottes Wesen und Gottes Personen, die Tertullian bereits hundert Jahre früher in die Theologie eingeführt hatte, war hier – im Kontext dogmatischer Klärungen – nicht aufgegriffen. Das geschah erst sechzig Jahre danach.

Die „drei Kappadozier“ sind die Kirchenlehrer Basilius von Caesarea (oder der Große, um 330–379), sein Bruder Gregor von Nyssa (um 335–394) und ihr Freund Gregor von Nazianz (um 330–390). Alle drei waren Bischöfe; ihren Namen „Kappadozier“ erhielten sie nach ihrer Heimat Kappadozien am Rande Syriens.

Dass Tertullians Begrifflichkeit Eingang in die offizielle Lehrverkündigung fand, war nicht zuletzt das Verdienst der drei Kappadozier, die – im Anschluss an Nikaia – das Verhältnis zwischen Einheit und Dreiheit Gottes in Termini der griechischen Philosophie reflektierten. Sie fassten das eine unendliche göttliche Wesen (usia) als streng unbegreiflich auf; es entfalte sich aber im innergöttlichen Leben zur Dreiheit von Vater, Sohn und Geist. Diese Drei seien Hypostasen (hypostaseis) – konkrete oder eigentümliche Verwirklichungen des einen göttlichen Wesens –, weil sie je eine nicht mitteilbare Eigenschaft hätten: Dem Vater (allein) komme Ungezeugtsein zu, dem Sohn (allein) Gezeugtsein, dem Geist (allein) Hervorgegangensein.

Das Konzil von Konstantinopel (381) griff diese Unterscheidung zwischen dem einen Wesen (usia) und den drei Hypostasen (hypostaseis) auf. In dessen Rezeption durch die römische Synode unter Papst Damasus (382) gelangten dann die entsprechenden lateinischen Begriffe „substantia“ und „personae“ in den lehramtlichen Sprachgebrauch und bestimmten von da an das trinitätstheologische Dogma der Kirche die ganze Theologiegeschichte hindurch.

Vgl. das Glaubensbekenntnis der 11. Synode von Toledo (675) DS 525ff. = NR 266ff.: Gott ist „der Wesenheit nach“ einer, den Personen nach „dreifaltig“ oder die „Dreifaltigkeit“ (Trinitas).

Die dogmatische Trinitätsformel* „una substantia – tres (consubstantiales) personae (ein Wesen – drei [wesensgleiche] Personen)“ war insofern eine durch größte geistige Anstrengung erreichte Lösung, als sie ein subordinatianistisches oder monarchianisches Gottesverständnis ausschloss. Aber dafür barg sie die Gefahr eines anderen Missverständnisses, nämlich die Gefahr des Tritheismus.

Der Person-Begriff legt es sehr nahe, gerade wenn man sich von seinem alltäglichen oder auch philosophischen Bedeutungsgehalt leiten lässt, die Drei im Leben Gottes nicht nur als distinkte Wirklichkeiten, sondern als getrennte „Wesen" mit je eigenem Akt- und Bewusstseinszentrum aufzufassen. Bereits die drei Kappadozier mussten ihren griechischen Begriff für Person – hypostasis – vor einer derartigen tritheistischen Interpretation in Schutz nehmen. Doch trotz solcher Klarstellungen konnte die Auseinandersetzung um das richtige trinitätstheologische Person-Verständnis bis heute nicht abgeschlossen werden. Karl Rahner hat daraus die Konsequenz gezogen und dafür plädiert, den Person-Begriff aufzugeben und stattdessen von „drei distinkten Subsistenzweisen" des einen Gottes zu sprechen. Ähnlich hatte schon vor Rahner Karl Barth betont, dass der Begriff „Person" ungeeignet sei, die Lebensunterschiede in Gott unmissverständlich zum Ausdruck zu bringen. Sein alternativer Sprachgebrauch lautet: Gott ist ein Subjekt, das in drei unterschiedlichen „Seinsweisen" existiert.

H. Vorgrimler referiert die diesbezügliche Stellungnahme der Kappadozier folgendermaßen: Es sei „unzulässig, die drei ‚Hypostasen' in Gott mit drei Menschen zu vergleichen, die ja auch drei ‚Hypostasen' genannt werden können ... Bei Gott hätten die Hypostasen nicht viele konkrete, besondere Merkmale, sondern jeweils nur eines: Ursprungsein beim Vater, Gezeugtsein beim Sohn, Hervorgegangensein beim Geist. Diese Merkmale seien jeweils so ‚dünn', dass durch diese Merkmale oder individuellen Besonderheiten nicht drei selbstständige Subjekte entstünden". (a. a. O., S. 99f.)

zu Rahner s. S. 173

5 Heutige Grundprobleme

Die Theologie hat die Aufgabe, den christlichen Glauben immer neu mit der in der Geschichte sich wandelnden Denk- und Erfahrungswelt der Menschen zu vermitteln. Nur wenn es ihr gelingt, Glaubensinhalte so zu reflektieren und zu formulieren, dass sie *in der jeweiligen Zeit* verstehbar sind, „kommt“ die Botschaft des Christentums bei den Menschen „an“.

Zur theologisch reflektierten Aktualisierung des Glaubens gehört wesentlich die kritische Auseinandersetzung mit der Tradition. Die Bezugnahme auf die Tradition ist notwendig, weil die Tradition auf die Wurzel des Christentums, die biblische Offenbarung, zurückführt und als theologische Entfaltung dieser Wurzel zum Vorschein bringt, welches Potential* an Deutungen diese Wurzel in sich birgt. Zugleich ist die kritische Distanznahme unverzichtbar, weil jede Aussage der Theologiegeschichte aufgrund ihrer historisch bedingten Gestalt grundsätzlich überholbar ist.

Die andere Seite der theologisch reflektierten Aktualisierung des Glaubens wird von der Erwägung bestimmt, welchen Gesichtspunkten des geschichtlichen Seins und Bewusstseins Rechnung zu tragen ist, damit die Glaubensvorstellungen lebendig und tragfähig bleiben. „Rechnung tragen“ umfasst dabei das ganze Spektrum von Ablehnung bis Zustimmung. Entscheidend ist es, dass zu den Fragen, Standpunkten und Verhältnissen der Zeit Stellung genommen wird.

Diese allgemeinen Überlegungen müssen nun spezifiziert werden. Es ist für die Gotteslehre darzulegen, welche Punkte in der heutigen Auseinandersetzung mit der Traditionsgeschichte im Vordergrund stehen und welche Fragestellungen aufgrund der geistigen und materiellen Situation unserer Zeit einer besonderen Diskussion bedürfen.

5.1 Die Hintergründe der heutigen Diskussion

Die Hintergründe sollen – entsprechend der einleitenden Bemerkungen – aus zweifacher Sicht dargelegt werden: aus Sicht der Traditionskritik und aus Sicht des gegenwärtig bestimmenden Denk- und Erfahrungshorizonts.

5.1.1 Traditionskritik

Die christliche Gotteslehre ist (in ihrer dogmatischen Gestalt) bis in die neuere Zeit geprägt von der Begrifflichkeit der griechischen – namentlich platonischen und aristotelischen – Philosophie. Im 2. und auch noch im 3. Jahrhundert sahen sich die Christen dem Vorwurf gebildeter „heidnischer" Schriftsteller ausgesetzt, die christliche Verkündigung über Gott sei – gemessen an der von den Philosophen mit Vernunft erkannten *Wahrheit* – eine Torheit sondersgleichen. Der Hauptangriff der „heidnischen" Kritik richtete sich dabei gegen die christliche Lehre, dass Gott in die Welt herabgekommen und Mensch geworden sei und am Kreuz gelitten habe. Diesem Glauben musste der an Plato oder Epikur geschulte Gebildete entschieden widersprechen; denn nach seinem Verständnis gehörte es wesentlich zum wahren Begriff Gottes, dass Gott, der sich in der schönsten und besten Lage befindet, sich immer selbst gleich bleibt und niemals verändert, schon gar nicht zum Schlechteren.

Es sind drei große Streitschriften gegen das Christentum bekannt: „Der wahre Logos" des platonischen Philosophen Kelsos (verfasst 178), die Schrift „Gegen die Christen" des Neuplatonikers Porphyrios (um 233–305) und das Werk von Kaiser Julian „dem Abtrünnigen" (331–363), ebenfalls mit dem Titel „Gegen die Christen". Alle drei Schriften sind nur in Fragmenten erhalten, weil sie vom Christentum (nachdem es Staatsreligion geworden war) gezielt vernichtet wurden.

Vgl. Plato, Symposion 203 a 1: „Gott mischt sich nicht mit den Menschen". Epikur, Brief an Menoikeus: „Vor allem glaube daran, dass die Gottheit ein unvergängliches und seliges Wesen ist ..., und hänge ihr nichts an, was ihrer Unvergänglichkeit zuwiderläuft oder was mit ihrer Seligkeit unvereinbar ist ..."

Eine überzeugende Verteidigung (Apologie) des Christentums hatte sich dem „heidnischen" Vorwurf der Vernunftwidrigkeit zu stellen. Die Wahrheit des christlichen Glaubens damit begründen zu wollen, dass er ja auf Gottes Offenbarung beruhe, wäre als Argument bei den philosophisch denkenden Griechen und Römern ins Leere gelaufen. Vielmehr mussten die Christen die Auseinandersetzung in dem von den „heidnischen" Kritikern vorgegebenen Verständnishorizont, d.h. im Rahmen der antiken (griechischen) Philosophie führen.

zu den Apologeten des frühen Christentums s. S. 130

Neben der Möglichkeit, „heidnischer" Kritik direkt zu begegnen und das, was der Unwahrheit bezichtigt war, mit Vernunftgründen als gleichwohl wahr zu erweisen, gab es für die christlichen Apologeten noch einen anderen, letztlich wirkungsvolleren Weg: Sie rezipierten den philosophischen Gottesbegriff und bemühten sich um den Nachweis, dass der jüdisch-christliche JHWH in den entscheidenden Begriffsbestimmungen gar nicht anders oder genau so zu denken sei. Hierbei trat das biblische Zeugnis vom konkreten geschichtlichen Heilshandeln Gottes zwangsläufig zurück gegenüber abstrakten Überlegungen, die Gott theoretisch als absolutes Prinzip und in seinen Wesenseigenschaften fassen wollten. Zu den wichtigsten Inhalten, die von den frühchristlichen Theologen durch die Übernahme oder Anwendung griechischer philosophischer

vgl. dazu S. 130f.

Griechischer Gott (Poseidon)

Denkkategorien dem jüdisch-christlichen Gottesgedanken beigelegt wurden, zählen

- das völlige Bei-sich-selbst-Bleiben
- die Einfachheit als Unteilbarkeit
- die Einheit als Einzigkeit und ausschließliche Selbstbezogenheit
- die Unveränderlichkeit
- der Ausschluss eines Bestimmtwerdens von außen (Apathie)
- die reine Wirklichkeit, die immer schon und vollkommen ist, was sie sein kann oder sein will
- die Mächtigkeit zu allem
- die Geistigkeit („höchstes Leben")
- Unvergänglichkeit und Ewigkeit (als Ausschluss jeglichen Werdens)
- die räumliche Unbewegtheit

Aber nicht nur die Auseinandersetzung mit der Kritik des gebildeten „Heidentums" führte im frühen Christentum dazu, die Verständigung über Gott als Philosophie oder jedenfalls auf der Grundlage philosophischer Aussagen zu betreiben. Sondern es waren gerade auch innertheologische Streitfragen zum biblischen Gottesbekenntnis, die wegen ihrer äußerst schwierigen Problematik entsprechend dem geistigen Bewusstsein dieser Zeit in der Begrifflichkeit der antiken Philosophie diskutiert wurden. Die Streitfragen betrafen,

s. S. 129ff.

- das Verhältnis von Jesus Christus, dem Sohn Gottes, zu Gott, dem Vater
- das Verhältnis von Menschheit und Gottheit Jesu,
- das Verhältnis von Gott Vater, Gott Sohn und Gott Geist.

Die maßgeblichen philosophischen Begriffe, die zur formelhaften Klärung der Streitfragen herangezogen wurden, lauteten:

- Wesen / Wesenheit (gr. ousia, lat. substantia)
- Natur (gr. physis, lat. natura)
- Person (gr. hypostasis, lat. persona)

Die *scholastische Theologie* des Mittelalters bemühte sich dann darum, den vom frühen Christentum philosophisch geprägten Gottesgedanken systematisch weiter zu entfalten. Zunächst behandelte sie in einem eigenen Lehrstück den einen und einzigen Gott (De Deo uno), anschließend in einem zweiten Lehrstück den dreieinigen Gott (De Deo trino).

- Im Lehrstück über den einen und einzigen Gott war die Bestimmung fundamental, dass Gott seinem Wesen nach „causa sui“ = Ursache seiner selbst und damit „Ipsum esse“ = das Sein selbst als schlechthinnige Seinsfülle ist. Aus dieser Grundbestimmung des göttlichen Seins konnten alle Eigenschaften Gottes – Unendlichkeit, Vollkommenheit, Unveränderlichkeit, Ewigkeit, Allmacht … – abgleitet werden.
- Im Lehrstück über den dreieinigen Gott wurden auf höchst subtile Weise die innergöttlichen Hervorgänge (processiones) von Sohn und Geist und die innergöttlichen Beziehungen (relationes) der drei göttlichen Personen untereinander erörtert.

Ein Merkspruch dazu hieß: „Fünf Grundeigenschaften sind in Gott, vier Beziehungen, drei Personen, zwei Hervorgänge; ein einziger ist Gott, für ihn gibt es keinen Beweis – das ist die Hl. Dreifaltigkeit“ (vgl. G. Hasenhüttl, Einführung in die Gotteslehre, S. 94).

Die Aufnahme griechischen Denkens in die Theologie ist von dem evangelischen Theologen Adolf von Harnack als „Hellenisierung des Christentums“ beklagt worden. Es komme einem „Abfall“ von Jesu ursprünglicher Botschaft gleich, dass bereits im ersten nachchristlichen Jahrhundert z. B. in der johanneischen Theologie, vor allem aber im zweiten und dritten Jahrhundert bei den Kirchenlehrern das Evangelium durch (mythologische und) philosophische Vorstellungen der hellenistischen* Kultur interpretiert und dogmatisiert worden sei. Die „Abfallgeschichte“ der christlichen Theologie ist laut Harnack erst von Luther und der Reformation beendet worden; hier sei durch die Prinzipien „sola scriptura – sola fide – sola gratia“ wieder eine Konzentration auf die Schriftoffenbarung und eine Rückbesinnung auf den genuin christlichen Glauben erreicht worden.

Adolf von Harnack (1851–1930), Professor für Kirchengeschichte, Mitglied der Preußischen Akademie der Wissenschaften, berühmt vor allem durch sein dreibändiges Werk „Lehrbuch der Dogmengeschichte“ (1886–90), in dem er die Entstehung und Entwicklung der christlichen Lehre beschreibt.

„allein durch die Schrift (= Bibel) – allein durch den Glauben – allein durch die Gnade (Gottes)“

Die katholische Theologie müsste sich freilich nach der Spaltung der Konfessionen weiterhin den Vorwurf „hellenistischer Entfremdung“ gefallen lassen, jedenfalls dann, wenn man sich auf bestimmte gegenreformatorische Kampfschriften, die so genannte Neuscholastik des 19. Jahrhunderts, kirchenamtliche Verlautbarungen (wie z. B. die dogmatische Konstitution „Über den katholische Glauben“ des I. Vaticanums) oder noch ganz der Tradition verpflichtete dogmatische Handbücher neueren Datums bezöge.

Als ein Hauptvertreter gegenreformatorischer Polemik kann der Jesuit Jakob Gretser (1563–1625) genannt werden; er sah seine Aufgabe darin, die protestantischen „Neuerer“ auf dem Boden der aus Antike und Christentum überkommenen Theologie mit aller Schärfe zu bekämpfen.

Der Vorwurf, dass die theologische Rezeption* griechischer Metaphysik* (und mythisch-religiöser Vorstellungen des Hellenismus) das Evangelium – die biblische Botschaft – verfälscht habe, ist nicht unverzüglich von der Hand zu weisen. Mit Sicherheit ist es wenig überzeugend zu erklären, die Vätertheologie und die spätere Theologie-

„Neuscholastik“ bezeichnet das (vom Vatikan geförderte) theologische und philosophische Bemühen seit der Mitte des 19. Jh., das Gedankengut der mittelalterlichen Scholastik wiederzubeleben und so den geistigen Herausforderungen etwa

des Dt. Idealismus oder der atheistischen Religionskritik entgegenzutreten.

Beispiel eines ganz der Tradition verpflichteten dogmatischen Werks ist J. Auer, Gott – der Eine und Dreieine (vgl. S. 452 f. u. a.).

geschichte hätten zwar die philosophischen Begriffe übernommen, aber diese Begriffe neu geprägt. Indem Begriffe auf neue Zusammenhänge angewendet werden, z. B. auf das biblische Zeugnis von Gott Vater, Sohn und Geist, legen sie nicht einfach ihre im philosophischen Kontext gewonnene Bedeutung ab. Vielmehr ist hier die Dialektik zu sehen, dass der Begriff im neuen – hier christlichen – Zusammenhang einen bestimmten Inhalt haben und behalten muss, um einen anderen Sinn entfalten zu können. Der Hellenisierungsvorwurf ist also zuerst einmal ernst zu nehmen. Die Widerrede ist gut zu begründen. Folgende Gegenargumente können ins Spiel gebracht werden:

Vgl. H. Vorgrimler, Theologische Gotteslehre, S. 144 f.; er hält z. B. dem I. Vaticanum (1869/70) vor: „In seiner Gotteslehre begnügte (es) sich ... mit einer Wiedergabe der traditionellen, von früheren Konzilien gemachten Aussagen über Wesen und Eigenschaften Gottes, wobei mehr der selig in sich ruhende Gott, kaum aber der für die und mit den Menschen existierende Gott in den Blick kam."

vgl. dazu S. 129; 162; 164 ff.

1. Die christliche Botschaft muss, wenn sie nicht unvernünftig oder indiskutabel erscheinen soll, immer die **Denkstrukturen und Denkgestalten einer Zeit** aufnehmen, selbst wenn sie dem Denken der Zeit widersprechen will. Sie kann sich nicht aus dem herrschenden Verständnishorizont herausstellen, sondern sie muss ihren Inhalt innerhalb dieses Horizonts – im Rahmen vorgegebener Fragestellungen und Bedeutungen – formulieren. So gesehen wird man den Hellenisierungs*vorwurf* nur sehr bedingt gegen das spätantike (und wahrscheinlich auch mittelalterliche) Christentum richten können. Aber natürlich wird man von diesem Aspekt her der späteren (katholischen) Theologie vorhalten müssen, dass sie mit der Wiedergabe der traditionellen metaphysischen* Aussagen über Gott den geistigen Tendenzen der Neuzeit nicht mehr gerecht wurde.
2. Der Hellenisierungsvorwurf beinhaltet im Besonderen, dass die jüdisch-christliche Botschaft vom Schöpfungshandeln und geschichtlichen Wirken Gottes zugunsten einer dichotomischen* Auffassung des Gott-Welt-Verhältnisses zurückgedrängt worden sei. Aufgrund der Vorgaben griechischer Metaphysik stünden der schlechthin absolute Gott und die endlich-kontingente Welt einander letztlich unvermittelt gegenüber. Als Beispiel wird oft das Axiom* von der **Unveränderlichkeit Gottes** genannt. Und tatsächlich: Wenn Gottes Unveränderlichkeit völlige Selbstbezogenheit und Selbstgenügsamkeit und den Ausschluss jeglichen Bestimmtwerdens von außen bedeuten soll, ist

nicht zu erkennen, wie hierzu die biblische Vorstellung des Schöpfergottes, der mit seiner Schöpfung ein geschichtliches Verhältnis eingeht, passen könnte. Aber der Gedankenkomplex, der in der griechischen Philosophie mit der Idee der Unveränderlichkeit des absoluten Seins verbunden ist, kann eben nicht auf eine statische Auffassung des Absoluten reduziert werden. Bei Aristoteles oder dem Neuplatonismus kommt eine **Lebens-Dynamik** des Absoluten in den Blick, die durchaus Ansatzpunkte bietet, die biblische Botschaft vom Gott-Welt-Verhältnis reflektiert-theologisch zu entfalten.

3. In der Theologiegeschichte sind einmal formulierte Glaubenssätze oder Lehren nicht einfach nur rezeptiv* übernommen worden, sondern es gab zu jeder Zeit auch von der Hauptströmung abweichende Versuche, die angezielten Sachverhalte gedanklich und begrifflich treffender zu fassen. Diese Versuche waren als kritische Auseinandersetzung vielfach inspiriert von der spannungsvollen, aber eben deshalb „dynamischen" Dialektik, die namentlich im Neuplatonismus das Denken des Absoluten kennzeichnet. Zu verweisen ist auf Scotus Eriugena, Meister Ekhart, Nikolaus Cusanus oder Giordano Bruno, die in höchster geistiger Anstrengung Gottes Wirklichkeit und die Wirklichkeit der Welt als **Einheit in unendlicher Differenz** erkennen wollten. Die kirchliche Autorität war freilich so gut wie nie bereit, kritische Impulse für die Lehrentwicklung fruchtbar werden zu lassen. Stattdessen wurden kühne Denker nicht selten verketzert und im schlimmsten Fall auf den Scheiterhaufen gebracht.

Aristoteles (384–322 v. Chr.), Schüler Platos und nach ihm der größte griechische Philosoph, bezeichnet das erste Prinzip als „unbewegten Beweger". „Unbewegt" ist aber relativ zu verstehen – in Abgrenzung zum endlichen *Bewegtsein.* Absolut *gesehen ist das erste Prinzip oder der Gott höchste* Tätigkeit, *nämlich sich selbst denkendes Denken (Metaph. 1072 b, S. 18 ff.; 1074 b, S. 34 f.)*
Zur neuplatonischen Auffassung des ersten Prinzips *s. S. 161*

Scotus Eriugena († 877), Ire; sein Hauptwerk „Über die Einteilung der Natur" im 13. Jh. von der Kirche als pantheistisch verurteilt

Meister Ekhart (um 1200–1327), Dominikaner, der erste große Vertreter der dt. spekulativen Mystik; seine Lehre 1329 vom Papst verurteilt

Nikolaus Cusanus (1401–1464), in der Praxis als Pfründenjäger und Karrierist in der kirchlichen Hierarchie ein „Kind seiner Zeit", im Denken freisinnig und zukunftsweisend; der Irrlehre bezichtigt

Giordano Bruno (1548–1600), italienischer Philosoph; wegen seiner des Pantheismus bezichtigten Lehre in Rom verbrannt

5.1.2 Hintergründe des gegenwärtigen Denk- und Erfahrungshorizonts

Die Zusammenhänge, die die geistige Situation unserer Zeit bestimmen, sind höchst komplex. Hier sollen nun gezielt vier Punkte aus der Geistes-, Wissenschafts- und Realgeschichte angeschnitten werden, die verstehen lassen, warum die Frage nach der Absolutheit Gottes zum Hauptproblem der heutigen Gotteslehre geworden ist.

Die Größe des Menschen

Es war ein Meilenstein auf dem Weg zum modernen Bewusstsein, dass der geniale Renaissance-Philosoph Pico della Mirandola in seiner „Rede über die Würde des Menschen" (Oratio de hominis dignitate) verkündete:

Pico della Mirandola (1463–1494); Studium der aristotelischen Philosophie in Padua und Paris; Bekanntschaft mit dem Platonismus durch Marsilio Ficino; plante 900 von ihm aufgestellte Thesen öffentlich in Rom diskutieren zu lassen und verfasste dazu die „Oratio de hominis dignitate"; Verbot der Disputation durch den Papst

> Der Mensch ist ein „großes Wunder", er steht unter allen Geschöpfen am höchsten, sogar höher noch als die Engel.

Pico begründet und erklärt diesen Satz mit einem philosophischen Mythos:
Gott hatte schon alle seine Ideen in der Schöpfung verwirklicht, da bemerkte er, dass ein Geschöpf fehlt; ein Geschöpf, das die Ordnung und Schönheit des Kosmos erkennen und bewundern könnte. Gott beschloss, dieses Geschöpf noch zu schaffen. Doch weil kein Urbild mehr da war, nach dem es hätte geschaffen werden können, schuf Gott es ohne feste Bestimmung und „Gestalt". So kam es, dass das letzte Geschöpf – der Mensch – zur Freiheit berufen ist. Er muss sich entscheiden, welchen Platz und welche Aufgabe er in der Schöpfung einnehmen will. Als Wesen, das im Bereich der Kreatur nicht von vornherein eingeordnet ist, kann der Mensch durch seinen freien Entschluss zum Tierischen entarten, er kann sich aber auch (dank seiner Vernunft) zum Göttlichen hin entfalten und gewissermaßen selbst zu Gott machen (deificatio).

„Gestalt" meint hier nicht nur das äußere Erscheinungsbild, sondern die gesamte Lebensform.

Die menschliche Freiheit verbunden mit der Möglichkeit, zum Höchsten zu werden, macht die unvergleichliche Würde des Menschen aus.

Bei Pico erhält die menschliche Subjektivität einen neuen Stellenwert. Auch wenn er seine Auffassung von der freien Selbstbestimmung noch schöpfungsmythologisch begründet, ist doch schon erkennbar, wie der Mensch als Individuum und Person zum „Konkurrenten" Gottes wird. Das, was der Mensch sich mehr an Freiheit, Fähigkeit und Mächtigkeit zuspricht, zieht er letztlich von Gott ab. Die Differenz zwischen Gott und Mensch verringert sich, was aber immer auch heißt: Gottes Absolutheit steht in Frage oder wird geschwächt.

Von diesem Aspekt her erscheint die These völlig begründet, dass mit der Renaissance die Neuzeit beginnt.

Das Werden des Absoluten

Das Thema der Subjektivität, das Pico unter ontologischem Gesichtspunkt – hinsichtlich der Frage, *was* der Mensch sei und welche *Würde* er habe – in den Blick bringt, wird bei Descartes in Gestalt des menschlichen Selbstbewusstseins zum Ausgangspunkt der Philosophie. Der Deutsche Idealismus geht dann gegenüber Descartes darin einen entscheidenden Schritt weiter, dass das System der Philosophie nicht mehr vom endlichen Selbstbewusstsein her, sondern als Prozess des absoluten Ich oder des absoluten Geistes entfaltet wird. Die Impulse, die die idealistische Philosophie der Subjektivität der christlichen Gotteslehre schon gegeben hat oder noch geben kann, sind kaum zu überschätzen.

s. dazu S. 12; 16f.

Die Hauptvertreter des Deutschen Idealismus sind:
J. G. Fichte (1762–1814), Professor der Philosophie in Jena, Erlangen und Jena; radikalisiert gegenüber Kant die Idee des Ich
F. W. J. Schelling (1775–1854), Studium im Tübinger Stift, befreundet mit Hölderlin und Hegel; Professor für Philosophie in Jena, Würzburg, Erlangen und Berlin, entwickelt Fichtes Denken des absoluten Ich systematisch weiter
G. W. F. Hegel (1770–1831), Professor für Philosophie in Heidelberg und Berlin; entfaltet auf der Grundlage der Subjektivitätsphilosophie ein umfassendes System der Logik, Naturphilosophie und Philosophie des Geistes

Hier muss es genügen, die für den Gottesbegriff zweifellos wirkungsvollsten Gedanken G. W. F. Hegels zu skizzieren. Im Denken Hegels zerbricht die alte Vorstellung, dass Gott als höchstes Wesen jenseits der Welt und jenseits des menschlichen Selbstbewusstseins „an und für sich“ existiert. Gott ist Geist, aber als solcher kann er nicht bei sich selbst bleiben, sondern muss aus sich heraustreten und im Anderen werdend zu sich selbst kommen. Man kann wohl Gott „an sich“ denken, als absolutes Sein, das unabhängig von der Welt und den Menschen in sich selbst lebt und sich selbst erkennt. Aber dieser Begriff Gottes ist noch nicht der wahre. Wenn „das Leben Gottes und das göttliche Erkennen“ ohne das Moment des Anderen – des Endlichen – aufgefasst werden, „als ein Spielen der Liebe mit sich selbst“, dann sinkt nach Hegel „diese Idee zur Fadheit herab“, weil „der Ernst, der Schmerz, die Geduld und Arbeit des Negativen darin fehlt“ (Hegel, Phänomenologie, III, S. 24).

vgl. hier und zum Folgenden: F. Meesen, Unveränderlichkeit und Menschwerdung Gottes, S. 59ff.

Hegel wendet hier das an, was er unter Sein und Wahrheit versteht. Seine zentrale Aussage lautet:

Das Logische ist das Dialektische,

das heißt, das Geistige des Seins ist das Werden, das sich als Entfaltung durch Gegensätze, im Prozess von Affirmation, Negation und Negation der Negation vollzieht. Nicht die ursprüngliche Einheit als solche oder unmittelbare ist das Wahre, sondern das Wahre ist nur die als Gleichheit im Anderssein sich aufhebende und aus dem Anderssein sich wiederherstellende Einheit. Der Grund muss aus sich herausgehen und durch die dialektische Vermittlung als Resultat in sich zurückgehen, um in Wahrheit oder als Geist zu sein. Die entsprechende berühmte Formulierung Hegels lautet:

Affirmation = Bejahung, Behauptung, Setzung (These); *Negation = Verneinung der Behauptung, Gegensetzung* (Antithese); *Negation der Negation = Vermittlung von Setzung und Gegensetzung* (Synthese)

Das Wahre ist das Ganze. Das Ganze aber ist nur das durch seine Entwicklung sich vollendende Wesen. Es ist von dem Absoluten zu sagen, dass es wesentlich *Resultat,* dass es erst am *Ende* das ist, was es in Wahrheit ist. (Phänomenologie, III, S. 24)

Gottes dialektische Selbstvermittlung kennzeichnet Hegel in den Begriffen der christlichen Trinitätstheologie. Die erste Stufe des absoluten Werdeprozesses nennt er das „Reich des Vaters“, die zweite das „Reich des Sohnes“, die dritte das „Reich des Geistes“.
In der ersten Stufe vermittelt Gott sich in sich selbst mit sich selbst. Indem der Vater den Sohn zeugt, setzt er das Andere. Aber das Andere ist das Andere seiner selbst, so dass der Unterschied zwischen Vater und Sohn nur in „reiner Idealität“ besteht. Im Sohn schließt der Vater sich mit sich selbst zusammen, und auch der Sohn schaut im Vater nur sich selbst an. Diese „Sichselbstgleichheit im Unterschied“ (Philosophie der Religion II, XVII, S. 216) bezeichnet Hegel häufig als Liebe.

> Liebe ist ein Unterscheiden zweier, die doch füreinander schlechthin nicht unterschieden sind (a. a. O., S. 222).

Aus der Liebe von Vater und Sohn geht der Geist hervor. Doch die so erreichte Subjektivität Gottes ist nur vorläufig und „unzulänglich“; sie erfüllt den Begriff des absoluten Geistes keineswegs, weil die Selbstvermittlung Gottes nur in der Allgemeinheit des reinen Denkens oder im Spiel der Liebe vollzogen wurde und nicht durch den *wirklichen* Unterschied hindurchgegangen ist.

Erst wenn Gott aus sich herausgeht, wenn er sich „entäußert" in das völlig Andere, wenn er „sich auf den Weg macht in die Fremde", lotet er sich als „Tiefe des seiner selbst gewissen Geistes" aus und lernt er sich selbst wahrhaft kennen. Das geschieht in der zweiten Stufe, dem „Reich des Sohnes".

vgl. E. Jüngel, Gott als Geheimnis der Welt, S. 101

Hier manifestiert Gott seine Idee des Anderen, den ewigen Sohn, in der Wirklichkeit des Endlichen. Damit verlässt der absolute Geist die Sphäre der Allgemeinheit und geht in die der Besonderung über. Die erste Besonderung, in der Gott sich selbst in seinem endlichen Anderen zeigt, ist die Erschaffung der Welt. Die zweite Besonderung ist die Menschwerdung Gottes. Indem Gottes Sein beim und im Anderen hier im konkreten Schicksal eines Menschen, des Menschen Jesus von Nazareth, erscheint, treibt der absolute Geist seine Verendlichung ins Äußerste. Das Extrem schlechthin ist Jesu Tod, wo Gott in seinem Sohn selbst stirbt, damit völlig „außer sich" ist, sich gänzlich an das Andere verliert und den größten „Schmerz der Entzweiung" durchmacht (Vorlesungen über die Ästhetik II, XIV, S. 273).

Durch Jesu Auferstehung und die Sendung des Geistes erfolgt dann in der dritten Stufe der Umschlag von der äußersten Verendlichung zur versöhnten Totalität des absoluten Selbstbewusstseins. Dadurch, dass die Vielen zur christlichen Gemeinde werden, entsteht das „Reich des Geistes". Das in einer Person inkarnierte Dasein und Selbstbewusstsein Gottes oder die Einzelheit der göttlichen Idee werden jetzt zum allgemeinen Selbstbewusstsein Gottes; in der Bewegung der Gemeinde, die aus der Vorstellung lebt, dass Gott sich in der Auferstehung aus dem Tod „mit dem natürlichen Dasein, dem Anderen, versöhnt hat", denkt sich Gott selbst als die absolute Idee, die aus der endlichen Konkretion in Natur und Geschichte zur Allgemeinheit zurückgekehrt ist.

Hegels Gedanke, der in der theologischen Wirkungsgeschichte bis heute die größte Bedeutung hat, lautet:
Ohne Welt ist Gott nicht Gott (Philosophie der Religion I, XVI, S. 192).
In Gottes Begriff, absoluter Geist zu sein, „fällt notwendig", dass Gott sich in Natur und Geschichte entäußert und in der Rückkehr aus seiner Entäußerung das geworden ist, was er in Wahrheit von Anfang an

ist. Obwohl Hegel selbst von der „Notwendigkeit" der göttlichen Entäußerung spricht, muss man sich aber doch hüten, Hegel in diesem Sinn festzulegen. Er denkt auch hier dialektisch. Hegels Satz, dass das Absolute aus sich heraus zum Setzen der Welt als dem Anderen seiner selbst „getrieben" werde, ist sein anderer gegenüberzustellen, dass die absolute Idee „in der absoluten Wahrheit ihrer selbst sich *entschließt* ..., sich als *Natur* frei *aus sich zu entlassen*" (Enzyklopädie § 244).

Das Werden des Kosmos

Wenn wir den Begriff „Evolutionstheorie" hören oder gebrauchen, beziehen wir ihn meist nur auf die Biologie. Tatsächlich ist die Evolutionstheorie auch in anderen naturwissenschaftlichen Disziplinen gültig, der bekannte Wissenschaftsjournalist Hoimar von Ditfurth nennt sie sogar das „für die gesamte heutige Naturwissenschaft grundlegende Konzept" (Wir sind nicht nur von dieser Welt, S. 15).

Hoimar von Ditfurth (1921–1989), Professor für Psychiatrie und Neurologie; Wissenschaftsjournalist, seine Fernsehserie „Querschnitte" galt als Musterbeispiel für eine verantwortungsbewusste Popularisierung naturwissenschaftlicher Erkenntnisse

Nach gegenwärtigem Erkenntnisstand geschieht Entwicklung = Evolution nicht nur *in* der Welt und *im* Kosmos, sondern das ganze Universum ist *selbst ein Prozess* fortlaufender Veränderung (der seinen Anfang genommen hat und sein Ende finden wird). So gesehen ist das Entwicklungsprinzip das „umfassendste denkbare Prinzip überhaupt" (v. Ditfurth, a. a. O., S. 22).

Die geläufige Verknüpfung von Evolutionstheorie und Biologie ist historisch begründet. Es waren nämlich zwei Biologen, Jean de Lamarck (1744–1829) und Charles Darwin (1809–1882), die für ihr Fachgebiet das Entwicklungsprinzip erstmals in die Naturwissenschaft eingeführt haben. Bis dahin hatte in der Biologie – in vermeintlichem Einklang mit der biblischen Schöpfungserzählung – die Lehrmeinung gegolten, dass die Arten von Pflanzen und Tieren unveränderlich seien.

Jean de Lamarck (1744–1829), Franzose; erklärt die Entwicklung des Lebendigen mit drei biologischen Gesetzen: der Wirkung von Umwelteinflüssen auf die Entwicklung von Organen; den Veränderungen am Körperbau in Abhängigkeit vom Gebrauch oder Nichtgebrauch von Körperteilen; der Vererbung erworbener Eigenschaften

Charles Darwin (1809–1882), Brite; Theologiestudium, dann Teilnahme als unbezahlter Naturwissenschaftler an einer fünfjährigen Expedition an Bord des königlichen Forschungsschiffes „Beagle", dabei Aufenthalt auf den Galapagos-Inseln

De Lamarck gebührt das Verdienst, bereits 50 Jahre vor Darwin eine Stammesentwicklung der Arten vertreten zu haben. Aber seine Erklärung der Entwicklungsursachen war noch unzutreffend. Hier bedurfte es Darwins Werk „Über die Entstehung der Arten durch natürliche Zuchtwahl", um den epochalen Durchbruch zu schaffen.

Charles Darwin hatte auf einer 5-jährigen Reise um die Welt (1831 – 1836) eine Fülle von Beobachtungen aus der vergleichenden Anatomie und der Paläontologie gesammelt. Aufgrund dieses empirischen Materials entwickelte er dann seinen Gedanken einer Abstammung der heutigen Lebewesen von früheren einfachen Formen. Bahnbrechend war dabei, dass Darwin den Kausalitätszusammenhang in der Stammesentwicklung durch die Selektionstheorie erklärte. Die **Selektionstheorie** geht von den drei Voraussetzungen aus, dass

1. die Lebewesen mehr Nachkommen erzeugen, als zur Erhaltung der Art rein statistisch gesehen notwendig sind,
2. die Nachkommen eines Elternpaars in ihren Erbmerkmalen variieren,
3. die Lebewesen (einer Art) in ständigem Wettbewerb um günstige Lebensbedingungen stehen.

Aus diesen Voraussetzungen folgerte Darwin: In dem Wettbewerb oder „Kampf ums Dasein“ (struggle of life) überleben nur die „Fittesten“, d.h. die aufgrund ihrer Erbmerkmale am besten an die Umwelt Angepassten. Die sich wiederholende „Auslese“ (Selektion) unter den Nachkommen der Überlebenden (= Fittesten) führt zu einer immer besseren Anpassung der Arten an die Umwelt und schließlich (im allmählichen Übergang) zu neuen Arten.

Anatomie (gr.) = Wissenschaft vom Körperbau der Lebewesen

Paläontologie (gr.) = Wissenschaft vom Leben in vergangenen Erdzeitaltern

In seinem späteren Werk „Die Abstammung des Menschen und die geschlechtliche Zuchtwahl“ (1871) bezog Darwin auch die Herkunft des Menschen in seine Theorie von der Entwicklung der Arten ein.

Dies hatte heftige Anfeindungen zur Folge, insbesondere von religiös motivierten Gegnern.

Biologische Forschungen nach Darwin führten dazu, das Evolutionsprinzip der Selektion durch das der Mutation zu ergänzen.

Mutation (lat.) = zufällige Veränderung der Gene

Das 20. Jahrhundert stellte nicht mehr nur die Frage nach der Entwicklung des Lebens bis zu den heutigen Formen, sondern fundamentaler auch die Frage nach der Entstehung des Lebens überhaupt. In den zwanziger Jahren wurde die Theorie formuliert, das Leben beginne mit einem Einzeller, und dieser habe sich in einer langen Evolutionsgeschichte aus anorganischem Material gebildet. Heute stellt man sich vor, das erste Leben könnte in einer Art „Ursuppe“ als Endpunkt eines chemischen Prozesses

Biogenese (gr.) = Entwicklung der Lebewesen

entstanden sein. Aber das Grundproblem ist nach wie vor ungeklärt, wie der qualitative Sprung von der chemischen Evolution zur Biogenese möglich sein soll.
Später wurde, aufgrund empirischer Erkenntnisse und physikalischer Theoreme, die Evolutionstheorie auf das ganze Universum angewendet.

Charles Darwin

Gegenwärtig vertreten die meisten Kosmologen und Astronomen die Auffassung, dass vor ungefähr 18 Milliarden Jahren das physikalische Universum in einer ungeheuren, allgemein als „Urknall“ bezeichneten Explosion entstanden ist. Entstehung des Universums heißt nicht, dass das Universum sofort so da war, wie es heute zu beobachten (und zu berechnen) ist. Sondern Entstehung heißt hier Anfang, aus dem zuerst unzählige Galaxien und dann die Planetensysteme innerhalb der Galaxien hervorgegangen sind.
Aber damit war die Entwicklung nicht zu Ende. Eine große Menge naturwissenschaftlichen Beweismaterials weist auf ein Grundprinzip der kosmischen Entwicklung hin, das allgemein im **zweiten Hauptsatz der Thermodynamik** seinen Niederschlag findet. Dieser besagt – im weitesten Sinn –, „dass die Ordnung im Universum beständig abnimmt und sich allmählich, aber unaufhaltsam, in eine vollständige Unordnung verkehrt“ (P. Davies, a. a. O., S. 28).
Am Ende der kosmischen Entwicklung von der Ordnung zur Unordnung steht der Zustand des thermodynamischen Gleichgewichts, der von den Physikern auch als „Wärmetod“ des Universums bezeichnet wird. In diesem Zustand gibt es keine Veränderung mehr, d.h., das Universum ist dann „gestorben“.

vgl. P. Davies, Gott und die moderne Physik, S. 28

Beispiele für die Gültigkeit des „zweiten Hauptsatzes der Thermodynamik finden sich allenthalben: Gebäude stürzen ein, der Mensch altert, Gebirge und Küsten unterliegen der Erosion, natürliche Rohstoffquellen erschöpfen sich“ (P. Davies, a. a. O., S. 28).

Auschwitz

Seit je müssen Menschen furchtbar leiden – durch Krankheiten, durch Naturkatastrophen, durch das, was andere Menschen ihnen antun. Und seit jeher hat das Leid auch Unschuldige getroffen. Unschuldig heißt, dass das, was ein Mensch leidet, in keinen Zusammenhang zu bringen ist mit seinem Leben, Denken und Handeln. Sein Leiden kann weder theologisch-religiös – als gottgewollte oder jedenfalls von Gott zugelassene Folge sündhaften Verhaltens – noch weltlich – z. B. als Folge von kriminellem Verhalten, Leichtsinn, Alkohol- und Tabakkonsum – erklärt werden. Die klassische Gestalt des unschuldig Leidenden ist Hiob. Bezogen auf Personengruppen wird man zuerst an die Kinder denken.
Wenn das Leiden, auch das entsetzliche und unschuldige Leiden, so alt ist wie die Menschheit, wenn es eine viele tausend Jahre lange Leidensgeschichte der Menschen gibt, erhebt sich die Frage: Was hat Auschwitz dem hinzuge-

Von Hiob heißt es in der Rahmenerzählung des Hiobbuchs: „Es gibt ja seinesgleichen keinen auf Erden; fromm und recht, gottesfürchtig und dem Bösen fern“ (Ib 1,8). Um so mehr stellt sich die Frage nach Gottes Gerechtigkeit, wenn gerade dieser Mensch leiden muss.

vgl. H. Jonas, Der Gottesbegriff nach Auschwitz, S. 10

Theodor W. Adorno (1903–1969), dt. Philosoph, Soziologe und Musiktheoretiker; begründete zusammen mit Max Horkheimer die so genannte „kritische Theorie", die großen Einfluss auf die Studentenbewegung der 60er (und 70er) Jahre ausübte.

Günther Anders (1902–1992), Schriftsteller und Philosoph; in seinem Werk „Die Antiquiertheit des Menschen" (1956) vertritt er die kulturphilosophische Kernthese, dass die Technik an Stelle des Menschen zum Subjekt der Geschichte geworden sei.

fügt, was die Menschen schon immer erfahren haben? Die Aussagen, nach Auschwitz könne man keine Gedichte mehr machen (Th. W. Adorno) oder nach Auschwitz könnten nur noch Gedankenlose an Gott glauben (G. Anders), beinhalten, dass hier ein Niedagewesenes geschehen ist. Doch was war es?

Die Antwort fällt nicht so leicht, wie man sich zunächst denken möchte. Vor allem wehrt sich das Gefühl, sobald man beginnt, Leid gegen Leid aufzumessen, um zu zeigen, dass das eine Leid noch schlimmer war als das andere. Individuell oder konkret betrachtet wäre dieses Vergleichen auch gar nicht richtig. Wer könnte hergehen und das Schicksal eines im römischen Reich zum Kreuzestod Verurteilten gegen das Schicksal eines von Hitlerdeutschland ermordeten Juden „verrechnen"?

Das Vergleichen, das Bemessen muss auf einer abstrakteren Ebene stattfinden. Hier können dann Gesichtspunkte behandelt werden, die sachliche Unterschiede bezeichnen, ohne das Einzelschicksal herabzuwürdigen.

Das Niedagewesene von Auschwitz – so allgemein gesehen – ist aus meiner Sicht mit drei Tatsachen zu verbinden:

1. Das Ausmaß des Leids und die Zahl der vom Leiden Betroffenen waren ungeheuerlich. 6 Millionen Juden wurden von den Nazis vernichtet.
2. Die Vernichtung der Juden verlief, spätestens ab 1942, planmäßig und mit System. Nur die reibungslose Organisation, mit der die Täter ihre Opfer zusammentrieben, abtransportierten, selektierten und dann inhaftierten oder sogleich ermordeten, ermöglichte die von den Nazis so genannte „Endlösung".
3. Die „Vernichtungsmaschinerie" war begleitet von einer „Dehumanisierung" bei den Tätern und Opfern.
   - Auf Täterseite ließ es die Rassenideologie zu, dass selbst gebildete Menschen primitive Instinkte und atavistische Regungen brutal und gefühllos auslebten.
   - Bei den Opfern führten die Bedingungen des Transports und des Lagerlebens dazu, dass sie um des nackten Überlebens willen ihre Menschenwürde und Menschlichkeit aufgaben, aufgeben mussten.

atavistisch (lat.) = einem früheren, primitiven Menschheitsstadium entsprechend

vgl. dazu z. B. den „Lebensbericht" von Roman Frister „Die Mütze oder der Preis des Lebens", in dem der Autor seine Verwandlung vom glücklichen Kind zum unbarmherzigen KZ-Häftling schildert (I. Teil)

Diese drei Punkte sind durch das zu ergänzen, was aus spezifisch jüdischer Sicht zu Auschwitz gesagt worden ist.

Der Philosoph Hans Jonas, dessen Mutter in Auschwitz ermordet worden war, legte 1984 in einem Festvortrag dar, dass die ungeheuerliche Erfahrung von Auschwitz

die persönlichen Daten von Hans Jonas s. S. 159; der Titel des Vortrags lautet: „Der Gottesbegriff nach Auschwitz"

„mit den alten theologischen Kategorien“ nicht mehr zu „meistern“ sei. Bis dahin habe die in der jüdischen Geschichte immer aktuelle „Hiobsfrage“ beantwortet werden können, ohne vom jüdischen Gottesbegriff – von der Vorstellung, dass „Gott eminent der Herr der *Geschichte*“ sei, zu lassen:

- In alttestamentlicher Zeit sei der Bund zwischen Israel und seinem Gott zur Erklärung kollektiven Leidens berufen worden. Untreue gegen Gott habe, so die Propheten, die Katastrophe herbeigeführt.
- Von der Makkabäerzeit an sei dann die „Idee der Zeugenschaft“, des Märtyrertums, die Erklärung gewesen. Ihr gemäß „dulden das Ärgste gerade die Unschuldigen und Gerechten“, um durch ihre Treue und ihr Bekenntnis zu Gott den Namen Gottes zu heiligen. Wenn im Mittelalter ganze Gemeinden mit dem „Schema Jisrael“ auf den Lippen in den Schwert- und Flammentod gingen, habe man in ihrem Opfer die Verheißung „der endlichen Erlösung durch den kommenden Messias“ gesehen.

Der hebräische Name dafür ist „Kiddusch-haschem“ = Heiligung des Namens.

zum „Schema Jisrael“ s. S. 83

Bei Auschwitz, sagt Jonas, verfängt von alledem nichts mehr:

> Nicht Treue oder Untreue, Glaube oder Unglaube, nicht Schuld und Strafe, nicht Prüfung, Zeugnis und Erlösungshoffnung, nicht einmal Stärke oder Schwäche, Trotz oder Ergebung hatten da einen Platz. Von alledem wußte Auschwitz nichts, das auch die unmündigen Kinder verschlang, zu nichts davon bot es auch nur die Gelegenheit. (Der Gottesbegriff nach Auschwitz, S. 12)

„Wir organisieren“

Daher muss man fragen: Was für ein Gott konnte es geschehen lassen? Der Gott, der nach jüdischer Vorstellung der Herr der Geschichte ist, konnte es jedenfalls nicht gewesen sein.
Jonas schaltet an dieser Stelle die Bemerkung ein, dass der Christ es mit Auschwitz leichter habe. Denn für den Christen, der das wahre Heil vom Jenseits erwarte, sei „diese Welt ohnehin weitgehend des Teufels und immer Gegenstand des Misstrauens, besonders die Menschenwelt wegen der Erbsünde", wogegen für den Juden sich Gott im Diesseits – hier in dieser Welt – als Gott der Schöpfung, Gerechtigkeit und Erlösung bewähren müsse.
Da muss man Jonas – trotz höchster Wertschätzung – widersprechen. Er kontrastiert das jüdische Gottesbild mit einem christlichen Klischee. Auch für den christlichen Gottesglauben, der ja von dem Juden Jesus begründet ist, gilt: Gottes Heil muss sich in dieser Welt durchsetzen – oder es gibt für die Menschen nichts zu hoffen!

5.2 Das Problem der Absolutheit Gottes

Wo in der theologischen (und philosophischen) Gotteslehre nicht nur die überlieferten Sätze wiederholt werden, sondern die Auseinandersetzung mit den wissenschaftlichen Erkenntnissen und geschichtlichen Erfahrungen der Neuzeit und Moderne gesucht wird, werden die in der Idee der Absolutheit begründeten Gottesprädikate in Frage gestellt:
- Gottes Allmacht
- Gottes Unveränderlichkeit
- Gottes Leidensunfähigkeit
- Gottes Ewigkeit

Dadurch muss aber auch die göttliche Trinität neu thematisiert werden. Wenn Gott auf die Welt und die Menschheitsgeschichte hin „dynamisiert" wird, ist es nicht mehr möglich, strikt zwischen dem innertrinitarischen Selbstvollzug Gottes und seiner „Manifestation nach außen" zu unterscheiden.

5.2.1 Der leidende Gott

Vor dem Hintergrund der ungeheuerlichen Erfahrung, die mit dem Namen „Auschwitz" bezeichnet wird, aber auch veranlasst durch den Mut zum spekulativen Denken, wird heute die Theodizee*-Frage neu diskutiert. Die Vielzahl von Veröffentlichungen, die in jüngster Zeit erschienen sind, legt die Vermutung nahe, dass es sich hier um ein, vielleicht *das* Kern-Thema des gegenwärtigen Gottesglaubens handelt, an dem sich seine Glaubwürdigkeit entscheidet. Ein zukunftsweisender, zugleich höchst umstrittener Ansatz innerhalb der Diskussion des Theodizee-Problems besagt, dass die Leidensgeschichte der Menschheit mit einer „Leidensgeschichte" Gottes verknüpft ist. Dieser Ansatz soll hier durch den Denkentwurf von Hans Jonas vorgestellt und behandelt werden.

Hans Jonas ist Philosoph, aber in seinem Festvortrag über den „Gottesbegriff nach Auschwitz" sagt er, dass er jetzt vor allem „ein Stück unverhüllt spekulativer Theologie" (S. 7) bietet, weniger Philosophie im strengen Sinn. Im Untertitel nennt Jonas seinen Vortrag eine „jüdische Stimme"; als solche ist sie zu hören im Kontext der Überlieferung jüdisch-religiösen Denkens.

Hans Jonas (1903–1993), jüdischer deutsch-amerikanischer Philosoph und Religionswissenschaftler, Schüler Martin Heideggers und Rudolf Bultmanns, Experte für die spätantike Gnosis; berühmt geworden durch sein Werk „Das Prinzip Verantwortung", in dem er Widerspruch einlegt gegen alle philosophischen Fortschrittsträume, Heilserwartungen und Projekte vom neuen Menschen

Die Überlegung von Jonas, die hier *zuerst* wiedergegeben wird – im Gedankengang der Festrede kommt sie an späterer Stelle –, liegt noch weitgehend auf der logischen Ebene. Ihre grundlegenden Thesen lauten:

vgl. zum Folgenden „Der Gottesbegriff nach Auschwitz", S. 33 ff.

1. Da Auschwitz alle überkommenen Erklärungen zur Theodizeefrage sprengt, muss der Gottesbegriff, um ihn nicht aufgeben zu müssen, neu überdacht und neu gefasst werden.
2. Trotz Auschwitz ist freilich an einem festzuhalten: an der Verstehbarkeit Gottes. Würde man die Verstehbarkeit Gottes zur Disposition stellen, würde man den ganzen jüdisch-christlichen Gottesbegriff zur Disposition stellen. Denn zu diesem Gottesbegriff gehört wesentlich – aufgrund der Vorstellung göttlicher Offenbarung –, dass Gott sich kundgibt und insoweit zumindest erkennbar ist.
3. Gottes Verstehbarkeit vorausgesetzt, müssen wir uns nach Auschwitz zwischen den traditionellen Attributen „Allmacht" und „Allgüte" entscheiden. Die Begründung dafür lautet:
   - Entweder ist Gott allmächtig, dann kann er nicht allgütig sein. Denn es wäre völlig unverständlich, dass ein allmächtiger Gott aus Güte nicht alles daran gesetzt hätte, das grauenhafte „Auschwitz" zu verhindern.
   - Oder Gott ist allgütig, dann kann er nicht allmächtig sein. Mit seinem Gutsein ist der Schrecken von

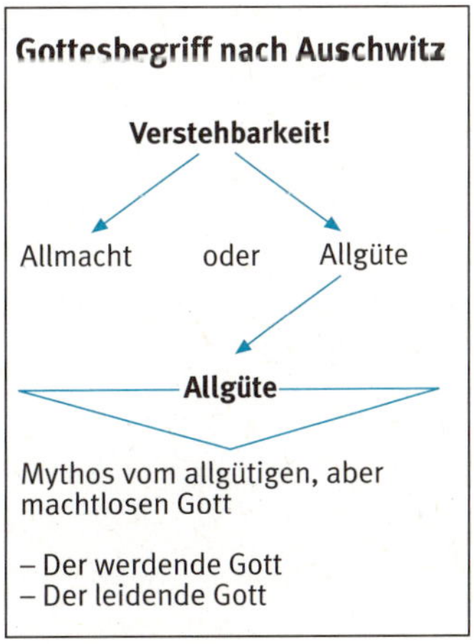

„Auschwitz" nur dann vereinbar, wenn er nicht fähig war, etwas dagegen zu machen.

Jonas trifft die Entscheidung zugunsten des Attributs „Allgüte". Dazu veranlassen ihn insbesondere zwei Erwägungen:

1. Im Unterschied zum Attribut der Allmacht ist das Attribut der Allgüte untrennbar vom jüdisch-christlichen Gottesbegriff und kann keiner Einschränkung unterliegen (ohne gegen das biblische Zeugnis zu verstossen).
2. „Allmacht" ist ein „sich selbst widersprechender, selbst-aufhebender, ja sinnloser Begriff" (a.a.O., S. 34). Die logische Situation ist die, dass die Verknüpfung von „All" und „Macht" unverträglich und nicht vermittelbar ist. „Macht" ist ein *Verhältnis*begriff und erfordert ein zumindest zweipoliges Verhältnis (zwischen dem „Machthaber" und seinem „Bezugspartner"), damit ist aber hier eine Begrenzung durch das Andere mitgedacht, die der Begriff „*All*-Macht" gerade ausschließt (vgl. a.a.O., S. 35). Als Gedankengang formuliert:
   Absolute, totale Macht bedeutet Macht, die durch nichts begrenzt ist. Von diesem Begriff her kann etwas außer ihr selbst nicht existieren, denn die bloße Existenz eines Anderen, von ihr Verschiedenen würde schon eine Begrenzung darstellen. Absolute Macht ist somit einsame Macht. Doch hat die absolute Macht in ihrer Einsamkeit gar keinen Gegenstand, auf den sie wirken könnte, sie ist dann Macht über nichts, ihre Macht ist gleich Null oder sie ist gar keine Macht. Damit die absolute Macht als Macht nicht nichts ist, muss also etwas Anderes dasein, auf das sie wirken kann. Sobald aber das Andere da ist, ist die absolute Macht nicht mehr allmächtig …

Der dargestellte Einwand gegen die Idee absoluter und unbegrenzter göttlicher Allmacht bliebe „blutleer" und hätte keine existentielle Kraft, wenn Jonas seinen Gedanken im „Schatten von Auschwitz" nicht auch bildlich-phantasiebestimmt zur Sprache brächte. Jonas greift dazu auf einen *Mythos* zurück, den er früher schon – in Konfrontation mit der Frage der Unsterblichkeit – „erdichtet" hat.

vgl. H. Jonas, Zwischen Nichts und Ewigkeit, S. 55 ff.

Der Mythos ist nach Plato, so bemerkt es auch Jonas, innerhalb des spekulativen Denkens ein Mittel, um auf der Grenze oder schon jenseits des Wissbaren noch „glaubliche Vermutungen" (a. a. O., S. 15) zu äußern. „Glaubliche Vermutungen" beinhaltet, dass die hypothetische und phantastische Form des Mythos einer gewissen Rationalität verpflichtet bleiben muss. Unter dieser Voraussetzung erzählt Jonas davon, wie und mit welchen Folgen sich ein allgütiger Gott seiner Allmacht begeben haben könnte. Zwei Zitate mögen Jonas' entscheidende „Vermutung" verdeutlichen:

> Im Anfang, aus unerkennbarer Wahl, entschied der göttliche Grund des Seins, sich dem Zufall, dem Wagnis und der endlichen Mannigfaltigkeit des Werdens anheimzugeben. Und zwar gänzlich: Da sie einging in das Abenteuer von Raum und Zeit, hielt die Gottheit nichts von sich zurück; kein unergriffener und immuner Teil von ihr blieb, um die umwegige Ausformung ihres Schicksals in der Schöpfung von jenseits her zu lenken, zu berichtigen und letztlich zu garantieren. (a.a.O., S. 15f.)

> Gott entsagte [im Nicht-Göttlichen seiner Schöpfung] seinem eigenen Sein; er entkleidete sich seiner Gottheit, um sie zurückzuempfangen von der Odyssee der Zeit, beladen mit der Zufallsernte unvorhersehbarer zeitlicher Erfahrung, verklärt oder vielleicht auch entstellt durch sie. (a. a. O., S. 16f.)

Jonas' mythisch formulierte „Vermutung" über das Eingehen des göttlichen Grundes in die Mannigfaltigkeit des Anderen mag auf den ersten Blick dem Neuplatonismus entlehnt erscheinen, mit dem er als hervorragender Kenner der spätantiken Geistesgeschichte bestens vertraut war. Doch gibt es einen grundlegenden Unterschied. Plotin, der Begründer des Neuplatonismus, gebraucht das Bild der „Quelle", um den Hervorgang des Vielen aus dem Einen zu verdeutlichen. Er sagt, dass das eine Absolute oder absolute Eine als „Überfülle" und „Mächtigkeit zu allem" spontan „überfließt" oder „ausfließt". So gesehen kann man von einem Sich-Verströmen des Einen reden, das dann überall und in allem ist (Immanenz* des Einen). Aber zum Bild der „Quelle" gehört nach Plotin auch der gegenläufige Inhalt: So wie die Quelle sich nur verströmen kann, weil sie in sich unversieglich der Grund des Entströmenden bleibt, so verharrt das Eine im Hervorgang des Anderen in sich und zerteilt sich als bleibende Ursprünglichkeit nicht in das, was ihm entspringt. Unter diesem Blickpunkt ist das Eine nirgends und nichts von allem Anderen, es ist der Ursprung *über* Allem.

Zu verweisen ist hier auf folgende Werke von Jonas: Augustin und das paulinische Freiheitsproblem (1930); Gnosis und spätantiker Geist, 2. Bde. (1934/1954); Plotin: Über Ewigkeit und Zeit (1962)

zum „Sich-Verströmen" und „In-sich-Bleiben" des Einen bei Plotin vgl. W. Beierwaltes, Plotin, S. 12–20 (mit entsprechenden Belegen aus Plotins Werk)

Dagegen ist bei Jonas die Paradoxie* des „Zugleich" – dass der absolute Grund wie eine Quelle in das mannigfaltige Andere „überfließt" und doch zugleich in sich unversieglich bleibt – aufgelöst zugunsten einer „bedingungslosen Immanenz" (a.a.O., S.15f.). Die Gottheit ging, heißt es im Mythos, „gänzlich" in Raum und Zeit ein, ohne dass ein Teil von ihr „unergriffen" blieb und sie irgend etwas von sich „zurückhielt".

Damit will Jonas aber keinem Pantheismus in dem Sinn das Wort reden, dass Gott und Welt nach der Entäußerung Gottes „einfach identisch" sind. Vielmehr hat sich Gott, das ist der spekulativ äußerst gewagte Gedanke von Jonas, in der Welt völlig auf- und preisgegeben, um im nicht vorhersehbaren Geschick der Welt sein Sein – sich selbst – in welcher Gestalt auch immer zurückzugewinnen.

Jonas' mythisches Bild vom Gott ohne Allmacht hat zwei offenkundige theologische Implikationen*, die den überkommenen Gottesbegriff („vor Auschwitz") tatsächlich nachhaltig verändern. Dieser Gott des Mythos ist ein werdender und ein leidender Gott.

vgl. S. 98

Der **werdende** Gott

In der philosophisch-theologischen Tradition der Spätantike und des Mittelalters wurde der JHWH-Name als Inbegriff Gottes aufgefasst. Man übersetzte das hebräische Wort griechisch mit: „Ego eimi ego". Das heißt zu deutsch: „Ich bin ich". Als Sinn war damit gemeint: Gott ist das schlechthin mit sich identische, in reiner Selbstbezüglichkeit sich genügende Sein.

diametral (gr.) = genau das Gegenteil darstellend

Von diesem Gedanken ist Jonas' Bild eines werdenden Gottes diametral verschieden. Der entscheidende Gedanke ist hier, dass Gott sich als Einheit auf- und ganz in das kosmische Werden hineingibt, ohne noch irgendeine Möglichkeit zu haben, den „Gang der Sache" zu „steuern". Gott „liefert sich aus", damit die Welt für sich selbst sein kann.

Der **leidende** Gott

Wiederum ist festzustellen, dass Jonas' Erwägung (nicht unbedingt der biblischen, aber in jedem Fall) der philosophisch-theologischen Tradition widerspricht. Schon in der antiken griechischen Philosophie galt das Axiom*: Gott ist leidensunfähig.

s. dazu S. 129

Leiden Gottes bedeutet bei Jonas grundsätzlich, dass Gott das Geschick des Kosmos und der Welt er-leidet. Von diesem Geschick hängt es ab, was aus Gott wird, weil er sich dem kosmischen Werden ganz anheimgegeben hat.

Leiden Gottes ist bei Jonas dann aber insbesondere **verknüpft mit der Geschichte der Menschheit.** Gott „zittert", erzählt der Mythos, als mit der Heraufkunft des Menschen „der Stoß der Entwicklung ... die Schwelle überschreitet, wo Unschuld aufhört und ein

gänzlich neues Kriterium des Erfolgs und Fehlschlags vom göttlichen Einsatz Besitz ergreift" (a. a. O., S. 22). Durch das Erscheinen des Menschen sind Wissen und Freiheit da, und „mit dieser höchst zweischneidigen Gabe" entsteht „die Aufgabe der Verantwortung unter der Disjunktion von Gut und Böse" (ebd.). Es ist das die „letzte Wendung" im kosmischen Werden, und Gottes Schicksal geht – entscheidend – „in die fragwürdige Verwahrung des Menschen über, um erfüllt, gerettet oder verdorben zu werden durch das, was er mit sich und der Welt tut" (a. a. O., S. 23).
Vom Menschen hängt ab – wird entschieden, was aus Gott wird. Dank seinem Wissen und dank seiner Freiheit kann – könnte – er Gott zurückgeben, was Gott der Welt gegeben hat – damit es Gott nicht „um das Werdenlassen der Welt gereuen muss" (a. a. O., S. 47).

Feuerbachs berühmte Forderung, dass aus Theologen Anthropologen werden müssen, hat auch für Jonas einen Sinn. In seinem Verständnis kann die alte Hiobsfrage – Warum hat Gott das geschehen lassen? – nach Auschwitz nur noch so beantwortet werden, dass die Verantwortung von Gott weggenommen und auf den Menschen übertragen wird. Kein rettendes Wunder geschah in den Jahren des Auschwitz-Wütens. Gott schwieg. Doch wir können Gott dafür nicht zur Rechenschaft ziehen. Denn, so sagt Jonas in dem inzwischen vielzitierten Satz,

vgl. S. 24

„nicht weil er nicht wollte, sondern weil er nicht konnte, griff er nicht ein" (a. a. O., S. 41).

Auch künftig können wir nicht hoffen, dass Gott ein zweites Auschwitz verhindert. Er hat dazu keine Macht. Hoffen können wir nur auf den Menschen, dass er es nicht mehr geschehen lässt, dass kraft der von ihm geschaffenen „Überwertigkeit des Guten über das Böse" der „Frieden des unsichtbaren Reiches" – des Reiches Gottes – gerettet wird (a. a. O., S. 48).

5.2.2 Der (im Kosmos) werdende Gott

Die naturwissenschaftlichen Einsichten in die Evolution der Welt und des Kosmos sind – oft zusammen mit der im Dt. Idealismus entfalteten Idee von der Geschichtlichkeit Gottes – von der Theologie aufgegriffen worden, um gegenüber der in der klassischen Gotteslehre vorherrschenden „Absolutheit" Gottes wieder das biblische Zeugnis von Gottes Lebendigkeit und seiner Nähe zur Welt zur Geltung zu bringen.

Pierre Teilhard de Chardin (1881–1955), nach Studium der Theologie und Priesterweihe Studium der Paläontologie (Wissenschaft von den Lebewesen vergangener Erdperioden), Forschungsaufenthalt in China, wo er an der Auswertung der Ausgrabung des Peking-Menschen beteiligt war. Werke: Der Mensch im Kosmos (1955); Der göttliche Bereich (1957); Wissenschaft und Christus (1965)

Der französische Jesuit Pierre Teilhard de Chardin, nicht nur Theologe und Priester, sondern auch Geologe und Paläontologe, der wohl als erster die Evolutionstheorie mit der christlichen Gotteslehre zu vermitteln versuchte, teilte das Schicksal vieler Vordenker des Katholizismus: Seine Lehre von der „Theogenese", die sich in und mit der „Kosmogenese" vollzieht, wurde verketzert und unterdrückt; der eigene Orden gestattete ihm nicht, seine Hauptwerke zu veröffentlichen, und zwei Jahre nach seinem Tod erging 1957 ein geheimes Dekret der römischen Zensur, die Bücher Teilhards aus den Bibliotheken zu entfernen, sie in katholischen Buchhandlungen nicht zu verkaufen und sie nicht in andere Sprachen zu übersetzen. Der Hinweis auf diesen genialen Denker muss hier genügen. Ausführlicher behandelt wird jedoch die nordamerikanische „Prozesstheologie", die im deutschsprachigen Raum immer noch zu wenig Beachtung gefunden hat. Dass ihr grundsätzliches Anliegen tatsächlich darin besteht, die überlieferte Lehre von Gottes Eigenschaften in seinem Verhältnis zur Welt zu revidieren, kann ein Zitat verdeutlichen. J. B. Cobb, einer der führenden Prozesstheologen, stellt programmatisch fest:

vgl. zum Folgenden F. Meesen, Unveränderlichkeit, S. 93 ff.

> Gott ist [in der klassischen Gotteslehre] völlig unabhängig von der Welt: die Gott-Welt-Beziehung ist für Gott eine äußerliche. Diese drei Termini – unwandelbar, leidenschaftslos, absolut – sagen im Grunde dasselbe, nämlich dass die Welt nichts zu Gott beiträgt und dass Gottes Einfluss auf die Welt in keiner Weise bedingt wird durch göttliches Reagieren auf unvorher-

gesehenes, selbstbestimmtes Handeln der Wesen in der Welt. Die Prozesstheologie verneint die Existenz eines solchen Gottes. (J. B. Cobb / D. R. Griffin, Prozess-Theologie, 1979, S. 8 f.)

Die unmittelbare Voraussetzung oder Grundlage der Prozesstheologie ist die „Organismusphilosophie“ A. N. Whiteheads. In dieser Philosophie wird jede statische oder dingliche Auffassung der Wirklichkeit verneint und Wirklichkeit stattdessen als sich fortlaufend in Ereignissen entwickelnde und verändernde Aktualität* begriffen. Die Überzeugung, von der Whiteheads Denken im Anschluss an den Evolutionsgedanken ausgeht, lautet.

Alfred North Whitehead (1861–1947), englischer Mathematiker und Philosoph, unterrichtete am Trinity College von Cambridge und später in London Mathematik, hatte dann an der Harvard University eine Professur für Philosophie inne; neben einem dreibändigen mathematischen Grundlagenwerk veröffentlichte er zahlreiche philosophische Arbeiten zu erkenntnistheoretischen, naturwissenschaftlichen und kosmologischen Fragen.

„Die Kategorie des Werdens ist der Realität angemessener als die Kategorie des Seins, und Beziehung ist grundlegender als Substanz und Absolutheit“ (D. Brown, in: EK 10/1977, S. 595).

Von seiner Überzeugung nimmt Whitehead auch Gott nicht aus. Er begreift Gott als Teil der Realität, nicht jenseits oder außerhalb von ihr, auch wenn Gott Wirklichkeit im eminenten Sinn ist.

Der Gottesbegriff bei Whitehead

Um Whiteheads Gottes-Begriff in den einzelnen Bestimmungen richtig zu verstehen, darf man nicht übersehen, dass Whitehead Gott *philosophisch* im Rahmen eines kosmologischen Entwurfs denkt (und nicht theologisch im Rahmen biblischer oder dogmatischer Voraussetzungen). Sein Gedankengang über Gott kann in vier Aspekten nachgezeichnet werden. Die Abfolge der Aspekte spiegelt die Entwicklung des Gedankens wider:

1. „Gott“ als systemimmanente* Denknotwendigkeit
   Nach Whitehead ist „Gott“ ein „abgeleiteter Begriff“ (derivative notion), der sich zwingend aus der Interpretation menschlicher Erfahrung ergibt. Der Mensch erfährt die Wirklichkeit als voranschreitende Bewegung und deutet sie als einen Prozess, der aus einzelnen Ereignissen, deren Beziehungen und deren Wirkungen besteht. Dabei ist von der Erfahrung her offenkundig, dass die einzelnen Ereignisse oder Aktualitäten (actual entities), die gemeinhin als Dinge bezeichnet werden, kontingent sind. Das heißt: Sie sind zufällig, sie könnten auch nicht sein = geschehen oder an ihre Stelle könnten andere Ereignisse treten. Für den Interpreten zeigt sich damit jedes in der Welt wirkende Ereignis als

Zitate hier und im Folgenden nach F. Meesen, Unveränderlichkeit, S. 93 ff.

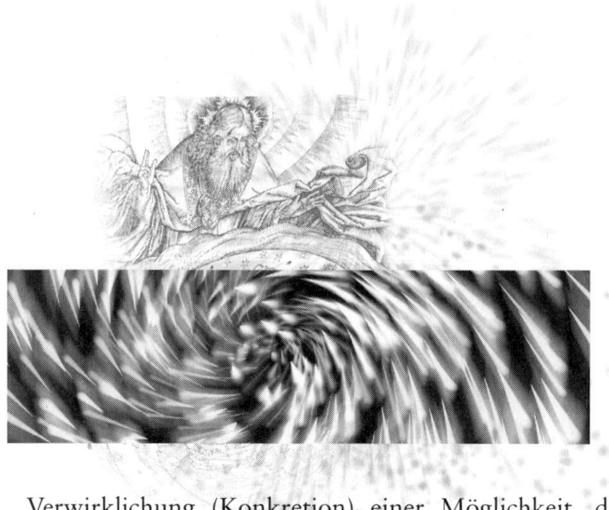

Genesisdarstellung von Lukas Cranach und Urknall-Simulation

Verwirklichung (Konkretion) einer Möglichkeit, die zwei Fragen aufwirft:

- Warum wird gerade diese Möglichkeit (und nicht eine andere denkbare) in der Welt konkretisiert?
- Wie kommt es, dass die unzähligen einzelnen Zufallsereignisse (die aus einer unendlichen, zeitlos-abstrakten Fülle von Möglichkeiten in dieser Welt konkret geworden sind) im Zusammenwirken nicht ins Chaos führen, sondern Weltwirklichkeit als geordneten Prozess konstituieren?

konstituieren (lat.) = herstellen, bilden

zu Aristoteles s. S. 147

Die Antwort findet der Interpret der Erfahrungswirklichkeit auf klassische Weise. Wie beispielsweise Aristoteles im Nachdenken über den Grund der Himmelsbewegungen auf eine letzte Ursache – den selbst unbewegten Beweger – zurückgeführt wird, so nimmt Whitehead ein absolutes, den ganzen Kosmos durchwaltendes Prinzip an, um den Prozess der immer neuen Konkretisierung von Möglichkeiten und des geordneten Zusammenspiels der in Erscheinung tretenden Aktualitäten begründen zu können. Anders als Aristoteles schließt Whitehead freilich für das letzte Prinzip Selbstbewegung und Werden nicht aus, so dass er es analog der endlich-zeitlichen Wirklichkeit auch als „aktuale Wesenheit" bezeichnet. Das kosmische Prinzip der Konkretion nennt Whitehead im traditionellen Sinn Gott.

2. Gottes Urnatur

Gottes „Funktion", die Entfaltung des Weltprozesses in Form von Kontingenzereignissen zu begründen, verankert Whitehead in der von im so genannten „Urnatur"

Kontingenz (lat.) = Möglichkeit des Nichtseins, des Nichtbestehens (primordial nature) Gottes. Er kennzeichnet sie als die jeder Realisierung vorausliegende absolute Schau der reinen Möglichkeiten, in der auch die Ordnung des Möglichen abstrakt enthalten ist. Gottes Urnatur ist also der In-Begriff aller Potentialitäten*. Auf diese Weise hält Gott für jedes Zufallsereignis in der Welt eine anstoßende Zielgebung (initial aim) bereit. Aber Gottes Zielgebung ist überredend und nicht zwingend. Das zeitliche „Subjekt", auf das Gottes Impuls wirkt, kann sich für oder gegen die Verwirklichung entscheiden. Deshalb ist „jeder an die Welt gerichtete schöpferische Anstoß Gottes ... waghalsig [adventurous], da Gott nicht weiß, was sich daraus ergeben wird" (J. B. Cobb / D. R. Griffin, Prozess-Theologie, S. 56).

eines Sachverhalts („Zufälligkeit") im Gegensatz zur Notwendigkeit des Seins / Daseins

3. Gottes Folgenatur
   Gottes Urnatur ist insofern vollkommen, als sie die absolute Fülle der Möglichkeiten – den ganzen Reichtum dessen, was im kosmischen Prozess realisiert werden kann – in sich begreift. Doch weil diese Vollkommenheit von rein begrifflicher Qualität ist, ist sie zugleich und paradox eine unvollkommene Vollkommenheit. Die „Abstraktheit" von Gottes Urnatur, die sie einerseits als ewig, unveränderlich und von der physischen Welt unabhängig ausweist, ist andererseits ein Mangel an „Wirklichkeit". Es fehlt ihr zum Ganzen die Konkretion, durch die erst die Idee, die der Begriff enthält, zur Erscheinung kommt, aktuell wirksam wird und als existierende Realität wiss- oder erkennbar ist.
   Aus dem Mangel von Gottes Urnatur, der sich als Gottes „Sehnsucht nach konkreten Tatsachen" (Cobb / Griffin, a. a. O., S. 83) äußert, erwächst ein höchst dynamisches Geschehen. Whitehead nennt es die „Folgenatur" Gottes. Bei diesem Geschehen geht Gott in die Wirklichkeit von Zeit und Raum ein, um so die Einseitigkeit seiner abstrakten Urnatur auszugleichen oder aufzuheben. Die „Verweltlichung" Gottes in Form der Folgenatur kann perspektivisch beschrieben werden:
   - Aus Sicht des Kosmos werden die zielgebenden begrifflichen Impulse von Gottes Urnatur dadurch physisch konkret, dass sie von endlichen „Einzelwesen" (Aktualitäten) aufgenommen und als Ereignis in der Welt realisiert werden.
   - Aus der Sicht Gottes sind die Ereignisse des Weltprozesses die „geschichtliche Verleiblichung" seiner uranfänglichen Begriffe.

Dass Gottes Erkenntis vollkommen(er) wird, wenn ihre Ideen in der Welt konkret verwirklicht werden, widerspricht dem klassischen philosophischen und theologischen Denken; vgl. dazu Augustinus, De civitate Dei XI, S. 21: „Gott erkennt auf eine andere, für unsere Art zu erkennen weit und tief verschiedene Weise. Er schreitet nicht von dieser Erkenntnis zur anderen fort, sondern schaut in völlig unwandelbarer Weise; so dass er diejenigen Dinge, die in der Zeit entstehen und als zukünftige noch nicht sind, und die schon gegenwärtig sind, und die als vergangen nicht mehr sind, vollkommen in einer feststehenden und immerwährenden Gegenwärtigkeit erfasst ..."

Depotenzierung (lat.) = Schwächung/Herabminderung eines Werts/Vermögens oder einer Kraft/Fähigkeit

inadäquat (lat.) = nicht passend, nicht angemessen

Indem Gottes ideale Urschau des im Weltprozess Möglichen als Bestimmungs- und Zielgrund des wirklichen Weltprozesses in der Welt aktualisiert wird, gewinnt Gott an Wirklichkeitsfülle und an Bewusstsein hinzu. Diesem Aspekt der Vervollkommnung und Vervollständigung Gottes stehen aber zugleich Einschränkungen oder Relativierungen von Gottes Absolutheit gegenüber:

a) Eine grundlegende Einschränkung besteht darin, dass Gott sich das, was auf der Grundlage seiner uranfänglichen Begriffe in der Welt konkret verwirklicht wird, zurechnen muss. Er ist durch die Ereignisse des Weltprozesses „betroffen", weil die Impulse für den Prozessverlauf aus ihm stammen. Da die Ereignisse in der Welt alle von zeit-räumlicher Qualität sind, bedeutet die Betroffenheit Gottes in jedem Fall seine Verendlichung oder Depotenzierung.
b) Eine spezifische Einschränkung ergibt sich dann, wenn die ereignishafte Umsetzung des göttlichen Impulses trivial, disharmonisch oder zerstörerisch und von Übel ist. Es entsteht hier folgende Spannung:
   - Sofern eine derartige Aktualisierung nicht die dem göttlichen Impuls gemäße Intensität hat, d.h., sofern die Kreatur hier nicht realisiert, was sie der göttlichen Idee nach zu sein vermag, kann Gott das Ereignis als ein für seine Wirklichkeit wertloses Geschehen abweisen.
   - Gleichwohl kann Gott die inadäquaten Aktualisierungen nicht völlig von sich oder für sich zurückweisen, weil sie ja durch seine Impulse veranlasst sind.

4. Verschränkung von Gott und Welt

Die Konsequenz, die sich aus Whiteheads Lehre von den „Naturen" Gottes ergibt, setzt sich klar vom klassischen Gottesbegriff ab und lautet in allgemeiner Formulierung:

Das Werden der Welt geht einher mit einem Werden Gottes – und umgekehrt.

In dieser Formulierung sind zwei Gedanken enthalten, die das Verständnis zum Kern von Whiteheads Gotteslehre führen:

a) Das Verhältnis zwischen Gott und Welt ist nicht einfach bipolar oder kontradiktorisch, so dass die Gegensatzpaare: Sein und Werden, Einheit und Vielheit, Aktualität und Potentialität, Transzendenz und Immanenz, Schöpfer und Geschöpfe ... nicht in herkömmlicher Weise auf Gott und die Welt aufgeteilt werden können. Vielmehr müssen Gott auch die weltlichen (endlichen) Kategorien zugerechnet werden – und der Welt die göttlichen (absoluten).

b) Entgegen der traditionellen Auffassung, die die Welt in völliger Abhängigkeit von Gott sah, muss auch die Abhängigkeit Gottes von der Welt gesehen werden. Gewiss gründen die den Weltprozess aufbauenden zeitlichen Ereignisse in den zielgebenden Impulsen Gottes, der von Ewigkeit her alle Potentialitäten schaut oder gedacht hat – aber ebenso erreicht Gott die Fülle seiner Wirklichkeit nur dadurch, dass er sich in den Weltprozess hineinbegibt und teilhat an den immer neuen Schöpfungen dieses Prozesses.

kontradiktorisch (lat.) = widersprüchlich, sich widersprechend (gegensätzlich im Sinne von A und Nicht-A)

vgl. R. L. Fetz, Whitehead, S. 204

Dipolarität Gottes bei Ch. Hartshorne

Ch. Hartshorne, der Schüler und Mitarbeiter Whiteheads, hat den philosophischen Gottesbegriff seines Lehrers erstmals „prozesstheologisch" entfaltet. Entsprechend der Grundauffassung Whiteheads, dass das Werden der Welt und das Werden Gottes ineinander verwoben sind, hält es Hartshorne für notwendig, die den klassischen Theismus bestimmende unbedingte Trennung von Gott und Welt aufzugeben und die traditionelle Gotteslehre im panentheistischen Sinn zu revidieren. Die Haltbarkeit der Revision sieht Hartshorne nun freilich nicht nur in der Überzeugungskraft der auf Whitehead gründenden Gedanken, sondern auch in dem religiösen Kriterium der Verehrungswürdigkeit Gottes. Nur wenn der neu begriffene Gott für die Menschen seine Verehrungswürdigkeit nicht verliert, kann man sicher sein, einen wahren Gottesbegriff gefunden zu haben. Daher geht Hartshorne von der Frage aus: Wie muss Gott beschrieben werden, damit er verehrungswürdig bleibt? In der Antwort, die Hartshorne zunächst abstrakt gibt, ist der entscheidende Punkt die Vollkommenheit Gottes:

> Unter Gott verstehen bzw. im Zusammenhang mit Religion erwarten wir nicht bloß ein höchstes oder vortrefflichstes Wesen, sondern ein vollkommenes (Ch. Hartshorne, The divine relativity, 1948, S. 19; Übers. F. Meesen).

Dipolarität (lat.) = Zweipoligkeit in dem Sinn, dass die beiden Pole genau entgegengesetzt und gleich stark sind

Theismus (gr.-lat.) = Glaube an / Theorie von einem(n) personalen Gott, der den Kosmos geschaffen hat, aber von diesem Schöpfungswerk unendlich verschieden ist

Panentheismus (gr.-lat.) = philosophische oder religiöse Lehre, nach der Gott und die Welt aufs Engste verknüpft und nahezu eins sind, ohne jedoch ineinander aufzugehen (die Welt ist göttlich und Gott ist weltlich – aber sie sind nicht identisch)

Die folgenden Gedanken Hartshornes stehen in starker Spannung zur klassischen Metaphysik, wo die „Unwandelbarkeit" oder „Werdelosigkeit" ein Grundzug des ersten Prinzips ist; Plato etwa spricht im „Phaidon" davon, dass sich die absolute Idee – „das einzigartige Sein" – „immer auf die gleiche Weise verhält ... und niemals und auf keine Weise irgendwie eine Veränderung annimmt" (78 d 5). Freilich darf nicht übersehen werden, dass die klassische Metaphysik die „Werdelosigkeit" des Absoluten nie nur als „ruhendes" In-sich-Stehen auffasst, sondern „dialektisch dynamisiert". So heißt es wiederum bei Plato, dass das wahrhaft Seiende trotz seiner „Ständigkeit" wohl nicht ohne „Bewegung, Leben, Seele und Denken" zu denken sei (Sophistes, 248 e–249 d).

Was Vollkommenheit Gottes konkret bedeutet, erläutert Hartshorne dann aus dem Denkhorizont Whiteheadscher Philosophie. Sein Gedankengang verläuft in drei Schritten:
- Vollkommenheit Gottes darf nicht als Vollendung im Sinne eines abgeschlossenen Zustandes verstanden werden, weil Abgeschlossenheit immer heißt, dass aus einer unbegrenzten Zahl von Möglichkeiten nur eine begrenzte Zahl verwirklicht worden ist. Stattdessen muss Gottes Vollkommenheit dynamisch oder prozessual aufgefasst werden.
- Wenn Gott seine Vollkommenheit nicht besitzt, sondern im Prozess der Vervollkommnung zu erreichen strebt, worin besteht dann der grundlegende Unterschied zum Menschen, der ja auch immer vollkommener werden will? Auf den grundlegenden Unterschied muss wegen der Verehrungswürdigkeit Gottes beharrt werden, weil Verehrung eine Gleichrangigkeit zwischen Verehrtem und Verehrendem ausschließt. Die prinzipielle Differenz ergibt sich daraus, dass Gott seinem Begriff und seiner religiösen Bedeutung nach „von keinem denkbaren Wesen übertroffen werden kann außer von sich selbst" (Hartshorne, A natural theology, S. 128), der Mensch dagegen im Vergleich zu anderen Menschen immer übertreffbar ist.
- Da Gott von keinem anderen Wesen übertroffen werden kann, seine Vollkommenheit aber nicht absolut, d.h. kein Ist-Zustand ist, muss die Vervollkommnung Gottes strikt als „Selbstüberbietung" (self-superiority) gedacht werden. Gott als der im Werden begriffene Vollkommene „is the self-surpassing surpasser of all" (Hartshorne, The divine relativity, S. 20).

Durch die Vorstellung der Selbstüberbietung hat Hartshorne präzisiert, was Gottes Vollkommenheit bedeutet, aber dennoch ist der Gedankengang mit diesem Ergebnis nicht an sein Ende gekommen:
- Zwar ist mit diesem Ergebnis sichergestellt, dass der so gedachte Gott ein verehrungswürdiges Wesen ist. Denn die Selbstüberbietung Gottes ist ein Vollzug seiner Selbstidentität, in dem er ganz bei sich selbst bleibt und von allem Endlichen ganz verschieden ist.
- Aber diese unendliche Differenz zu der Realität, die nicht Gott ist, kann in dieser Form nicht festgehalten werden. Gottes Selbstüberbietung als reiner Selbstvollzug liefe nämlich letztlich auf einen Leerlauf hinaus, auf ein Werden, dem die Fülle der Wirklichkeit, die Rei-

bungspunkte und damit die Dynamik des Konkreten fehlten. Daher muss Gottes Vervollkommnung auch – die reine Selbstbezüglichkeit relativierend – interaktiv gedacht und mit dem Prozess der Welt verbunden werden.

Diese Spannung zwischen dem durch oder aus sich – aufgrund seiner Selbstüberbietung – vollkommenen und dem zu seiner Vervollkommnung doch auch auf die Welt angewiesenen Gott kann die Theologie nicht auflösen, sondern sie muss sie aushalten. Um das scheinbar Unvereinbare in einem Begriff zusammendenken zu können, formuliert Hartshorne die Idee der Dipolarität Gottes; sie ist das eigentliche Ergebnis seines Gedankengangs.

Dipolarität Gottes heißt, dass zwischen seiner Potentialität und seiner Aktualität, seiner Individualität und seiner Interaktivität, seiner Personalität und seiner Sozialität, seiner Ewigkeit und seiner Zeitlichkeit, seiner Unveränderlichkeit und seiner Veränderlichkeit, seiner Geistigkeit und seiner Leiblichkeit ... zu unterscheiden ist (ohne dass die eine Seite zugunsten der anderen aufgehoben werden dürfte):

- Im Aspekt der individuellen Wesenheit Gottes wird die Weltverschiedenheit und Weltüberlegenheit Gottes gewahrt.
  Die individuelle Wesenheit der Gottheit (was Gott zu Gott macht oder das Göttliche göttlich) ist von diesem All völlig unabhängig, da irgendein anderes mögliches All ... mit dieser Wesenheit ebenso vereinbar wäre. In dieser Hinsicht transzendiert die göttlich-personale Wesenheit die faktische Wirklichkeit (Hartshorne, The divine relativity, S. 88 f.; Übers. F. Meesen)
- Komplementär dazu beinhaltet der andere Aspekt der Dipolarität Gottes, Gottes Aktualität, die Weltimmanenz Gottes. Es ist die Seite der konkreten Erfahrung Gottes, durch die sich Gottes abstrakte Individualität im kosmischen Prozess verkörpert. Dabei ist entscheidend: Gott handelt nicht eingleisig, d.h. rein autonom und „von oben herab“, an der Wirklichkeit, sondern er ist so in das Geschehen der Welt verwoben, dass er von ihren Ereignissen bewegt und in seinem göttlichen Leben geprägt wird. In diesem Sinn kann man von einer echten Interaktivität oder Partnerschaft zwi-

Gottvater und Phasen der Evolution

schen Gott und der Welt sprechen. Aus Sicht der Welt kulminiert Gottes uneingeschränkte Offenheit für das Andere (= Sozialität) in dem Satz: Gott bindet sich an diese konkrete Welt, so wie sie ist (d.h. geschieht oder verläuft), er begibt sich ihr gegenüber in eine „sympathetic dependence" (Hartshorne, The divine relativity, S. 48).

5.2.3 Trinitarische Relativierungen

In der evangelischen und katholischen Theologie der Gegenwart – sofern sie sich den geistigen Anforderungen unserer Zeit stellt und nicht einfach gedankenlos überlieferte Bekenntnisse und Glaubenssätze wiederholt – herrscht Einigkeit darüber, dass, ganz im Sinne der Bibel, Gottes Leben und der Prozess der Welt eng verbunden zu denken sind. Auseinandersetzungen gibt es dann darüber, wie die Verknüpfung von Gott und Welt zu konkretisieren ist.

Die hier diesbezüglich vorgestellten Theorien – die Theorie vom leidenden Gott und die Theorie vom (im Kosmos) werdenden Gott – wagen sich in ihren Spekulationen über das Gott-Welt-Verhältnis gewiss sehr weit vor. Aber dafür wird an ihnen auch besonders eindrücklich deutlich, dass die Gottesfrage heute nur dann eine Antwort finden kann, wenn Gottes Wirklichkeit als absolute Relation aufgefasst wird – als ein Beziehungsgeschehen, in dem Gott nicht nur in sich lebt, sondern sich auf die Welt hin und in die Geschichte hinein überschreitet.

vgl. Kap. 5.2.1 und 5.2.2

Im Horizont des christlichen Glaubens ist die Auffassung, dass Gott als absolutes Beziehunsgeschehen über sich selbst hinausgreift, letztlich trinitätstheologisch zu entfalten. Für die heutige Theologie wurde einer der hier wegweisenden Schritte von Karl Rahner, einem theologischen Vordenker des 20. Jahrhunderts nicht nur innerhalb des Katholizismus, gemacht.

Karl Rahner (1904–1984), katholischer Theologe, Professor für Dogmatik und Dogmengeschichte, Jesuit. Während des 2. Vaticanums offizieller päpstlicher Fachtheologe; führt in seinem 3500 Arbeiten umfassenden Gesamtwerk die theologische Auseinandersetzung mit den von der modernen Philosophie und Wissenschaft aufgeworfenen Problemen

Die Problematik der klassischen Schultheologie, das eine Wesen Gottes ganz in den Vordergrund zu stellen und über den hierauf bezogenen metaphysischen Spekulationen die Vermittlung von Heilsgeschichte und Trinität aus dem Blick zu verlieren, erkennt Rahner besonders in dem – bereits 675 von der XI. Kirchenversammlung zu Toledo dogmatisierten – Glaubenssatz:

> Die Werke der Trinität nach außen sind ungeteilt (opera trinitatis [ad extra] sunt indivisa: DS 535; vgl. 804; 1331).

Die XI. Kirchenversammlung zu Toledo war klein; nur 17 Bischöfe besuchten sie. Das Glaubenbekenntnis dieser Versammlung – zusammengestellt aus früheren Lehrentscheidungen und aus den Werken der Kirchenväter – genoss in der Folgezeit freilich hohes Ansehen und zählt wegen seiner theologischen Wirkung zu den bedeutendsten Urkunden kirchlicher Lehrverkündigung.

Wenn – entsprechend diesem Glaubenssatz – Gott nach außen, d.h. in der Welt und Geschichte, nur als Einer handelt, dann ergibt sich daraus nicht nur die Konsequenz, dass die Menschwerdung des Sohnes von der ganzen Trinität gemeinsam gewirkt worden ist (vgl. DS 535), sondern es stellt sich auch die Frage, ob nicht jede der drei Personen Gottes hätte Mensch werden können. Auf den ersten Blick mag es scheinen, als entstamme diese Frage theologischer Spitzfindigkeit oder sei von rein spekulativem Interesse. Doch geht es hier – richtig verstanden – um das Fundament des christlichen Glaubens. Es geht um die christliche Grundüberzeugung, dass Gott dem Menschen nicht nur etwas, sondern dass er sich selbst mitteilt. Hätte tatsächlich jede göttliche Person Mensch werden können, würde das bedeuten, dass sich im Mensch gewordenen Sohn keine Eigentümlichkeit des Sohnes und damit nichts von dem, was Gottes Leben als Beziehung ausmacht, zeigt. Allenfalls käme im inkarnierten Logos ganz abstrakt etwas von Gottes Wesen zum Vorschein, aber diese ab-

inkarnierter Logos, wörtl. „Fleisch gewordenes Wort“ = Jesus Christus – der Mensch gewordene Sohn Gottes strakte Erscheinung wäre ja gerade nicht das Selbst Gottes.

Um einen solchen Irrweg auszuschließen (der die Fortsetzung der Tendenz abendländischer Theologie sein könnte, Gott metaphysisch, d.h. ohne die Welt und Geschichte zu erfassen) formuliert Rahner sein trinitätstheologisches „Grundaxiom“:

Als Hilfe für ein erstes Verständnis schreibt H. Vorgrimler: „In sehr schlichter und noch nicht wirklich erklärender Fassung heißt dieser Satz: So, wie Gott ‚für uns‘ ist (sich uns in der Heilsgeschichte oder Heilsökonomie zu erfahren gegeben hat), so ist er auch ‚in sich‘ immanent“ (a. a. O., S. 161).

Die ökonomische Trinität *ist* die immanente Trinität *und umgekehrt* (Bemerkungen zum dogmatischen Traktat „De Trinitate“, S. 115).

Dieses Grundaxiom stößt in der gegenwärtigen Theologie nur dort auf völlige Ablehnung, wo „gewollte Missverständnisse und Polemik“ (Vorgrimler, S. 164, Anm. 33) eine sachgemäße Interpretation verhindern. Die große Mehrheit der Theologen diskutiert fruchtbar darüber, nicht ob überhaupt, sondern in welcher Weise Rahners Satz zugestimmt werden kann. Es ist hier sensus communis, dass der Zusammenhang von Trinität und Heilsgeschichte im „radikalen“ Sinn der in Rahners Axiom enthaltenen Aussagen zu verstehen ist:

sensus communis (lat.) = allgemein herrschende oder akzeptierte Auffassung /Anschauung

1. Im zeitlichen Heilshandeln Gottes, das mit der Schöpfung beginnt, im geschichtlich-konkreten Ereignis der Inkarnation seine Mitte hat und in der Vollendung der Welt und menschlichen Geschichte endet, teilt Gott sich selbst „nach außen“ mit, er „übersetzt“ sich als dreifaltiges Leben in die Dimension des Endlichen. Er kehrt in dem, was er wirkt, „sein Innerstes“ nach außen, so dass der Gott „in se“ kein anderer ist als der Gott „pro nobis“.

„in se“ (lat.) = in sich
„pro nobis“ (lat.) – für uns

2. Die Wendung „und umgekehrt“ ist nicht nur die Spiegelung der ersten Aussage, sondern sie beinhaltet auch, dass Gott in sich selbst, in seinen inneren Beziehungen, so lebendig und frei ist, dass er das Nichtgöttliche schaffen und in dieses hinein sich aussagen kann und will. Weil Gott dreifaltig, d.h. in wirklicher Selbstunterschiedenheit, als Liebe von Vater, Sohn und Geist existiert, vermag er sich selbst wegzugeben und in Freiheit an das Andere als sein Gegenüber mitzuteilen.

Auf der Grundlage dieser beiden Aussagen dreht sich die trinitätstheologische Diskussion letztlich darum, wie das in Rahners Axiom hervorgehobene „ist“ aufzufassen ist. Das Problem besteht darin, eine Identität von ökonomischer und immanenter Trinität zu behaupten und gleichzeitig abzuwehren. Anders – konkreter – gesagt: Es soll gedacht werden können, dass Gott, wie er in sich selbst lebt, in der Welt und Geschichte erscheint, ohne dass Gott im geschaffenen Nichtgöttlichen (völlig) aufgeht und ohne dass er das Geschaffene in seiner Eigenständigkeit aufhebt.

Der wirkungsvollste Beitrag in dieser Diskussion stammt von Jürgen Moltmann. Er kritisiert an Rahner, dass er die Trinität Gottes als Selbstmitteilungsprozess denke, in dem das eine, einzige Gott-Subjekt der Vater sei. Im Hintergrund stehe hier „die idealistische Lehre von der ‚trinitarischen' Reflexionsstruktur des absoluten Subjekts". Da für Rahner die Selbstmitteilung des Vaters die einzige Richtung der Trinität sei, gebe es innertrinitarisch keine distinkten Akt- und Bewusstseinszentren und damit auch „kein gegenseitiges Du", und ökonomisch sei der Sohn nur „das geschichtliche Mittel" und der Heilige Geist „in uns" nur „der Ort der Selbstmitteilung" des Vaters.

*Jürgen Moltmann (*1926), Schüler Karl Barths, Professor für systematische Theologie in Tübingen, fand weltweite Beachtung mit seinem Werk „Theologie der Hoffnung" (1964), in dem er Impulse der utopischen Philosophie Ernst Blochs aufnahm; zu Moltmanns Rahner-Kritik vgl. Trinität und Reich Gottes, S. 161ff.*

Die Folge von Rahners Deutung der Trinität sei, dass der Identitätsaussage in seinem trinitätstheologischen „Grundaxiom" die Spannung fehle. Die ökonomische Trinität sei im Grunde in der immanenten aufgelöst. Als schon immer mit sich selbst vermitteltes, absolutes Subjekt sei Gott auf sein Außen, auf seinen Vollzug von Welt und Geschichte, nicht angewiesen; Gott hätte, ohne dass seinem Wesen etwas abginge, das Nichtgöttliche auch nicht schaffen und er hätte auch nicht in die Geschichte treten können.

Gegen eine solche Konsequenz setzt nun Moltmann seine Konzeption einer sozialen Trinitätslehre. Man wird allerdings bezweifeln dürfen, dass sich seine Lehre so radikal von Rahners Denken unterscheidet, wie er selbst das behauptet. Er erkennt zwar ein Hauptpoblem bei Rahners Trinitätsauffassung richtig, aber insgesamt verkürzt er Rahners Trinitätstheologie doch erheblich, z.B., weil er dessen Aussagen über Gottes Veränderlichkeit und Gottes wirkliches Werden in der Geschichte kaum in Betracht zieht.

vgl. H. Vorgrimler, a. a. O., S. 157ff.

Moltmanns Konzeption einer sozialen Trinitätslehre hat die trinitätstheologische Diskussion zugespitzt und daher eine Flut von Stellungnahmen hervorgerufen – „provoziert". Die Kernaussage, auf die Moltmanns Konzeption hinführt, lautet:

Die These von der Identität der immanenten und der ökonomischen Trinität drückt „die **Wechselwirkung** zwischen dem Wesen und der Offenbarung, dem

Innen und Außen des dreieinigen Gottes" aus. „Die ökonomische Trinität offenbart nicht nur die immanente Trinität, sondern wirkt auch auf diese zurück." (Trinität und Reich Gottes, S. 117 f., Anm. 11)

Gottes immanente Trinität ist hier so eng mit der Heilsgeschichte verknüpft, dass man von einer trinitarischen Geschichte Gottes sprechen muss. Im Sinne der Wechselwirkung ist damit nicht nur gemeint, dass Gott wirklich selbst am Geschehen der Heilsgeschichte beteiligt und davon betroffen ist, sondern entscheidend ist der Gedanke, dass sich Gottes trinitarisches Leben überhaupt erst in der Geschichte seiner Bundesbeziehung mit der Welt und der Menschheit verwirklicht und schließlich vollendet.

Unter dem Aspekt der Sozialität Gottes können Moltmanns Überlegungen zur trinitarischen Geschichte in drei Gedanken gebündelt werden:

1. Gott ist die personale Gemeinschaft von Vater, Sohn und Geist. Personale Gemeinschaft bedeutet, die überkommene Definition von den drei „subsistierenden Relationen" aufzugeben und stattdessen Vater, Sohn und Geist als relativ eigenständige Subjekte (mit einem eigenen Bewusstseins- und Aktzentrum) zu denken.

   Die innertrinitarische Gemeinschaft ist ein Leben in Liebe. Als Vater ist Gott der Liebende, der den Sohn „zeugt und gebiert", als Sohn der Geliebte, der die Liebe des Vaters „in Hingabe erwidert", als Geist die Liebe selbst von Vater und Sohn.

   Obwohl diese innertrinitarische Liebe eine ewige und göttliche Liebe ist, vollzogen in der Fülle und Überfülle des göttlichen Seins, ist sie in sich nicht vollendet. Es „fehlt" ihr noch das Äußerste an „Selbstunterscheidung" und „Selbst-losigkeit". Vater und Sohn, der Liebende und der geliebte „Widerliebende", sind zwar nicht dieselben, der Vater ist ein anderer als der Sohn, aber sie sind gleichen Wesens. Ihre Liebe ist eine Liebe des Anderen im Gleichen. „Das Gleiche" jedoch „ist dem Gleichen nicht genug" (Moltmann, a. a. O., S. 74). Deshalb will die innertrinitarische Liebe aus sich herausgehen und im Schaffen des wesentlich Anderen zur schöpferischen Liebe werden. Gottes Leben in ihm selbst hat nicht nur die Kraft, sondern auch „die Tendenz und die Intention" (ebd.), das ganz Andere, unendlich Verschiedene – die Welt – ins Dasein zu rufen.

Die Definition geht zurück auf die Scholastik (vgl. Thomas von Aquin, Summa theologiae I, q[uaestio] 29 a[rticulus] 4: „Die göttliche Person bezeichnet die subsistente Relation"). Die Definition ist nur schwer zu übersetzen. Am ehesten kann der Satz „Die göttlichen Personen sind subsistierende Relationen" so wiedergegeben werden: Die drei göttlichen Personen sind die konkreten – aufeinander bezogenen und voneinander unterscheidbaren – Existenzweisen des einen Gottes.

Vgl. Augustinus, De trinitate VII, 12.14

*vgl. A. Günther, Vorschule zur spekulativen Theologie I, S. 130 f.: Der Grund der Schöpfung ist „*Liebe, *das* Leben in Andern *als Leben des Dreieinen, und darum auch das* Leben für Andre, *die noch nicht sind, weil sie nicht* aus *und* in Ihm *[Gott] sind; sondern* durch Ihn *sind, was sie* sein *werden."*

Es würde der Liebe, die Gott ist, widersprechen, dieses nicht zu tun (ebd.).

Dennoch, trotz Gottes innerem „Hang“ zum Anderen, unterliegt die schöpferische Liebe Gottes keinem Zwang und keiner Willkür. Sie ist eine freie Liebe. Um ihre Freiheit auszudrücken, spricht Moltmann in einem erotischen Bild davon, dass Gott „aus der inneren Lust seiner ewigen Liebe“ eine Schöpfung schafft, „an der er Freude hat“ (a. a. O., S. 73 f.). Oder er gebraucht den Begriff des Entschlusses. Die Gemeinschaft der ewigen Liebe ent-schließt sich, sich in der Welt zu er-schließen und im Menschen ein Ebenbild ins Leben zu rufen, das ihre Liebe in Freiheit erwidert.

2. Mit der Erschaffung der Welt beginnt die trinitarische Geschichte Gottes in Raum und Zeit. Diese Geschichte verläuft nicht neben der immanenten Liebe Gottes, sondern sie ist „ein Teil der ewigen Liebesgeschichte zwischen dem Vater und dem Sohn“. In ihr „reflektiert“ Gott in dem zu ihm wesentlich Anderen seine innertrinitarische Existenz:
   - Die Welt wird aus der Liebe des Vaters zu Sohn geschaffen. Die Schöpfung entspricht oder spiegelt wider die ewige Selbstmitteilung des Vaters an den Sohn.
   - Die aus der Schöpfung erwachsene Bundesgeschichte zwischen Gott und den Menschen ist von der Beziehung des Sohnes zum Vater bestimmt. Wie der vom Vater gezeugte Sohn die Liebe des Vaters erwidert, so soll der Mensch als die andere, Gott ebenbildlich gegenüberstehende Wirklichkeit die ewige Liebe Gottes in Freiheit erwidern.

     Wenn der Mensch, statt zu antworten, sich von Gott abwendet, droht nicht nur er aus der ewigen Liebe Gottes herauszufallen, sondern Gottes ewige Liebe selbst ist betroffen. Erst die Liebeserwiderung erfüllt ihre Sehnsucht nach dem geliebten Anderen und macht sie zur „seligen Liebe“. Die Menschwerdung des Sohnes in einer Welt der Sünde und des Todes hat daher zwei Seiten: Einerseits erlöst sie die Welt und die Menschheit, indem sie die Schöpfung zum Sohnesverhältnis, d.h. zur Liebeserwiderung gegenüber dem Vater befähigt. Andererseits betrifft sie das Selbstverhältnis Gottes, weil die ewige Liebe Gottes nicht ohne die von ihr Geliebten – die Welt und die

Menschen – und die von diesen geteilte Gemeinschaft sein kann.
Der Höhepunkt der Liebesgeschichte Gottes mit der Schöpfung ereignet sich innerhalb der Inkarnation durch das Kreuz. Das Kreuz ist – von der Dreieinigkeit der ewigen Liebe her gesehen – das Äußerste, was in der Liebe zwischen Vater und Sohn geschehen kann. In der Gottverlassenheit des gekreuzigten Sohnes, in der er die Gottverlassenheit des sterbenden Geschöpfs erfährt, kommt diese Liebe zu ihrer entscheidenden, d.h. extremen Verwirklichung.

eschatologisch (gr.) = hier: die letzten Dinge betreffend, total endgültig

3. Die trinitarische Liebe kommt in der eschatologischen Vollendung der Heilsgeschichte an ihr Ziel. Sie erreicht ihre Erfüllung oder ist „selig“, wenn in der Wirkung des „Geistes“
   - von Gott her die Welt wirklich von allen Übeln, dem Leiden und dem Bösen, befreit ist

   und wenn
   - von der Welt her die Menschheit ganz in die göttliche Gemeinschaft von Vater, Sohn und Geist einbezogen ist, weil die Erwiderung der Liebe jetzt keiner Beschränkung mehr unterliegt.

Glossar

Ambivalenz (lat.) = Doppelwertigkeit, Zwiespältigkeit; Gleichzeitigkeit einander entgegengesetzter Gefühle, Bestrebungen oder Vorstellungen; beim Gottesbild das Zugleich gegensätzlicher Inhalte wie Zorn und Güte

Aktualität (lat.) = Zustand des wirklich entfalteten Seins (im Ggs. zur → Potentialität); bei Whitehead (als Übersetzung für „actual entity"): Verwirklichung im Ereignis oder Prozess bzw. Ding/Wesen, das sich als Ereignis verwirklicht

Axiom (gr.) = (als gültig anerkannter oder anzuerkennender) Grundsatz, auf dem eine Theorie, Lehre oder Beweisführung ruht

Dichotomie (gr.) = Zweiwertigkeit; zweigliedrige Bestimmung eines Begriffs durch einen ihm untergeordneten Begriff und dessen Verneinung (z. B. Seele: Bewusstes – Unbewusstes)

Explikation (lat. „Auseinanderrollen") = Erläuterung, Erklärung, Darlegung

explizieren (lat.) = erläutern, erklären, darlegen

explizit (lat.) = ausdrücklich, deutlich, klar

Frühjudentum = in der Geschichte des Judentums die Zeitspanne zwischen ca. 200 v. Chr. und 150 n. Chr.

Hellenismus (von gr. „Hellas": Griechenland) = Epoche zwischen der Eroberung des Perserreichs durch Alexander den Großen (4. Jh. v. Chr.) und dem Beginn der römischen Vorherrschaft (1. Jh. v. Chr.), in der sich die griechische Kultur im Mittelmeerraum und in Kleinasien ausbreitete und ihre größte Blüte erreichte. („Hellenismus" ist von der „hellenischen" Kultur des klassischen Griechenland zu unterscheiden.)

Hermeneutik (gr.) = Kunst der Interpretation von Texten; reflektiertes Verfahren des Verstehens und Auslegens von Texten; im weiteren Sinn das Verstehen von Sinnzusammenhängen in Lebensäußerungen aller Art (z. B. in Kunstwerken, Handlungen, geschichtlichen Ereignissen)

immanent (lat.) = in etwas enthalten, innewohnend; der Welt innewohnend (Ggs. transzendent)

Immanenz (lat.) = das im Bereich möglicher Sinneserfahrung Liegende; das der Welt Innewohnende oder in ihr Enthaltene

Implikation (lat. „Verflechtung") = Einbeziehung einer Sache in eine andere

implizieren (lat.) = einbeziehen, beinhalten

implizit (lat.) = mit enthalten; mit gemeint, aber nicht ausdrücklich gesagt (Ggs. → explizit)

Metaphysik (gr.) = philosophische Disziplin, die die Grundprinzipien und die Seinsstruktur der Wirklichkeit zum Gegenstand hat und damit über die mit den Sinnen erfahrbare Welt hinausgeht; strebt als „erste Philosophie" (Aristoteles) ein System von Erkenntnissen an, das in seinem vernünftigen Zusammenhang folgende Fragen beantworten kann: Warum ist überhaupt etwas und nicht nichts? Warum ist das, was da ist, so, wie es da ist?

Monotheismus (gr.) = Anerkennung und Verehrung nur eines einzigen Gottes

Pantheismus (gr.) = philosophisch-theologische oder religiöse Lehre, dass Gott und die Welt eins sind; dabei ist die Einheit meist spannungsvoll, als Einheit im Unterschied gedacht, nicht als völlige Identität oder Gleichsetzung

Paradoxie (gr.) = Aussage oder Sachverhalt, die einen Widerspruch enthalten und deshalb nach dem Maßstab des Verstandes als unsinnig erscheinen (z.B. „Das Leben ist sinnlos, aber gerade darin liegt sein Sinn.“)

Polytheismus (gr.) = Anerkennung und Verehrung vieler Götter bzw. göttlicher Wesen

Potentialität (lat.) = Zustand des Seins, in dem es das ihm Mögliche (seine Möglichkeiten) noch nicht verwirklicht hat (Ggs. → Aktualität); Möglichkeit, die Wirklichkeit werden kann

Quintessenz (lat.) = Wesen einer Sache oder Untersuchung; auch Hauptgedanke oder Endergebnis

Rezeption (lat.) = Auf-/Übernahme fremden Gedanken- und Kulturguts; Vorgang der – als Verständigungsprozess verlaufenden – Aneignung von Literatur/Kunst/Musik durch den Rezipienten (Leser/Betrachter/Hörer)

Soteriologie (gr.) = theologische Lehre von der Erlösung und dem Heil des Menschen (besonders in Bezug auf das so genannte „Heilswerk“ Jesu Christi)

Theodizee (gr.) = „Rechtfertigung Gottes“ (wörtl. Übersetzung) angesichts der vielgestaltigen Übel und des Bösen in der Welt; der Begriff wurde von G. W. Leibniz (1646–1716) gebildet und durch den Titel seines Werks „Essais de Theodicée“ (1710) in die Philosophie eingeführt

Tora (hebr. „Belehrung“, „Anweisung“) = die durch Mose in den fünf Büchern Mose (Pentateuch) vermittelten Gebote Gottes; bezeichnet dann auch den ganzen Pentateuch und im Frühjudentum sowie im Neuen Testament das ganze Alte Testament

Transzendenz (lat.) = das jenseits des Bereichs der sinnlichen Erfahrung und ihrer Gegenstände Liegende (Ggs. → Immanenz); das Jenseitige, Übersinnliche

Trinität (von lat. „trinitas“: Dreiheit) = Dreieinigkeit/Dreifaltigkeit Gottes; Gott ist ein Wesen in drei Personen oder die Einheit dreier wesengleicher Personen

ökonomische Trinität = heilsgeschichtliche Trinität (ökonomisch ist abgeleitet von gr. „oikonomia“, wörtl. Hausverwaltung, im übertragenen Sinn Heilsplan Gottes in der Geschichte); im Verlauf der Heilsgeschichte offfenbart sich der eine Gott dreifach: in der Schöpfung der Welt als Vater, im Leben und Werk Jesu von Nazareth als Sohn, im Wirken des Geistes innerhalb der Gemeinde als Geist

immanente Trinität = innergöttliche Trinität = Gottes Leben in ihm selbst, in dem er sich als Dreieinigkeit von Vater, Sohn und Geist vollzieht

Zäsur (lat.) = Einschnitt; Unterbrechung

Literaturverzeichnis

Texte

Balthasar, Hans Urs von, Theodramatik III: Die Handlung. Einsiedeln 1980

Bonhoeffer, Dietrich, Widerstand und Ergebung. Briefe und Aufzeichnungen aus der Haft. Hrsg. v. Eberhard Bethge. München 1962

–, Ethik, hrsg. v. Eberhard Bethge. München 1966

–, Akt und Sein. Transzendentalphilosophie und Ontologie in der systematischen Theologie. München 1956

Feuerbach, Ludwig, Vorlesungen über das Wesen der Religion. Nebst Zusätzen und Anmerkungen. Berlin ²1981 (Gesammelte Werke, hrsg. v. Werner Schuffenhauer, Bd. 6)

Frister, Roman, Die Mütze oder der Preis des Lebens. Ein Lebensbericht. Berlin 1997

Gaarder, Jostein, Sofies Welt. Roman über die Geschichte der Philosophie. München – Wien ⁵1997

Günther, Anton, Vorschule zur speculativen Theologie des positiven Christentums. In Briefen. Erste Abtheilung. Die Creationstheorie. Wien ²1846 (unveränderter Nachdruck Frankfurt a. M. 1968)

Hartshorne, Charles, The divine relativity. A social concept of God. New Haven – London 1948

Hegel, Georg Wilhelm Friedrich, Werke in 20 Bänden. Frankfurt a. M. 1971ff.

Jonas, Hans, Zwischen Nichts und Ewigkeit. Drei Aufsätze zur Lehre vom Menschen. Göttingen ²1987

–, Der Gottesbegriff nach Auschwitz. Eine jüdische Stimme. Frankfurt a. M. 1987 (st 1516)

–, Wertfreie Wissenschaft und Freiheit der Forschung. In: Universitas. Zeitschrift für interdisziplinäre Wissenschaft 10/1987, S. 991ff.

Jüngel, Eberhard, Gott als Geheimnis der Welt. Zur Begründung der Theologie des Gekreuzigten im Streit zwischen Theismus und Atheismus. Tübingen 1977

Kant, Immanuel, Kritik der reinen Vernunft. Nach der ersten und zweiten Original-Ausgabe neu hrsg. v. R. Schmidt. Hamburg 1971 (Philosophische Bibliothek 37 a)

Luther, Martin, Der Große Katechismus, in: Die Bekenntnisschriften der evangelisch-lutherischen Kirche, hrsg. v. Dt. Evangelischen Kirchenausschuss. Göttingen ³1956

–, Genesiskommentar, in: Weimarer Gesamtausgabe, Weimar 1883ff., Bd. 42

Mirandola, Giovanni Pico della, De hominis dignitate (Über die Würde des Menschen). Lat. – Dt. Hamburg 1990 (Philosophische Bibliothek 427)

Moltmann, Jürgen, Trinität und Reich Gottes. Zur Gotteslehre. Gütersloh ³1994

–, Der gekreuzigte Gott. Das Kreuz Christi als Grund und Kritik christlicher Theologie. München 1972

–, „Der Gott, auf den ich hoffe“, in: Jens, Walter (Hrsg.), Warum ich Christ bin. München 1979

Rahner, Karl, Grundkurs des Glaubens. Einführung in den Begriff des Christentums. Freiburg – Basel – Wien 1976

–, Bemerkungen zum dogmatischen Traktat „De trinitate“, in: Schriften zur Theologie IV. Einsiedeln 1960

Literatur

Alt, Franz, Jesus – der erste neue Mann. München – Zürich [6]1990

Auer, Johann, Gott – der Eine und Dreieine. Regensburg 1978 (Kleine katholische Dogmatik 2)

Becker, Jürgen, Jesus von Nazaret. Berlin – New York 1996

Beierwaltes, Werner, Plotin. Über Ewigkeit und Zeit (Enneade III 7). Text – Übersetzung – Kommentar. Frankfurt a. M. 1967 (Quellen der Philosophie 3)

Berger, Peter L., Auf den Spuren der Engel. Frankfurt a. M. 1970

Bernhardt, Reinhold, Gott mehr zutrauen, in: Publik-Forum 18/1995, S. 58f.

Bloch, Ernst, Atheismus im Christentum. Frankfurt a. M. 1968 (st 144)

Bongardt, Michael, „Ich sinne nach, es forscht mein Geist" (Ps 77,7), in : Religionsunterricht an höheren Schulen (rhs) 1/1995, S. 10–18

Brown, D., Gott verändert sich. Konzepte und Entwicklungen der Prozesstheologie in den Vereinigten Staaten, in : Evangelische Kommentare (EK), S. 595ff.

Buggle, Franz, Denn sie wissen nicht, was sie glauben. Oder warum man redlicherweise nicht mehr Christ sein kann. Eine Streitschrift. Reinbek b. Hamburg 1992

Burke, Patrick, Erste Schritte in der Religionsphilosophie. München 1975

Cobb, J. B./Griffin, D. R., Prozess-Theologie. Eine einführende Darstellung. Göttingen 1979

Davies, Paul, Gott und die moderne Physik. München [5]1986

Deissler, Alfons, Die Grundbotschaft des Alten Testaments. Ein theologischer Durchblick. Freiburg – Basel – Wien 1972

Deschner, Karlheinz, Kriminalgeschichte des Christentums. Bd. I: Die Frühzeit: Von den Ursprüngen im Alten Testament bis zum Tod des hl. Augustinus (430). Reinbek b. Hamburg 1986

Ditfurth, Hoimar von, Wir sind nicht nur von dieser Welt. Naturwissenschaft, Religion und die Zukunft des Menschen. München [7]1990 (dtv 10290)

Dohmen, Christoph/Mußner, Franz, Nur die halbe Wahrheit? Für die Einheit der ganzen Bibel. Freiburg – Basel – Wien 1993

Dürckheim, Karlfried, Graf, Vom doppelten Ursprung des Menschen. Freiburg – Basel – Wien 1973

Fetz, R. L., Whitehead: Prozessdenken und Substanzmetaphysik. Freiburg 1981

Gnilka, Joachim, Jesus von Nazaret. Botschaft und Geschichte. Freiburg 1993.

Haag, Herbert (Hrsg.), Bibellexikon. Zürich – Einsiedeln – Köln [3]1982

Hasenhüttl, Gotthold, Einführung in die Gotteslehre. Darmstadt [2]1990

Hilberath, Bernd Jochen, Der dreieinige Gott und die Gemeinschaft der Menschen. Orientierungen zur christlichen Rede von Gott. Mainz 1990

Jeremias, Joachim, Kennzeichen der ipsissima vox Jesu, in: Synoptische Studien. FS Alfred Wikenhauser. München 1954, S. 86–93

–, Abba. Studien zur neutestamentlichen Theologie und Zeitgeschichte. Göttingen 1966

–, Neutestamentliche Theologie. 1. Teil: Die Verkündigung Jesu. Gütersloh [2]1973

Jüngling, Hans-Winfried, Bemerkungen zur Wechselwirkung zwischen den Auffassungen von der Frau und der Darstellung der Göttin, in: Wacker/Zenger (Hrsg,), S. 82–105

Kasper, Walter, Jesus der Christus. Mainz [2]1975

–, Der Gott Jesu Christi. Mainz [2]1983

Kassel, Maria, Biblische Urbilder. Tiefenpsychologische Auslegung nach C. G. Jung. München [2]1980

Keel, Othmar, Jahwe in der Rolle der Muttergottheit, in: Orientierung 53 (1989), S. 89–92

–, (Hrsg.), Monotheismus im Alten Israel und seiner Umwelt. Fribourg 1980 (Biblische Beiträge 14)

Keel, Othmar/Uehlinger, Christoph, Göttinnen, Götter und Gottessymbole, Neue Erkenntnisse zur Religionsgeschichte Kanaans und Israels aufgrund bisher unerschlossener ikonographischer Quellen. Freiburg – Basel – Wien 1992 (Quaestiones disputatae 169)

Koesters, Paul-Heinz, Deutschland deine Denker. Geschichten von Philosophen und Ideen, die unsere Welt bewegen. Hamburg 41981

Liedke, Gerhard, Im Bauch des Fisches. Ökologische Theologie. Stuttgart 1979

Limbeck, Meinrad, Das Gesetz im Alten und im Neuen Testament. Darmstadt 1997

Löning, Karl/Zenger, Erich, Als Anfang schuf Gott. Biblische Schöpfungstheologien. Düsseldorf 1997

Meesen, Frank, Unveränderlichkeit und Menschwerdung Gottes. Eine theologiegeschichtlich-systematische Untersuchung. Freiburg – Basel – Wien 1989 (Freiburger theologische Studien 140)

Müller, Hans-Peter, Gott und die Götter in den Anfängen der biblischen Religion. Zur Vorgeschichte des Monotheismus, in: Keel, Othmar (Hrsg.), S. 99–142

Otto, Rudolf, Das Heilige. Über das Irrationale in der Idee des Göttlichen und sein Verhältnis zum Rationalen (1917). München 1979

Ruh, Ulrich, Säkularisierung, in: Christlicher Glaube in moderner Gesellschaft, Bd. 18, Freiburg – Basel – Wien 1982, S. 59–100

Schnackenburg, Rudolf, Christliche Existenz nach dem Neuen Testament. Abhandlungen und Vorträge, Bd. I. München 1967

Schneider, Johannes, Das Evangelium nach Johannes. Theologischer Hand-Kommentar zum Neuen Testament, Sonderband. Berlin 31985

Schroer, Silvia, Die göttliche Weisheit und der nachexilische Monotheismus, in: Wacker/Zenger (Hrsg.), S. 151–182

–, Der Geist, die Weisheit und die Taube. Feministisch-kritische Exegese eines neutestamentlichen Symbols auf dem Hintergrund seiner altorientalischen und hellenistisch-frühjüdischen Traditionsgeschichte, in: Freiburger Zeitschrift für Theologie und Philosophie 33 (1986), S. 197–225

Schüngel-Straumann, Helen, Denn Gott bin ich und kein Mann. Gottesbilder im Ersten Testament – feministisch betrachtet. Mainz 1996

–, Weibliche Dimensionen in mesopotamischen und alttestamentlichen Schöpfungsaussagen und ihre feministische Kritik, in: Wacker/Zenger (Hrsg.), S. 49–81

Stolz, Fritz, Monotheismus in Israel, in: Keel, Othmar (Hrsg.), S. 143–189

Strotmann, Angelika, „Mein Vater bist Du!“ (Sir 51,10). Zur Bedeutung der Vaterschaft Gottes in kanonischen und nichtkanonischen frühjüdischen Schriften. Frankfurt a. M. 1991 (Frankfurter theologische Studien 39)

Theißen, Gerd/Merz, Annette, Der historische Jesus. Ein Lehrbuch. Göttingen 1996

Thoma, Clemens, Das Messiasprojekt. Theologie jüdisch-christlicher Begegnung. Pattloch 1994

Vorgrimler, Herbert, Theologische Gotteslehre. Düsseldorf 31993 (Leitfaden Theologie 3)

Wacker, Marie-Theres/Zenger, Erich (Hg.), Der eine Gott und die Göttin. Gottesvorstellungen des biblischen Israel im Horizont feministischer Theologie. Freiburg – Basel – Wien 1991 (= Quaestiones disputatae 135)

Werbick, Jürgen, Bilder sind Wege. Eine Gotteslehre. München 1992

Wesel, Uwe, Der Mythos vom Matriarchat. Über Bachofens Mutterrecht und die Stellung von Frauen in frühen Gesellschaften. Frankfurt a. M. [7]1994 (stw 333)

Westermann, Claus, Am Anfang. 1. Mose. Teil 1: Die Urgeschichte. Abraham. Neukirchen – Vluyn 1986

Winter, Eduard, Ketzerschicksale. Christliche Denker aus neun Jahrhunderten. Zürich – Einsiedeln – Köln 1980

Zenger, Erich, Am Fuß des Sinai. Gottesbilder des Ersten Testaments. Düsseldorf 1983

–, Das Erste Testament. Die jüdische Bibel und die Christen. Düsseldorf [4]1994

Abkürzungen

a. a. O.	am angegeben Ort
bes.	besonders
DS	Denzinger/Schönmetzer, Enchiridion symbolorum etc.
ebd.	ebenda
Ggs.	Gegensatz
gr.	griechisch
hebr.	hebräisch
hrsg.	herausgegeben
lat.	lateinisch
MPG	Patrologia Graeca, hrsg. von J. P. Migne, 161 Bände, Paris 1857–1866
NR	Neuner/Roos, Der Glaube der Kirche in den Urkunden der Lehrverkündigung. Regensburg, [11]1983
rhs	Religionsunterricht an höheren Schulen